MÚSICA, SÓLO MÚSICA

HARUKI MURAKAMI Y SEIJI OZAWA
MÚSICA, SÓLO MÚSICA

Traducción del japonés de Fernando Cordobés
y Yoko Ogihara

MAXI
TUSQUETS
EDITORES

Obra editada en colaboración con Editorial Planeta – España

Título original: 小澤征爾さんと、音楽について話をする
(Ozawa seiji-san to, ongaku ni tsuite hanashi o suru)

© Seiji Ozawa and Haruki Murakami, 2011

Del discurso de Leonard Bernstein: © Amberson Holdings, LLC. Used by
Permission of The Leonard Bernstein Office, Inc.

Adaptación de la portada: Maxi Tusquets / Área Editorial Grupo Planeta
Ilustración de la portada: Ilustración de David de las Heras, hecha
especialmente para este libro. © David de las Heras, 2020
Fotografía del autor: © Ivan Giménez / Tusquets Editores
© de la traducción: Fernando Cordobés y Yoko Ogihara, 2020
Diseño de la colección: Guillemot-Navares

© 2021, Tusquets Editores, S. A., – Barcelona, España

Derechos reservados

© 2024, Editorial Planeta Mexicana, S.A. de C.V.
Bajo el sello editorial TUSQUETS M.R.
Avenida Presidente Masarik núm. 111,
Piso 2, Polanco V Sección, Miguel Hidalgo
C.P. 11560, Ciudad de México
www.planetadelibros.com.mx

Primera edición impresa en España: octubre de 2021
ISBN: 978-84-1107-010-2

Primera edición impresa en México: enero de 2024
ISBN: 978-607-39-0896-2

Impreso en los talleres de Litográfica Ingramex, S.A. de C.V.
Centeno núm. 162-1, colonia Granjas Esmeralda, Ciudad de México
Impreso en México – *Printed and made in Mexico*

Índice

INTRODUCCIÓN
Mis tardes con Seiji Ozawa

Nunca había tenido la oportunidad de conversar con Seiji Ozawa sobre música hasta que comencé las entrevistas que forman este libro. Viví durante una temporada en la ciudad de Boston y a menudo, como un aficionado anónimo más sentado entre el público, asistía a sus conciertos cuando aún dirigía la orquesta sinfónica de esa ciudad. Por aquel entonces no tenía ningún tipo de relación personal con él. Al cabo de un tiempo conocí a su hija Seira por casualidad y, gracias a eso, coincidí con sus padres en varias ocasiones. Pero esos encuentros eran casuales y no tenían ninguna relación ni con su trabajo ni con el mío.

Quizás una de las razones por las que nunca nos pusimos a hablar en serio de música hasta hace relativamente poco tiempo fue que el maestro estaba muy ocupado con sus compromisos laborales. Por eso, cuando nos veíamos para tomar una copa, hablábamos de cualquier cosa excepto de música, y si por casualidad lo hacíamos, apenas eran comentarios al azar que no iban más allá. Ozawa es de esa clase de personas que concentra todas sus energías en el asunto que tiene entre manos, y por eso, imagino, fuera del trabajo necesitaba desconectar. Por mi parte, no lograba superar cierta reserva y evitaba abordar cualquier tipo de conversación sobre música.

En diciembre de 2009 le diagnosticaron un cáncer de esófago y, después de someterse en enero a una grave operación, se vio obligado a restringir su actividad profesional para seguir un tratamiento y un programa de rehabilitación en torno a los cuales acabó girando su vida. Quizá por eso empezamos a hablar de música, poco a poco, en el transcurso de nuestros encuentros. Su condición física no era la óptima, obviamente, pero cuando empezaba a hablar, su rostro, me parecía a mí, se iluminaba, recuperaba vivacidad. Puede que retomar su relación con la música de un modo distinto al habitual le ayudase a cambiar de humor, a olvidarse momentáneamente de su enfermedad, por mucho que lo hiciese con un *amateur* como yo. O, tal vez, como yo me dedicaba a una actividad en un campo distinto al suyo, eso le ayudaba a despreocuparse.

He sido un ferviente entusiasta del jazz desde hace ya casi medio siglo, pero también he escuchado y disfrutado mucho de la música clásica, casi tanto como del jazz. Ya en mi época de instituto empecé a coleccionar discos e iba a conciertos siempre que podía. Sobre todo cuando viví en Europa —de 1986 a 1989—, dediqué mucho tiempo a escuchar música clásica y vivía inmerso en ella. Tanto en el pasado como en la actualidad, escuchar jazz y música clásica alternativamente ha supuesto para mi espíritu y para mi mente un gran estímulo, una forma muy eficaz de alcanzar la paz interior. Si por alguna razón me forzaran a escoger entre una y otra, mi vida sería, sin duda, mucho más triste. Como decía Duke Ellington, en el mundo sólo existen dos tipos de música, la buena y la otra. En ese sentido, la música de jazz y la clásica son, en esencia, lo mismo. La alegría que produce escuchar *buena música* trasciende cuestiones como la de su clasificación en un determinado género.

En una de las ocasiones en que Seiji Ozawa vino a visitarme a mi casa, escuchamos música y conversamos distendidamente. Me habló de sus recuerdos de cuando Glenn Gould y Leonard Bernstein interpretaron en Nueva York en 1962 el *Concierto para piano n.º 1* de Brahms. Según él, fue una experiencia irrepetible, y a medida que me lo contaba, me decía a mí mismo: «¡Qué lástima que una historia tan fascinante se pierda sin más! Alguien debería grabarlo o dejarlo por escrito». Y entonces pensé que esa persona podía ser yo mismo. Aun a riesgo de pecar de inmodestia, confieso que no se me ocurrió otra persona que pudiera hacerlo.

Le hablé de mi idea y él aceptó de inmediato, muy ilusionado con el proyecto. «Me parece bien. Ahora tengo tiempo y podemos hablar.» El hecho de padecer un cáncer era un asunto doloroso, tanto para él como para el mundo de la música, pero que su enfermedad nos brindase cierto margen para hablar de música con calma fue, seguramente, uno de los pocos aspectos *positivos* de su enfermedad. Como se suele decir, no hay mal que por bien no venga.

A pesar de mi gran afición por la música a lo largo de los años, nunca he recibido una educación formal al respecto. Puedo decir que soy un *amateur* absoluto. Apenas tengo conocimientos específicos en la materia, de manera que es posible que en el transcurso de nuestras charlas hiciera, en ocasiones, comentarios erróneos o incluso pecase de cierta descortesía. Pero el maestro Ozawa es una persona a quien no le preocupan nada esas cosas y siempre se mostraba predispuesto a reflexionar sobre lo que yo le proponía, a darme su visión personal de las cosas. Le estoy muy agradecido por ello.

Yo me encargué de hacer las grabaciones, transcribí las conversaciones y después se las di a leer para que las corrigiera.

Su primer comentario después de leer el manuscrito fue: «Nunca había hablado de música de esta manera. Me da la impresión de que me expreso con mucha brusquedad. ¿Crees que los lectores entenderán lo que quiero decir?».

Es cierto que Ozawa tiene una manera peculiar de hablar y transcribir lo que dice en un lenguaje, digamos, *normal* no es tarea sencilla. Gesticula mucho y la mayor parte de sus ideas acaba expresándolas en forma de canción. En cualquier caso, creo que esa supuesta brusquedad que tanto le preocupaba y ese modo suyo tan peculiar de hablar superan cualquier posible barrera idiomática.

A pesar de ser un *amateur* (o quizá precisamente por eso), siempre que oigo música lo hago sin prejuicios, me limito a abrir mis oídos para atrapar físicamente la maravilla del hecho musical y procuro hacerlo con toda inocencia. Cuando me encuentro con pasajes brillantes me siento feliz, y cuando lo que oigo no alcanza ese nivel, me da un poco de lástima. Me pregunto entonces por qué cierta música me conmueve y otra no. Al margen de eso, no le doy demasiada importancia a otros elementos musicales. En general, parto de la idea de que la intención de la música es hacer feliz a la gente y de que, para lograr tal propósito, existe una gran variedad de técnicas, de métodos, una considerable complejidad que me atrae mucho.

Me he esforzado por mantener esa misma actitud mientras escuchaba al maestro Ozawa. Es decir, he tratado de seguir siendo el mismo oyente *amateur,* honesto y lleno de curiosidad, porque, supongo, la mayor parte de los lectores de este libro serán aficionados a la música como lo soy yo.

Puede sonar un tanto presuntuoso, pero debo confesar que, a medida que Seiji Ozawa y yo avanzábamos con nuestras conversaciones, empecé a intuir algunos puntos en común. Al margen de cuestiones como el talento, la fama, el rendimiento en el trabajo, percibo que hay un sentimiento de identidad en la forma en que vivimos nuestras vidas.

En primer lugar, disfrutamos de las alegrías que nos aportan nuestros respectivos trabajos. Aunque la música y la literatura son campos distintos, dedicarnos cada uno al nuestro nos proporciona una felicidad mayor que cualquier otra cosa. El trabajo en sí mismo se convierte así en el primer motivo de satisfacción. Obviamente, los resultados, sus consecuencias, también son importantes, pero concentrarnos en el trabajo, entregarnos a él sin tener en cuenta el tiempo, es un acto que termina por convertirse en un premio, en algo insustituible.

En segundo lugar, aún conservamos ese corazón hambriento de cuando éramos jóvenes, y eso se ha convertido en el motor de nuestras vidas: la sensación de insuficiencia, la necesidad de profundizar siempre más, de seguir adelante. Al observar a Ozawa en acción pude sentir la profundidad, la intensidad y el deseo con que vive su profesión. Está convencido de que lo hace bien, confía en sí mismo, pero eso no significa que se sienta satisfecho. Siempre puede mejorar, evolucionar, y está decidido a lograrlo como sea, a luchar contra las limitaciones del tiempo y de su propia energía vital.

En tercer lugar..., la testarudez. Somos pacientes, fuertes, y, al final, lisa y llanamente tozudos. Si decidimos hacer algo, lo hacemos con todas las consecuencias. Y aunque en ocasiones nos encontremos en situaciones complicadas, como despertar la antipatía de alguien, por ejemplo, asumimos la responsabilidad derivada de esa actitud y lo hacemos sin pretextos. Ozawa tiene una naturaleza despreocupada, siempre bromea, pero, por otra parte, se preocupa mucho por la gente que le rodea. Es, sin embargo, una persona muy decidida a la hora de establecer sus preferencias. Es coherente y nunca duda de sí mismo. Al menos esa fue la impresión que me dio.

A lo largo de mi vida he conocido a todo tipo de personas y, a veces, esos encuentros han derivado en relaciones sólidas, pero jamás había conocido a alguien por quien sintiera una simpatía tan natural, una identificación tan plena en todos esos aspectos que acabo de mencionar. Desde ese punto de vista, Seiji Ozawa es, para mí, una persona muy valiosa. Pensar que existe alguien como él en el mundo me reconforta.

También somos muy distintos en muchos aspectos, por supuesto. Yo no comparto esa sociabilidad suya tan natural y espontánea, por ejemplo. Siento curiosidad por la gente, claro, pero no es algo que salga a la superficie con tanta facilidad. Como director de orquesta es lógico que, cada día, mantenga relación con todo tipo de personas. Después de todo, se trata de llevar a buen término un trabajo colaborativo. Pero por mucho talento que se tenga, alguien de carácter variable y temperamental no conseguirá que la gente le siga. Las relaciones interpersonales son muy importantes para Ozawa. Necesita rodearse de colegas de profesión con quienes compartir sus inquietudes y, como director, a menudo se ve en la obligación de atender compromisos sociales, o incluso empresariales, por no hablar de lo mucho que debe a su público o de la atención que debe prestar a la formación de los más jóvenes.

Por el contrario, yo, como novelista, puedo pasar días y días sin ver a nadie, sin necesidad de hablar con nadie, ni verme obligado a aparecer en los medios de comunicación. Raras veces hago algo que implique trabajo en equipo, y aunque es bueno tener colegas de profesión, no siento una especial necesidad al respecto. Me basta con quedarme en casa y escribir. La idea de orientar o formar a una nueva generación jamás se me ha pasado por la cabeza. Lamento decirlo con tanta rotundidad, aunque tampoco nadie me lo ha pedido nunca. Aparte de las diferencias de temperamento, también tenemos mentalidades distintas debido a nuestras respectivas profesiones, pero en lo fundamental, en el sustrato más firme y profundo, las convergencias superan a las divergencias.

A las personas creativas no les queda más remedio que ser egoístas. Dicho así puede sonar arrogante, pero es un hecho indiscutible. Los que siempre miran a su alrededor, que prefieren evitar problemas y no causar molestias a nadie, nunca podrán tener un trabajo creativo, sea cual sea. Para producir algo desde cero hace falta mantener una profunda concentración, un esfuerzo enorme. La mayoría de las veces esa concentración se logra en un lugar donde no cabe la armonía con los demás, un lugar que se puede calificar como *dämonisch,* demoniaco.

Pero si uno se deja llevar por el ego y empieza a considerarse un artista, su vida social se resentirá, y eso, a su vez, terminará por desbaratar esa profunda concentración personal imprescindible para un trabajo creativo. A finales del siglo XIX tal vez fuera posible desnudar el ego, pero hacerlo hoy, en pleno siglo XXI, resulta prácticamente imposible. Quienes ejercen profesiones creativas están obligados a encontrar puntos de compromiso realistas entre ellos mismos y quienes les rodean.

Lo que pretendo decir con todo esto es que de igual manera que Ozawa y yo hemos encontrado maneras muy distintas de establecer esos puntos de compromiso, nos hemos conducido en una dirección más o menos similar. Y mientras cada uno de nosotros ha establecido prioridades distintas, la forma de hacerlo ha sido muy parecida, lo cual explica por qué fui capaz de escuchar todo lo que me contaba con algo más que interés y simpatía.

Ozawa es una persona honesta que jamás diría nada para mantener las apariencias o para dar una mejor imagen de sí mismo. A pesar de tener más de setenta y cinco años, conserva cualidades que uno sospecha que le vienen de nacimiento. La mayoría de las veces respondió con franqueza a mis preguntas. Imagino que al leer este libro todo el mundo se dará cuenta. Ni que decir tiene que, en muchas ocasiones, prefirió no hablar por una razón u otra. Lo que consideraba que no debía ser contado, simplemente no lo contaba. Sus razones tendría para no hacerlo. En ocasiones me pareció intuir más o menos algunas de ellas, pero otras veces no tenía ni la más remota idea. En cualquier caso, acepté con naturalidad lo que contaba y lo que callaba.

Por lo tanto, este no es el típico libro de entrevistas, y tampoco un libro de conversaciones entre dos personajes que podrían considerarse famosos. Lo que yo buscaba —o, más bien, lo que empecé a buscar a partir de cierto momento— era algo así como una resonancia natural de nuestros corazones. Me esforcé por escuchar el eco de su corazón, pues, al fin y al cabo, yo era el entrevistador y él el entrevistado. Pero, al mismo tiempo, la mayor parte de las veces oía también el eco de mi propio corazón. En ocasiones lo reconocía, pero otras veces me sorprendía al pensar: «¡Vaya, no sabía que existiera esa resonancia en mi interior!». Dicho de otro modo, a lo largo de las entrevistas fui descubriendo la personalidad de Ozawa y, al mismo tiempo, descubrí cosas desconocidas de la mía. Huelga decir que el proceso resultó de lo más interesante.

Pondré un ejemplo. Nunca he llegado a leer partituras con soltura. No entiendo todos los detalles. Sin embargo, al escuchar a Ozawa, al observar sus gestos y al aguzar bien el oído a las inflexiones de su voz, llegué a entender lo importantísimo que era para él leer las partituras. Hasta que no ha leído por completo una partitura, la música no toma forma. Debe sumergirse en ella para darse por satisfecho, pase lo que pase. Contempla esa complejidad de símbolos impresos en las dos dimensiones del papel, y de ahí pasa a una forma tridimensional. Es su forma de entender la música. Esa es la base, el principio fundacional de su vida musical. Por eso se levanta pronto y se encierra en un espacio privado para leer con toda la concentración de la que es capaz. Estudia las partituras durante horas. Descifra mensajes crípticos que llegan del pasado.

Como él, también yo me despierto sobre las cuatro de la mañana y me concentro en el trabajo. Si es invierno, fuera está completamente oscuro, ni siquiera existe aún el presagio del alba. Tampoco se oyen los cantos de los pájaros. Me limito a escribir frases durante cinco o seis horas sentado a la mesa, bebo café caliente y tecleo en el ordenador sin pensar en nada más. Llevo esa vida desde hace ya un cuarto de siglo. A la misma hora en que Ozawa se dedica a leer partituras, yo me concentro en la escritura. Lo que hacemos es completamente distinto, pero el proceso es más o menos el mismo. Siempre pienso que, sin esa capacidad de concentración, mi vida no existiría. Si no pudiera concentrarme, ya no sería mi vida. Creo que a Ozawa le pasa lo mismo.

Por tanto, cuando Ozawa hablaba de leer partituras, yo entendía bien el sentido concreto de ese acto, como si se tratase de algo mío. En lo relativo a muchas otras cuestiones, sucedió algo muy parecido.

Entre noviembre de 2010 y julio de 2011, y en diferentes lugares (Tokio, Honolulú, Suiza), tuve la oportunidad de realizar las entrevistas que componen este libro. Fue un periodo decisivo en la vida de Ozawa, cuando su mayor preocupación era seguir el tratamiento y el proceso de rehabilitación de su enfermedad. Tuvo que someterse a varias operaciones y, para recuperar fuerzas, no le quedó más remedio que acudir al mismo gimnasio al que iba yo. Nos cruzamos algunas veces en la piscina y lo veía perseverar en sus ejercicios.

En diciembre de 2010 protagonizó una esperada *rentrée* en el Carnegie Hall de Nueva York al frente de la Saito Kinen Orchestra. Lamentablemente, no pude asistir al concierto, pero a juzgar por la grabación que se realizó de él me di cuenta de que fue una interpretación brillante, inspirada, tocada por ese espíritu suyo tan peculiar, aunque el agotamiento físico que le sobrevino quedó patente a ojos de los espectadores. Tras un periodo de recuperación de seis meses después de ese concierto, dirigió la Seiji Ozawa International Academy Switzerland, que se celebra todos los años en la ciudad de Rolle, a orillas del lago Lemán. Allí desplegó todo su entusiasmo para formar a un grupo selecto de jóvenes músicos, con los que ofreció después sendos conciertos en Ginebra y en París. Los conciertos también fueron un éxito. Asistí a los dos y lo acompañé durante los diez días previos de ensayos. Me sorprendió muchísimo el esfuerzo y la intensidad con los que se dedicaba al trabajo, y no podía evitar preocuparme. Me preguntaba si tanto esfuerzo no le afectaría de manera negativa. La música que resultó de todo aquello fue muy emocionante, nacida, precisamente, de esa energía que logró reunir en algún rincón de su cuerpo.

Sin embargo, al observarlo en acción tuve una revelación: Ozawa no podía evitarlo, no le quedaba más alternativa que hacer lo que hacía. Su médico, su fisioterapeuta, sus amigos y su familia podían insistir en que lo dejara (y lo intentaron, por supuesto), pero era imposible, porque la música es para él el combustible imprescindible para seguir vivo. Expresado de un modo más radical, diría que de no poder inyectarse la música en vivo en sus venas moriría. Es su única forma de existir en el mundo, de sentirse realmente vivo: crear música con sus propias manos y, aún palpitante, ofrecérsela al público. ¿Quién sería capaz de detenerlo? También a mí me daban ganas de decirle que parase un poco, que se retirase durante un tiempo hasta recuperar fuerzas y volver después. Me hubiera gustado decirle que le entendía, pero que quizás era mejor ir paso a paso en lugar de correr. Era el único argumento razonable que se me ocurría, pero cuando lo veía erguido en la tarima al frente de la orquesta exprimiendo sus energías, me resultaba imposible planteárselo. Pensaba que mis palabras sonarían falsas, huecas. Me daba la impresión de que vivía en un mundo que trascendía las formas de pensar razonables. Como un lobo que sólo es capaz de vivir en las profundidades del bosque.

Las entrevistas que conforman este libro no tienen como objetivo profundizar ni cincelar un retrato de Seiji Ozawa. Tampoco se trata de un reportaje ni de teorizar sobre qué convierte a una persona en lo que es. Mi único propósito como amante de la música era hablar con toda franqueza de música con un músico llamado Seiji Ozawa. Mostrar cómo cada uno de nosotros (de forma muy distinta, como es obvio) nos entregamos a ella. Ese fue mi propósito original y me gustaría pensar que de algún modo lo he logrado. Ha sido una experiencia muy gratificante. Me ha dado la oportunidad de compartir momentos únicos y divertidos con Ozawa, de escuchar música con él. Quizás un título más ajustado para este libro sería: *Mis tardes con Seiji Ozawa.*

Quien se acerque a este libro descubrirá unas cuantas perlas entre las palabras de Ozawa. Habla de una manera directa y sus palabras fluyen con naturalidad en la corriente de la conversación, pero en medio de lo que dice se esconden fragmentos afilados como un cuchillo. En términos musicales diré que se trata de esas *voces interiores* que no pueden dejar de oírse en determinada pieza por muy distraído que uno esté. En ese sentido, Ozawa no ha sido un entrevistado al que pudiera enfrentarme despreocupadamente. Me he visto obligado a mantenerme alerta en todo momento para no pasar por alto algo furtivo, medio oculto en alguna parte. Pensaba que perderme esos detalles sutiles podría hacerme perder el hilo.

Visto así, Ozawa ha sido a un tiempo un *niño espontáneo* y un pozo de sabiduría, un hombre que debe obtener de inmediato lo que quiere y que, al mismo tiempo, hace gala de una paciencia sin límites; un hombre con una confianza absoluta en todos cuantos le rodean y, al tiempo, atrapado en la densa niebla de la soledad. En cualquier caso, enfatizar un solo aspecto de una personalidad tan compleja como la suya sólo ofrecería un retrato distorsionado y parcial. Por eso me he esforzado en reproducir por escrito sus palabras y en hacerlo de la manera más fiel posible.

El tiempo que pasamos juntos fue muy divertido y espero, sinceramente, poder compartir esa alegría con los lectores a lo largo de las páginas de este libro. Quisiera agradecer a Ozawa, una vez más, haberme dedicado todo ese tiempo. Nos hemos enfrentado a muchas dificultades logísticas para poder seguir regularmente con las entrevistas durante un largo periodo de tiempo, pero yo obtuve mi particular recompensa cuando el maestro me confesó que nunca antes había hablado de música de una manera tan sistemática, tan organizada.

Deseo con todo mi corazón que Seiji Ozawa tenga la oportunidad de seguir ofreciéndonos su música, toda la que pueda y durante todo el tiempo que pueda. De la buena música puede decirse lo mismo que del amor: nunca hay demasiado. Y cada vez hay más personas que, como si la música fuera el motor de su existencia, sacian con ella su apetito por la vida.

Me gustaría agradecer también a Koji Onodera su inestimable ayuda a la hora de redactar y editar este libro. Dado que mis conocimientos musicales son limitados, he recurrido a su ayuda en muchas ocasiones para aclarar dudas respecto a la terminología y otras cuestiones concretas. Su profundo conocimiento de la música clásica es abrumador. Le agradezco sinceramente todos sus consejos y observaciones.

Haruki Murakami

En esencia, sobre el *Concierto para piano y orquesta n.º 3 en Do menor* de Beethoven

Mantuvimos esta primera conversación en mi casa de Kanagawa, al oeste de Tokio, el 16 de noviembre de 2010. Nos dedicamos a sacar vinilos y cedés de las estanterías, los escuchábamos y después los comentábamos. Para evitar que la conversación saltara de un asunto a otro mi plan era abordar un tema concreto. En esta primera ocasión decidimos, por tanto, centrarnos en el *Concierto para piano y orquesta n.º 3 en Do menor* de Beethoven. Después decidimos comentar la interpretación de Gould y Bernstein del *Concierto para piano y orquesta n.º 1 en Re menor* de Brahms, que ya he mencionado antes. Se daba la circunstancia de que Ozawa tenía programado un concierto de la obra de Beethoven con la pianista Mitsuko Uchida al mes siguiente en Nueva York.

Finalmente, a causa de una dolencia crónica de espalda agravada por el largo viaje hasta Nueva York y una neumonía como consecuencia de la ola de frío que azotaba la ciudad ese invierno, Ozawa se vio obligado a ceder la batuta a un sustituto y la misma tarde del concierto tuvimos la oportunidad de hablar durante tres horas seguidas de esa obra. Hicimos algún que otro descanso para evitar que se fatigara en exceso, a fin de que él tomase sus medicamentos y pudiera comer algo, como le había prescrito el médico.

Comienzo por el *Concierto para piano y orquesta n.º 1 en Re menor* de Brahms

MURAKAMI: Recuerdo que hace tiempo me habló de una interpretación del *Concierto para piano y orquesta n.º 1* de Brahms a cargo de Glenn Gould y con Leonard Bernstein al frente de la Filarmónica de Nueva York. Antes de comenzar, Bernstein se dirigió al público y anunció que se disponían a interpretar el concierto de acuerdo con el criterio del señor Gould, con el cual él no estaba de acuerdo.

OZAWA: Sí, yo estaba allí como asistente de dirección de Lenny (Leonard). De pronto, antes de empezar, Lenny salió al escenario y se dirigió al público. Por aquel entonces yo no entendía bien el inglés, así que le pregunté a la gente de mi alrededor qué decía y pude hacerme una idea general.

MURAKAMI: Ese episodio está incluido en el disco que tengo aquí.

Palabras de Bernstein

No se apuren. El señor Gould está aquí *(el público ríe con cierto disimulo)*. Enseguida vendrá. Como ya sabrán ustedes, no tengo costumbre de hablar antes de los conciertos, a excepción de los pases de los jueves por la noche, pero ha ocurrido algo peculiar que merece, creo, una o dos palabras por mi parte. Están a punto de escuchar una interpretación, digámoslo así, poco ortodoxa del *Concierto para piano y orquesta n.º 1 en Re menor* de Brahms, muy distinta de cualquier otra que yo haya podido escuchar, o incluso soñar, hasta ahora por sus notables y amplios *tempi*, así como por sus desviaciones respecto a las dinámicas indicaciones del propio Brahms. No puedo decir que esté totalmente de acuerdo con el señor Gould, y eso pone en evidencia una importante cuestión: ¿qué pinto yo aquí dirigiéndolo? *(Murmullos de la audiencia.)* Lo dirijo porque el señor Gould es un artista tan serio e importante que no me queda más remedio que tomar en consideración cualquier cosa que se le ocurra de buena fe, y en este caso su concepción es lo suficientemente interesante como para convencerme de que ustedes deberían escucharlo.

Pero la pregunta anterior sigue en pie. ¿Quién manda en un concierto, el solista o el director? *(El público ríe cada vez más abiertamente.)* La respuesta, obviamente, es que unas veces manda uno, y otras el otro, dependiendo de quien se trate. Casi siempre, ambos se las arreglan para trabajar juntos, ya sea mediante la persuasión, el encanto o incluso las amenazas. *(Risas.)* Eso permite ofrecer una interpretación coherente. En toda mi vida profesional sólo en una ocasión me he visto obligado a someterme por completo a la concepción radicalmente nueva, e incompatible con la mía, de una obra, fue la última vez que interpreté junto con el señor Gould. *(El público estalla ahora en carcajadas.)* Hoy, sin embargo, las discrepancias entre nuestros puntos de vista son tan enormes que creo necesario permitirme este pequeño descargo de responsabilidad.

Por lo tanto, y volviendo a la pregunta de antes, ¿por qué lo dirijo? ¿Por qué no aprovecho para organizar un pequeño escándalo y busco un solista que lo sustituya, o dejo a mi asistente que se haga cargo de dirigirle? Pues porque estoy fascinado, encantado, de tener la oportunidad de ofrecerles una nueva visión de una obra tantas veces interpretada. Más aún, porque el señor Gould interpreta en muchos momentos con una frescura y una convicción sorprendentes. También porque todos nosotros podemos aprender algo de este extraordinario artista y sesudo intérprete. Y en último lugar porque en la música existe lo que Dimitri Mitrópoulos llamaba «el elemento deportivo», una curiosidad, un ansia de aventura, de experimentación, y les aseguro que toda esta semana de ensayos ha sido una verdadera aventura trabajar con el señor Gould para preparar este concierto. El resultado de ello es lo que les presentamos hoy aquí. *(Aplausos sostenidos.)*

OZAWA: Sí, sí. Fue algo así, aunque ya entonces no me pareció oportuno que lo dijera antes del concierto. De hecho, aún lo pienso.

MURAKAMI: Al menos Bernstein se lo tomó con sentido del humor y el público se rio a pesar de cierta confusión inicial.

OZAWA: Sin duda. A Lenny se le daba muy bien hablar.

MURAKAMI: No hay nada que objetar a su discurso. No revela nada malo entre ellos dos, tan sólo advierte de antemano que el *tempo* de la obra es de Gould, no suyo.

Empieza la música.

MURAKAMI: Mmm... Es verdad, el *tempo* resulta extrañamente lento. Creo entender lo que quería decir Lenny con su advertencia.

OZAWA: Esta parte es claramente un amplio compás de dos por dos, y en cada una de las secciones hay que contar *un, dos, tres / cuatro, cinco, seis*. Pero Lenny dirige como si fueran las seis seguidas porque los compases de dos por dos son demasiado amplios para mantener un intervalo consistente entre los golpes. No le quedaba más remedio que hacerlo así. Lo normal es *uno... y dos...*, y él lo dirige como *uno... dos...* Seguramente hay muchas formas de ejecutarlo, pero es así como se ejecuta casi siempre. Aquí, por el contrario, con un *tempo* tan lento no podía mantener un intervalo consistente entre los golpes, por lo que debería ser *un, dos, tres / cuatro, cinco, seis.* Por eso no fluye bien y se para todo el tiempo.

MURAKAMI: ¿Y el piano?

OZAWA: Estoy seguro de que pasa lo mismo.

Empieza el piano (4:29).

MURAKAMI: Es verdad, el piano va muy lento.

OZAWA: Sí, pero tiene un sonido excepcional, sobre todo si no lo has oído nunca. Das por hecho que así es como funciona la pieza, como si fuera una hermosa melodía del campo.

MURAKAMI: No debe de ser fácil interpretarlo alargándolo de esa manera.

OZAWA: No. Escuche cuando llega a esta parte. Uno no puede dejar de maravillarse.

MURAKAMI: Por aquí *(el volumen aumenta y entran los timbales)* (5:18) la orquesta suena como si fuera por su lado.

OZAWA: Cierto. Esta no es la grabación del Manhattan Center, ¿verdad? ¿Es la del Carnegie Hall?

MURAKAMI: Sí, es la grabación en directo del concierto en el Carnegie Hall.

OZAWA: Claro. Por eso el sonido es tan apagado. Al día siguiente se hizo otra grabación ya programada en el Manhattan Center.

MURAKAMI: ¿De la misma obra?

OZAWA: La misma, pero nunca llegó a comercializarse.

MURAKAMI: No, estoy bastante seguro de que no se puede encontrar.

OZAWA: También estuve en esa grabación. Era ayudante del director. Cuando Lenny decía que podía haber dejado la dirección en manos de su asistente, se refería a mí. *(Risas.)*

MURAKAMI: De no haber llegado a un acuerdo entre ellos, usted habría ocupado el puesto de Bernstein... En cualquier caso es un concierto en el que se nota mucha tensión.

OZAWA: Sin duda. No está muy pulido.

MURAKAMI: Al tocar tan lento da la sensación de que, en cualquier momento, todos se van a poner a tocar como les parezca.

OZAWA: Exacto. Está a punto de que ocurra.

MURAKAMI: Por cierto, cuando Gould tocó con la Orquesta de Cleveland, George Szell y él no llegaron a ningún entendimiento y al final Szell renunció en favor de su ayudante. Lo leí en alguna parte.

Empieza a sonar la sección de piano del primer movimiento (5:56).

OZAWA: Suena extrañamente lento, pero si Gould toca así, la cosa funciona, ¿no le parece? La impresión no es mala.

MURAKAMI: Debía de tener un sentido del ritmo muy desarrollado. No sé cómo explicarlo, pero me da la sensación de que es capaz de alargar el sonido y ajustarlo todo el tiempo al marco de la orquesta.

OZAWA: Entendió a la perfección el flujo de la música, pero Lenny también. Ambos se dedicaban en cuerpo y alma.

MURAKAMI: Pero ¿no es una pieza que suele interpretarse como un estallido de pasión?

OZAWA: Sí, tiene razón. Aquí no se aprecia demasiada pasión.

El piano toca el hermoso segundo tema del primer movimiento (7:35).

OZAWA: Esta parte, por ejemplo, con este ritmo funciona bien. Me refiero al segundo tema. ¿No le parece?

MURAKAMI: Sí, está bien.

OZAWA: La parte anterior con un sonido más fuerte produce una sensación un tanto áspera, poco sofisticada, pero esta parte seduce.

MURAKAMI: Acaba de decir que Lenny también entendía perfectamente el flujo de la música, que se dedicaba en cuerpo y alma a ella, y a pesar de todo no está usted de acuerdo con el hecho de que un director se dirija al público antes del concierto como hizo él, ¿verdad?

OZAWA: No, no. Nunca me ha parecido una buena idea, pero se trataba de él y más o menos convenció a todo el mundo.

MURAKAMI: Quiere decir que es mejor escuchar la música tal cual, sin prejuicios, ¿verdad? Sin embargo, yo entiendo que Bernstein quería aclarar de quién era la idea de interpretar así.

OZAWA: Supongo.

MURAKAMI: ¿Quién manda normalmente en un concierto, el solista o el director?

OZAWA: En un concierto el solista suele soportar la mayor parte de la carga durante los ensayos. El director suele empezar a ensayar dos semanas antes, pero el solista puede dedicarle un mínimo de seis meses, por eso está tan metido en la obra.

MURAKAMI: Entiendo, pero en el caso de que el director esté por encima del solista, ¿lo puede decidir todo sin contar con el solista?

OZAWA: Es posible. Pensemos en el caso de la violinista Anne-Sophie Mutter, por ejemplo. La descubrió el maestro Karajan y enseguida grabaron juntos Mozart y más tarde los conciertos de Beethoven. Si uno escucha esas grabaciones, se da cuenta de que se trata del mundo de Karajan. A ella le sugirieron después que trabajase con otro director y me eligieron a mí. Fue Karajan quien le dijo: «Lo siguiente que hagas hazlo con Seiji». Grabamos algo de Lalo, la no sé qué española, algo así. Ella era apenas una niña de catorce o quince años.

MURAKAMI: La *Sinfonía española,* de Édouard Lalo. Estoy seguro de que tengo ese disco en alguna parte.

Rebusco entre mis discos y al fin lo encuentro.

OZAWA: ¡Ah, sí, es este! Qué recuerdos... La Orquesta Filarmónica de Radio Francia (Orquesta Nacional de Francia). No me lo puedo creer. ¡Vaya cosas que tiene usted! Ni siquiera yo tengo una copia. Tenía unas cuantas en casa, pero terminé por regalarlas o las presté y nunca me las devolvieron.

Karajan y Gould
Concierto para piano y orquesta n.º 3 en Do menor de Beethoven

MURAKAMI: Hoy me gustaría escuchar con usted el *Concierto para piano y orquesta n.º 3 en Do menor* de Beethoven dirigido por Karajan, con Gould al piano. No es una grabación de estudio, sino de un concierto grabado en directo en Berlín en 1957, con la Filarmónica de Berlín.

La larga y densa introducción de la orquesta concluye y entra el piano de Gould. Enseguida empiezan a interactuar (3:19).

MURAKAMI: Aquí, en esta parte. La orquesta y el piano no van juntos, ¿verdad?

OZAWA: Tiene razón, no están sincronizados. Oh, pero aquí tampoco entran a la vez.

MURAKAMI: Me pregunto si solucionaron todas las dificultades durante los ensayos.

OZAWA: Estoy seguro de que sí. Pero en pasajes como este es la orquesta la que se *supone* que debe ajustarse a lo que toca el solista...

MURAKAMI: En aquella época Karajan y Gould debían de ser músicos de estatus muy distintos, ¿no?

OZAWA: Seguro que sí. Fue en 1957, poco después de que Gould debutara en Europa.

MURAKAMI: Corríjame si me equivoco, pero a lo largo de esos tres minutos y medio de introducción, donde sólo se oye a la orquesta, suena muy a Beethoven, muy alemán, ¿verdad? Pero entonces aparece el joven Gould y da la impresión de querer liberar un poco esa tensión y hacer su propia música. Quizá por eso no llegan a encajar, y cada vez parecen alejarse más, aunque el resultado final no produce una mala sensación.

OZAWA: La música de Gould es muy libre. Puede que se deba al hecho de que fuera canadiense, un no europeo residente en Estados Unidos. Eso puede constituir una gran diferencia, el hecho de no proceder del mundo germanoparlante. Por el contrario, en el caso del maestro Karajan la música de Beethoven estaba profundamente arraigada en él y de ahí no se iba a mover. Por eso suena muy alemán desde el principio, como una sólida sinfonía. Por si fuera poco, él no tenía la más mínima intención de adaptarse a la música de Gould.

MURAKAMI: Da la sensación de que Karajan hubiera decidido tocar la música como se supone que se debe hacer y dejar que Gould hiciera el resto como le viniera en gana. En los solos de piano y en las cadencias Gould consigue recrear bien su propio mundo, pero antes y después de esas partes me da la impresión de que no coinciden nunca, de que hay un desequilibrio.

OZAWA: Lo cual no parece molestar demasiado al maestro Karajan, ¿no cree?

MURAKAMI: No, en absoluto. Es como si estuviera sumergido por completo en su propio mundo, y Gould, por su parte, se hubiera resignado desde el primer compás a ir a la suya por la imposibilidad de trabajar al unísono. Me da la impresión de que Karajan construye su música en vertical, desde el suelo, mientras que Gould se preocupa más por seguir una línea horizontal.

OZAWA: De todos modos el resultado es interesante. No hay muchos directores capaces de interpretar un concierto con tanta confianza, como si se tratase de una sinfonía, llegando al extremo de no tener en cuenta al solista.

Gould y Bernstein
Concierto para piano y orquesta n.º 3 en Do menor
de Beethoven

MURAKAMI: Le voy a poner un vinilo de ese mismo concierto, pero de una grabación de 1959, dos años después de la de Karajan. Se trata de una grabación de estudio a cargo de la Orquesta Sinfónica de Columbia, formada fundamentalmente por integrantes de la Sinfónica de Nueva York.

Introducción orquestal. Tiene firmeza, como si alguien lanzase arcilla contra un muro de piedra.

OZAWA: Es una interpretación completamente distinta a la del maestro Karajan. No llega a transformarse en sinfonía, pero el sonido de la orquesta suena muy anticuado.

MURAKAMI: Nunca pensé que sonase anticuado, pero comparado con el sonido de Karajan es cierto, y eso a pesar de que se grabó dos años más tarde.

OZAWA: Sí, suena muy anticuado.

MURAKAMI: ¿Será por la grabación?

OZAWA: Puede ser, pero no sólo eso. Los micrófonos están demasiado cerca de los instrumentos. Antes se solía grabar así en Estados Unidos. El maestro Karajan, por el contrario, grababa a la orquesta en su conjunto.

MURAKAMI: Quizás a la gente en Estados Unidos le gustaba más ese sonido potente, apagado.

Entra Gould al piano (3:31).

OZAWA: ¿De verdad se grabó dos años más tarde?

MURAKAMI: Sí, tres antes que aquel concierto de Brahms, del alboroto de Brahms, y dos años después de la grabación con Karajan. Vaya contraste con Karajan, ¿verdad?

OZAWA: Desde luego. Esto es mucho más el estilo de Glenn, más relajado, pero a decir verdad... Mmm... Me pregunto si es adecuado que yo diga esto... No debería comparar a Karajan con Bernstein. Pienso en el concepto de «dirección», en el sentido de «dirección musical». En el caso del maestro Karajan era algo innato, esa capacidad de crear frases largas. Nos lo enseñó a todos sus discípulos. Lenny era más lo que se suele llamar un genio, con un instinto muy desarrollado para crear frases largas, pero no podía hacerlo de manera consciente, intencionada. Karajan transformaba sus deseos en música a base de fuerza de voluntad, como le ocurre cuando interpreta a Brahms y a Beethoven. Con Brahms se nota esa fuerte voluntad, algo casi absoluto, aun a costa de sacrificar ciertos detalles del *ensemble*. A nosotros nos pedía lo mismo.

MURAKAMI: A pesar de sacrificar ciertos detalles del *ensemble*...

OZAWA: Quiero decir, si algunos detalles concretos no llegaban a funcionar bien, no debíamos preocuparnos. Lo más importante era mantener una larga línea gruesa. En otras palabras, la dirección. En la música la dirección implica elementos de conexión. Existe un tipo de dirección detallada y también otra más amplia.

La orquesta toca un crescendo *de tres notas que suena por debajo del piano.*

OZAWA: Estas tres notas son también una de las características de la forma de dirigir del maestro Karajan: *la, la, la*. Hay directores capaces de lograr ese sonido y otros no. Con eso consigue consistencia.

MURAKAMI: En el caso de Bernstein, la dirección no responde tanto a un cálculo como a algo instintivo, casi físico.

OZAWA: Supongo. Algo así.

MURAKAMI: Cuando le va bien todo funciona, pero en caso contrario puede llegar a derrumbarse.

OZAWA: Exacto. El maestro Karajan, sin embargo, preparaba muy bien la dirección de antemano y le exigía lo mismo a la orquesta.

MURAKAMI: Eso quiere decir que la música ya estaba formada en él antes del concierto.

OZAWA: Más o menos.

MURAKAMI: Pero con Bernstein las cosas no eran así.

OZAWA: No, él se movía por instinto, en el momento.

La reproducción del disco continúa. Gould toca su parte de solo con mucha libertad (4:33-5:23).

OZAWA: En esta parte toca muy libre, ¿no le parece?

MURAKAMI: ¿Quiere decir que, comparado con Karajan, Bernstein deja libertad al solista y en función de cómo fluya su música él se adapta para crear la suya?

OZAWA: Hay algo de eso, sí. En esta pieza al menos, pero en el caso de Brahms no resulta tan fácil y por eso surgieron problemas. En especial con esa obra, con el *Concierto para piano y orquesta n.º 1.*

Gould alarga el fraseo en su parte solista y baja el ritmo (5:01-5:07).

OZAWA: ¿Se ha dado cuenta de cómo ha bajado el ritmo? Es algo característico en Glenn.

MURAKAMI: Cambia el ritmo muy libremente, es cierto. Bueno, era su estilo y no debía de resultar nada fácil seguirle.

OZAWA: Por supuesto que no, era muy difícil.

MURAKAMI: Supongo que durante los ensayos debían de ajustarse a su respiración o algo así, ¿no?

OZAWA: Bueno, sí, pero cuando uno se las ve con artistas de esa talla, puede ocurrir también en directo. Al final ambas partes logran calcular y ajustar sus movimientos, aunque en realidad no se trata tanto de una cuestión de cálculo como de confianza mutua. En mi caso, creo que los músicos confían en mí porque me tienen por alguien muy serio. *(Risas.)* A menudo los solistas hacen lo que les viene en gana *(risas),* pero si la cosa sale bien el resultado es magnífico. Una música libre, fantástica.

El piano aborda un diminuendo *al final del cual entra la orquesta (7:07-7:11).*

OZAWA: ¿Se ha dado cuenta? En el *diminuendo,* justo antes de que entre la orquesta, Gould ha introducido una especie de ¡pon!

MURAKAMI: ¿Qué quiere decir?

OZAWA: Le envía una señal al director para decirle: «¡Entra ahora!». Es un acento que no está en la partitura. No existe.

El piano se acerca a la famosa y larga cadencia del final del primer movimiento (13:06).

OZAWA: Glenn se sentaba en esa silla suya tan baja y tocaba en esa postura tan peculiar *(se hunde en la silla para imitarlo).* No sé bien cómo hablarle de todo esto.

MURAKAMI: ¿Ya era famoso por aquel entonces?

OZAWA: Mmm... Sí. Cuando lo vi por primera vez yo estaba muy emocionado, por supuesto, pero él ni siquiera te daba la mano. Siempre llevaba guantes.

MURAKAMI: Todo un excéntrico.

OZAWA: Oí todo tipo de historias sobre él cuando fui director de la Sinfónica de Toronto (de 1965 a 1969). Incluso llegó a invitarme a su casa...

(Nota del autor: Ozawa me contó varios episodios que, lamentablemente, no puedo reproducir.)
     Última sección de la cadencia. El ritmo de las notas cambia vertiginosamente.

MURAKAMI: Su forma de interpretar en esta parte es absolutamente libre, ¿no cree?

OZAWA: Era un genio, sin duda. Resulta muy convincente, aunque en realidad toca algo muy distinto a lo que está escrito en la partitura y, a pesar de todo, no suena raro.

MURAKAMI: ¿No está en la partitura? ¿Se refiere a la cadencia en la parte solista?

OZAWA: No, no sólo en esa parte. Eso es lo que me resulta admirable.

Termina el primer movimiento (17:11). Levanto la aguja del disco.

MURAKAMI: Sabe, la primera vez que escuché una grabación de Gould y Bernstein juntos fue cuando estaba en el instituto, y desde entonces esta versión del *Concierto en Do menor* es una de mis favoritas. Me gusta el primer movimiento, por supuesto, pero en el segundo hay una parte en la que Gould apoya a la orquesta con arpegios.

OZAWA: ¿Se refiere a la parte donde entra el viento madera?

MURAKAMI: Sí. Otro pianista acompañaría a la orquesta, pero Gould da la impresión de hacerle un contrapunto. Por alguna razón siempre me ha gustado mucho esa parte. Es completamente distinta a las interpretaciones de otros pianistas.

OZAWA: Imagino que tendría una abrumadora confianza en sí mismo para atreverse a hacer ese tipo de cosas. Vamos a escucharlo. Justo ahora estoy estudiando esta obra porque dentro de poco voy a interpretarla con Mitsuko Uchida en Nueva York, con la Saito Kinen Orchestra.

MURAKAMI: Estaré atento. Me gustaría mucho asistir y tener la oportunidad de escucharla.

Le doy la vuelta al disco para escuchar el segundo movimiento. Antes acordamos un pequeño descanso para tomar un té caliente y comer unas galletas de arroz.

MURAKAMI: Supongo que dirigir este segundo movimiento es difícil.

OZAWA: Sí, lo es.

MURAKAMI: Quiero decir, es muy lento y a la vez muy hermoso.

Suena el solo de piano. Después entra la orquesta muy silenciosa (1:19).

MURAKAMI: El sonido de la orquesta no resulta tan duro como en el movimiento anterior, ¿no cree?

OZAWA: Sí, está mucho mejor.

MURAKAMI: Quizás antes estaban demasiado tensos.

OZAWA: Puede ser.

MURAKAMI: En el primer movimiento se notaba en el sonido una especie de tensión, como si hubiera un duelo entre el solista y el director. A juzgar por otras interpretaciones de esta misma obra me doy cuenta de que hay dos aproximaciones distintas a ese primer movimiento: una de confrontación y otra más colaborativa. La grabación en directo de la interpretación de Rubinstein y Toscanini en 1944 parece una verdadera pelea. ¿La conoce?

OZAWA: No, nunca la he oído.

Suena el viento madera y Gould incorpora sus arpegios (4:19-5:27).

OZAWA: Se refiere a esta parte, ¿verdad?

MURAKAMI: Sí, justo. Se supone que el piano debería acompañar a la orquesta, pero Gould toca de una manera deliberadamente clara.

OZAWA: Desde luego. Para él no se trata en absoluto de un simple acompañamiento, al menos en su mente.

Gould termina la frase y tras una breve pausa comienza a tocar la frase siguiente (5:40).

OZAWA: ¡Ahora, ahí donde retoma la frase después de la pausa! Es Gould en su máxima expresión, ejercitando toda su libertad. Es su marca, su estilo, esa manera de retomar la frase.

El piano y la orquesta se entrelazan con gran belleza durante un rato.

OZAWA: Ahora ya se ha convertido todo en el mundo de Gould. Él ha tomado la iniciativa por completo. En Japón hablamos del *ma* en la música asiática, es decir, de la importancia de las pausas y silencios, pero en la música occidental también existen, y alguien como Gould sabía

43

leerlas y ejecutarlas muy bien. No todo el mundo puede hacerlo y menos aún si no es un músico extraordinario. Él, sin embargo, lo hace todo el tiempo.

MURAKAMI: ¿Los músicos «normales», por así decirlo, no lo hacen?

OZAWA: No, y suponiendo que lo hagan, no resulta natural. No llegan a encajar. No te atrapan como de hecho sucede aquí. De eso se trata cuando se insertan espacios vacíos. Al hacerlo se consigue atrapar la atención del público. Oriente u Occidente poco importan cuando quien interpreta es un virtuoso.

MURAKAMI: Solo conozco una versión dirigida por usted de este mismo concierto, con Rudolf Serkin y la Sinfónica de Boston en 1982.

OZAWA: Sí, sólo lo he grabado con Serkin. Juntos grabamos todos los conciertos para piano y orquesta de Beethoven y teníamos la intención de hacer lo mismo con los de Brahms, pero enfermó y murió poco después.

MURAKAMI: ¡Qué lástima!

La orquesta toca una larga y pausada frase.

MURAKAMI: No debe de ser fácil para la orquesta alargar y retardar de esta manera, ¿verdad?

OZAWA: Es muy complicado.

El piano y la orquesta vuelven a juntarse en un tempo *lento.*

OZAWA: ¡Vaya, en esta parte no coinciden!

MURAKAMI: Tiene razón. Están fuera de *tempo*.

OZAWA: Estaba contando los compases, y tal vez Gould va demasiado por libre.

MURAKAMI: En la interpretación que escuchamos de Karajan y Gould, también había partes que no ajustaban, ¿verdad?

Sigue un extraordinario solo de piano.

MURAKAMI: No debe de haber muchos pianistas capaces de tocar este segundo movimiento sin resultar aburridos, sin arrastrar el sonido, ¿no cree?

OZAWA: No, desde luego que no.

Termina el segundo movimiento (10:47).

OZAWA: La primera vez que dirigí este concierto fue con un pianista llamado Byron Janis. Fue en el Festival de Ravinia de Chicago.

(Nota del autor: Ravinia es un festival de verano que se celebra en las afueras de la ciudad de Chicago y está a cargo, fundamentalmente, de los componentes de la Sinfónica de Chicago.)

MURAKAMI: Sí, Byron Janis. He oído hablar de él.

OZAWA: La siguiente vez fue con Alfred Brendel. Interpretamos el *Concierto para piano y orquesta n.º 3 en Do menor* de

Beethoven en Salzburgo. La siguiente ya fue, tal vez, con Mitsuko Uchida y después vino Serkin.

Serkin y Bernstein
Concierto para piano y orquesta n.° 3 en Do menor
de Beethoven

MURAKAMI: Me gustaría que escuchase otra interpretación del mismo concierto. ¿Le parece bien?

OZAWA: De acuerdo.

Empieza el primer movimiento. Obertura. Tempo vivace.

OZAWA: Produce una impresión muy distinta. Va rápido. ¡Guau, qué rápido! Es como si galopasen.

MURAKAMI: Demasiada energía en todo el conjunto, ¿no le parece?

OZAWA: Sí, sí. Corren demasiado.

Termina la introducción y entra el piano a una velocidad sorprendente (3:08).

OZAWA: Todos tocan con un entusiasmo desmedido, eso es evidente.

MURAKAMI: Se nota que quieren correr, pero me da la impresión de que algo se desliza poco a poco.

OZAWA: Lo que está claro es que el director lleva la batuta en un compás de 2/2 en lugar de 4/4.

MURAKAMI: ¿Quiere decir que al ir demasiado rápido no le queda más remedio que dirigir en 2/2?

OZAWA: En algunas partituras antiguas se indicaba 2/2, pero hoy en día se da por bueno el 4/4. No obstante, en la obertura el compás es claramente 2/2. Por eso es como si el sonido se deslizase.

MURAKAMI: ¿Quiere decir que en función de la velocidad de la música se puede elegir entre un 2/2 o un 4/4?

OZAWA: Eso es. Si quieres ir más despacio no queda más remedio que hacerlo en 4/4. Las investigaciones actuales indican que el compás correcto es el 4/4, pero cuando yo estudiaba se admitían las dos formas.

MURAKAMI: No lo sabía. Esta interpretación es la de Rudolf Serkin y Leonard Bernstein con la Filarmónica de Nueva York. Se grabó en 1964, cuatro años antes de la de Gould.

OZAWA: Es una interpretación que no me cabe en la cabeza.

MURAKAMI: ¿A qué se debe tanta prisa?

OZAWA: No tengo ni idea.

MURAKAMI: No me parece que Serkin fuera famoso por tocar el piano a esa velocidad. A lo mejor estaba de moda.

OZAWA: Puede ser, pero en 1964... Mmm... En aquella época se prestaba mucha atención a los diferentes estilos interpretativos influidos por la música antigua. La mayor parte de las veces se imponía un *tempo* rápido. Apenas había reverberación e incluso los instrumentos de cuerda tenían un arco más corto de lo normal. Puede que tenga que ver con todo eso. «Sin respiro.» Se puede decir que es así como tocan. A golpes. Una manera nada germánica, desde luego.

MURAKAMI: ¿Era la tendencia de la Filarmónica de Nueva York?

OZAWA: Comparada con las Orquestas de Berlín o de Viena le falta ese encanto del sonido germánico.

MURAKAMI: Pero el caso de la Sinfónica de Boston es algo distinto, ¿no?

OZAWA: Sí, la de Boston tiene un sonido más suave. No interpreta así. La orquesta entera se opondría.

MURAKAMI: ¿Y la de Chicago, está más cerca de la de Nueva York?

OZAWA: Sí, pero la de Cleveland, por ejemplo, tampoco lo haría de esta manera. La de Cleveland se acerca al estilo de la de Boston e incluso produce un sonido más tranquilo. Jamás tocaría con esta violencia. Aparte de la orquesta, me cuesta creer que el pianista sea Serkin. Es como si se deslizase.

MURAKAMI: ¿No cree que podría ser un intento de Bernstein de oponerse al sonido Beethoven creado por Karajan?

OZAWA: Podría ser, pero Lenny interpretaba el último movimiento de la *Novena* de Beethoven con una lentitud extraordinaria. A lo mejor no llegó a grabarlo nunca en disco, pero yo lo vi por televisión. Fue en un concierto en Salzburgo con la Filarmónica de Berlín o la de Viena, supongo. Era tan lento que casi me pareció imposible. Ya sabe a qué me refiero, a ese cuarteto vocal del *Finale*. Esa parte.

Yo quería hacer música germánica como fuese

MURAKAMI: Antes me decía que estuvo con la Filarmónica de Nueva York. ¿Después se marchó a Berlín?

OZAWA: Sí. Después de mi primera estancia en Berlín fui a Nueva York como asistente de Lenny, y después el maestro Karajan me llamó de vuelta a Berlín. Allí debuté. Allí cobré mi primera paga como director de orquesta. Dirigí algunas obras orquestales de Maki Ishii y de Boris Blacher. También una sinfonía de Beethoven, la *Primera* o la *Segunda,* ya no me acuerdo.

MURAKAMI: ¿Cuánto tiempo vivió en Nueva York?

OZAWA: Dos años y medio. 1961, 1962 y parte de 1963. Dirigí la Filarmónica de Berlín en 1964.

MURAKAMI: En aquel entonces el sonido de ambas orquestas era tan diferente como la noche y el día, ¿verdad?

OZAWA: Sin duda. Aún hoy es así. Incluso en los tiempos que corren, con sistemas de comunicación tan avanzados, con los músicos moviéndose de un lado para otro, con libertad para tocar en distintas orquestas, con la globalización de la cultura, etcétera, la de Nueva York y la de Berlín siguen siendo completamente distintas.

MURAKAMI: El sonido de la Filarmónica de Nueva York en la primera mitad de los sesenta resultaba especialmente duro y agresivo.

OZAWA: Sí, en la época de Lenny. Fíjese en sus grabaciones de Mahler, por ejemplo. Es como si tuvieran un filo muy cortante, pero esa interpretación que acabamos de oír, nunca he oído algo que se deslice tanto como eso.

MURAKAMI: Al disco anterior de Gould no le ocurre nada parecido, pero resulta muy duro. ¿Cree que era del gusto del público estadounidense de entonces?

OZAWA: No, no lo creo.

MURAKAMI: Pero es un sonido radicalmente distinto.

OZAWA: ¿No ha oído decir a menudo que una orquesta suena distinta en función del director? Esa tendencia es aún más evidente en Estados Unidos.

MURAKAMI: ¿Quiere decir que eso no ocurre en las orquestas de Europa?

OZAWA: Se puede cambiar el director de la Filarmónica de Viena o de Berlín y los músicos apenas cambiarán de colorido.

MURAKAMI: Pero en Nueva York, después de Bernstein estuvieron Zubin Mehta, Kurt Masur...

OZAWA: Y Pierre Boulez...

MURAKAMI: Sin embargo, me da la impresión de que el sonido de la orquesta no cambió especialmente.

OZAWA: Tiene razón. No cambió gran cosa.

MURAKAMI: He oído varias veces a la Filarmónica de Nueva York bajo la batuta de diferentes directores y nunca me ha impresionado mucho. ¿Por qué será?

OZAWA: Bueno, Lenny no era la clase de director que le dedicase mucho tiempo a los ensayos.

MURAKAMI: Estaba ocupado con otras cosas, supongo.

OZAWA: Mmm... Supongo, sí. En cierto sentido era un genio y preparar a la orquesta no era uno de sus puntos fuertes. Era un divulgador excepcional, pero quizá la disciplina pura y dura del ensayo no se le daba bien.

MURAKAMI: ¿Para un director una determinada orquesta no es como para los escritores un estilo determinado de escritura? Para un escritor perfeccionar su estilo no deja de ser algo natural, y en el caso de los directores de orquesta debe de ser algo parecido, supongo. Supongo que él, al menos, exigía cierto nivel interpretativo.

OZAWA: Por supuesto.

MURAKAMI: ¿Tiene que ver con el tipo de dirección del que hablábamos antes?

OZAWA: En parte, sí, pero en el caso de Lenny él nunca enseñaba a los músicos cómo tocar.

MURAKAMI: ¿Qué quiere decir?

OZAWA: Cómo tocar sus instrumentos. No le prestaba atención al conjunto musical. El maestro Karajan, por el contrario, sí lo hacía.

MURAKAMI: ¿A qué se refiere en concreto con eso de prestar atención al conjunto musical?

OZAWA: Me refiero a cuando se logra que una orquesta suene como un conjunto. Lenny no nos lo enseñaba, o quizá no era capaz de hacerlo. Lo lograba porque era algo innato en él, una especie de genialidad.

MURAKAMI: ¿Significa eso que era incapaz de una dirección práctica, por ejemplo, tú haz esto, tú lo otro, cuando tenía a toda la orquesta delante tocando para él?

OZAWA: Desde un punto de vista práctico creo que un buen director da instrucciones a los músicos. Diría cosas como: «Escuchen ahora este instrumento, ahora este otro». De esa manera se consigue crear un conjunto orquestal.

MURAKAMI: Es decir, que cuando eso sucede el resto de los músicos se concentran en escuchar un determinado instrumento u otro...

OZAWA: Eso es. «Ahora escuchen el chelo; ahora el oboe.» Así funciona. El maestro Karajan era un genio en ese sentido. Dejaba muy claros todos esos puntos durante los ensayos. Lenny nunca ensayó así con la orquesta. Mejor dicho, es que ni siquiera le interesaba hacerlo.

MURAKAMI: Pero debía de tener un sonido en mente, algo preconcebido que esperaba de la orquesta, ¿no?

OZAWA: Sí, por supuesto.

MURAKAMI: Y no lo alcanzaba a través de la dirección.

OZAWA: Y lo más extraño de todo es que era un educador fuera de lo normal. Cuando impartió los cursos Norton en la Universidad de Harvard, por ejemplo, se los preparó mucho y sus clases siempre fueron brillantes. El curso se hizo tan famoso que incluso llegaron a publicarlo como libro. Sin embargo, con las orquestas no hacía lo mismo. No tenía en mente esa idea de «enseñar».

MURAKAMI: ¡Qué extraño!

OZAWA: Y hacía lo mismo con nosotros, sus asistentes. Lo considerábamos nuestro maestro y queríamos que nos enseñase cosas, pero él no lo veía del mismo modo. «Vosotros sois mis colegas», decía, y por eso nos pedía que si nos dábamos cuenta de algo se lo dijésemos, como él haría con nosotros. Era un toma y daca, esa forma tan positiva que tienen los norteamericanos de aspirar a la igualdad. Dentro del sistema él era el jefe, ese era su cargo, pero no el de maestro. Así lo entendía él.

MURAKAMI: Nada que ver con el sistema europeo.

OZAWA: Completamente distinto. Esa era su actitud con la orquesta y por eso le resultaba tan difícil ensayar. En realidad nunca *formaba* a sus músicos. Tardaba mucho tiempo en preparar algo. Además, si uno se empeña en ese sistema igualitario, en lugar de tener a un director que se enfada con los músicos, sucede lo contrario, son los músicos quienes se enfadan con él e incluso llegan a protestar abiertamente. Lo vi con mis propios ojos en varias ocasiones. No era algo de broma ni nada parecido. Protestaban muy en serio. Es algo inconcebible en una orquesta normal.

Me ocurrió algo parecido años más tarde cuando empecé con la Saito Kinen. La mayor parte de los músicos eran viejos colegas míos. Ahora ya quedan pocos y las cosas han cambiado, pero en aquel entonces no tenían ningún problema en expresar sus opiniones delante de todos. Esa era la atmósfera que respirábamos, y a algunos no les gustaba en absoluto. Quienes venían de otro ambiente eran incapaces de participar en esos intercambios. Algunos se quejaban de que así todo se retrasaba y argumentaban que el director no tenía por qué escuchar las opiniones de los músicos. Pero yo sí lo hacía y, de hecho, lo hacía de buena gana. El caso de Lenny, sin embargo, era diferente al de una orquesta formada por colegas reunidos esporádicamente. Tenía que vérselas con una orquesta profesional, permanente, de primera categoría, pero como él se empeñaba en mantener esa filosofía igualitaria, a menudo necesitaba dedicar mucho más tiempo del necesario a los ensayos, precisamente por trabajar con ese planteamiento.

MURAKAMI: Es decir, no se limitaban a hacer lo que él les pedía.

OZAWA: Imagino que quería ser un «buen americano», y puede que a veces exagerara.

MURAKAMI: Al margen del igualitarismo, imagino que debía de sentirse muy frustrado cuando no conseguía el sonido que buscaba, ¿no?

OZAWA: Seguro. Todos le llamábamos Lenny. A mí también me llamaban por mi nombre de pila, pero en su caso esa familiaridad era mucho más extrema. Algunos músicos terminaban por asumir que podían meterse donde quisieran y le decían cosas como: «¡Oye, Lenny, eso no es así!». Una vez llegados a ese punto los ensayos se desbarataban y no terminaban nunca.

MURAKAMI: Me lo puedo imaginar, pero en los buenos momentos aparecería la gran música, seguro, por mucho que en los malos fuera un verdadero desastre.

OZAWA: Eso es. La música puede llegar a perder su coherencia. Sucede alguna que otra vez. Cuando empezamos con la Saito Kinen Orchestra, había gente que se dirigía a mí por mi nombre, otros por mi apellido y otros me llamaban maestro. Un verdadero lío. Comprendí entonces que a Lenny debía de haberle ocurrido algo parecido.

MURAKAMI: No creo que eso le sucediera en absoluto al maestro Karajan.

OZAWA: No. Para empezar, él no escuchaba a nadie. Si había una sola diferencia entre el sonido que él quería y el que producía la orquesta, para él siempre era culpa de la orquesta. Los obligaba a repetir una y otra vez hasta que tocaban como él quería.

MURAKAMI: Todo muy claro y muy preciso, supongo.

OZAWA: Con Lenny los músicos se ponían a hablar entre ellos durante los ensayos. Eso siempre me molestó. Nunca me pareció una buena idea, y por eso cuando yo dirigía en Boston y alguien empezaba a hablar, lo miraba sin decir nada para poner punto final. Lenny no hacía eso.

MURAKAMI: ¿Y Karajan?

OZAWA: Al principio pensaba que lo tenía todo bajo control, pero ya cerca del final de su carrera, cuando vino a Japón con la Filarmónica de Berlín, empezaron a ensayar la *Novena* de Mahler para interpretarla de vuelta en Alemania, no en Japón. Es decir, ensayaba una obra que ni siquiera iba a tocar en los siguientes días, y quizá por eso los miembros de la orquesta no se mostraban muy entusiasmados. Yo escuchaba desde una butaca y me di cuenta de que algunos de ellos charlaban. Susurraban cuando el maestro paraba para comentar algo. En un momento determinado, el maestro se volvió hacia mí y dijo en voz alta: «Seiji, ¿has visto alguna vez una orquesta tan ruidosa durante los ensayos?». *(Risas.)* La verdad es que no supe qué contestar.

MURAKAMI: Quizás ya había perdido un poco de autoridad. Creo recordar que tuvo muchos problemas con la Filarmónica de Berlín por aquel entonces.

OZAWA: Sí, pero finalmente llegaron a un acuerdo y la situación mejoró. Antes de eso sí hubo una época difícil.

MURAKAMI: Cuando asisto a los ensayos de usted compruebo que muchas veces se dirige a la orquesta con gestos muy sutiles, como si les diera pistas diciendo: «Bien, fijaos, en esta parte de aquí voy a poner esta cara».

OZAWA: No lo sé. No sé si entiendo del todo lo que quiere decir.

MURAKAMI: Pero estará de acuerdo en que en el caso de la Sinfónica de Boston el sonido cambia mucho en función del director.

OZAWA: Sí, desde luego.

MURAKAMI: Charles Munch fue director permanente durante mucho tiempo. Luego Erich Leinsdorf y después usted, creo.

OZAWA: Después de Leinsdorf estuvo William Steinberg.

MURAKAMI: ¡Es verdad!

OZAWA: Tres o cuatro años después de hacerme cargo de la dirección el sonido cambió. Se hizo muy alemán, evolucionó a eso que se conoce como *into the strings*. Los intérpretes empezaron a meter el arco más profundamente, lo cual produce un sonido más grave. Hasta aquel momento el sonido de la orquesta era mucho más ligero, más fresco, porque su eje era la música francesa. Munch y Pierre Monteux ejercieron una gran influencia. Por entonces Monteux no era director musical, pero estaba allí casi siempre, y Leinsdorf, por su parte, tampoco es que fuera muy germánico.

MURAKAMI: Es decir, tras su llegada cambió el sonido.

OZAWA: Yo quería hacer música germánica como fuera. Quería interpretar a Brahms, a Beethoven, a Bruckner y a Mahler. Por eso los obligué a tocar *into the strings*. El concertino se oponía y terminó por renunciar. Se llamaba Joseph Silverstein. También era asistente del director, pero odiaba ese estilo interpretativo. Según él, ensuciaba el sonido. Se oponía enérgicamente, pero yo era el director y no le quedó más remedio que renunciar. Se independizó y terminó como director de la Sinfónica de Utah.

MURAKAMI: Pero usted también dirigió la Orquesta Nacional de Francia durante un tiempo, ¿no? Eso quiere decir que se maneja bien con ambos estilos musicales.

OZAWA: En realidad no. Soy discípulo de Karajan y me he dedicado fundamentalmente a la música germánica. Me encantaba Munch, por supuesto, y por eso en Boston dirigí a menudo música francesa; la totalidad de las obras de Ravel y Debussy. Incluso las grabé, pero llegué a la música francesa después de instalarme en Boston. No aprendí nada con Karajan. Bueno, quizás el *Preludio a la siesta de un fauno*.

MURAKAMI: No lo sabía. Siempre he pensado que la música francesa era la primera especialidad de usted.

OZAWA: No, en absoluto. Hasta entonces nunca la había interpretado. Lo único, la *Sinfonía fantástica* de Berlioz. Todo lo demás lo hice por petición expresa de la discográfica.

MURAKAMI: ¿No le resulta difícil la música de Berlioz? Cuando la escucho me pierdo a menudo, como si no llegase a entender de qué se trata.

OZAWA: Más que difícil, es una música loca. Hay partes que no se entienden, en efecto, y quizá por eso encaja bien con directores orientales. Es como si nos permitiera hacer lo que queremos. Hace tiempo dirigí una ópera suya, *Benvenuto Cellini*. Fue en Roma. ¡Válgame el cielo! En esencia hice lo que me apeteció y al público le encantó.

MURAKAMI: Eso sería imposible con la música germánica.

OZAWA: Imposible. Y después está ese réquiem de Berlioz... ¿Cómo se llamaba? ¡Ah, sí! *La gran misa de difuntos,* con ocho juegos de timbales. La interpreté de forma muy libre. La primera vez en Boston, luego en diferentes países. Cuando murió Munch, la dirigí en memoria suya en Salzburgo al frente de la Orquesta de París, fundada por él.

MURAKAMI: Por tanto, cuando interpretaba música francesa en Boston no era por decisión propia, sino por petición expresa de la discográfica.

OZAWA: Eso es. La orquesta también quería tocar música francesa para comercializarla. Me tuve que enfrentar a muchas músicas distintas por primera vez en mi vida.

MURAKAMI: Cuando estaba en Alemania, ¿no se sentía abrumado por tanta música germánica?

OZAWA: Sí, el maestro Karajan apenas hacía otra cosa. Bueno, en alguna ocasión me encargaron dirigir a Bartók. Cosas así.

MURAKAMI: Pero desde que aceptó el puesto en Boston dedicó mucho tiempo al *into the strings,* a preparar el ambiente para la música germánica.

OZAWA: En efecto. Y a partir de entonces a directores alemanes como Tennstedt y Masur empezó a gustarles la orquesta y venían casi todos los años como directores invitados.

Hace cincuenta años me apasioné con Mahler

MURAKAMI: ¿Cuándo empezó a dirigir a Mahler?

OZAWA: Su música empezó a gustarme por influencia de Lenny. Mi época como asistente suyo coincidió con las grabaciones que hacía de las sinfonías completas de Mahler. Me las aprendí gracias a él, y cuando fui a Toronto y a San Francisco enseguida empecé a interpretar a Mahler. En Boston tocamos sus sinfonías en dos ocasiones, pero al principio, aparte de Lenny, nadie interpretaba sus sinfonías completas.

MURAKAMI: Karajan tampoco le prestó mucha atención, ¿verdad?

OZAWA: No, al menos durante un tiempo. Gracias a eso, a menudo tuve la oportunidad de dirigir la música de Mahler en Berlín. El maestro me encargaba a mí y eso me permitió concentrarme en Mahler. También lo interpreté con la Filarmónica de Viena, que, como ya sabrá usted, va a venir a Japón, y si la salud me lo permite debería interpretar con ella la *Novena* de Mahler y también la *Novena* de Bruckner.

MURAKAMI: ¡Qué maravilla! ¡Vaya reto!

OZAWA: En su gira ya han interpretado la *Novena* de Bruckner, pero no a Mahler. Me han dicho que la reservan para cuando me recupere.

MURAKAMI: Pues dedique todos sus esfuerzos a la rehabilitación.

OZAWA: Debería. *(Risas.)* En cualquier caso fue entonces cuando me apasioné con Mahler. Ya han pasado cincuenta años desde entonces.

MURAKAMI: Le escucho y entiendo que la Saito Kinen se haya concentrado en la música germánica.

OZAWA: Es cierto. La primera vez que interpretamos música francesa fue hace tres años, la *Sinfonía fantástica*.

MURAKAMI: También una ópera de Poulenc, *Les Mamelles des Tirésias,* si no me equivoco.

OZAWA: Sí, es verdad. También a Honegger, que en realidad es suizo, no francés, aunque su música sí es muy francesa. Pero el punto fuerte de la Saito Kinen es Brahms.

MURAKAMI: Es cierto.

OZAWA: Las enseñanzas del maestro Saito tenían mucho que ver con Brahms, y mucha gente que salió al extranjero en su época fue a Alemania y a Austria. Los músicos que participan en la Saito Kinen Orchestra vienen en muchos casos de Berlín, de Viena, Fráncfort, Colonia o Düsseldorf. De lugares así. Pero, ahora que lo pienso, también los hay que vienen de Estados Unidos.

MURAKAMI: La Saito Kinen tiene un sonido parecido al de la Sinfónica de Boston, ¿no cree?

OZAWA: Sí, se parecen mucho.

MURAKAMI: ¿Cómo describirlo? ¿Como la seda, abierto, elástico? Viví en Boston de 1993 a 1995 y acudía a menudo a los conciertos de la Sinfónica poco antes de la última etapa que usted dirigió allí. Me daba la impresión de que el sonido de la orquesta se había condensado hasta llegar a su esencia, algo muy diferente a lo que había sido anteriormente.

OZAWA: Puede que tenga razón. Por aquel entonces estaba desesperado, me esforzaba cuanto podía por elevar el nivel de la orquesta. Quería colocarla entre las diez mejores del mundo y también invitar a los mejores directores. Para lograrlo, lo primero era elevar el nivel. Con el tiempo, la orquesta se ganó el favor de muchos directores, que aceptaron venir y dirigir para nosotros. Entre los más jóvenes estuvieron Simon Rattle y también Tennstedt, Masur, a los que ya he citado antes. También una autoridad en instrumentos antiguos como es Christopher Hogwood.

MURAKAMI: Cuando regresé a Japón después de mi estancia en Boston le escuché a usted al frente de la Saito Kinen y me impresionó que el sonido fuera mucho más abierto y ligero que antes. No entiendo mucho sobre la densidad de la música, pero me recordaba el sonido de la vieja Sinfónica de Boston.

¿Qué es el nuevo estilo interpretativo de Beethoven?

MURAKAMI: Quisiera preguntarle una cosa más relacionada con la manera de interpretar a Beethoven. Antes existía algo así como un estilo normativo cuyo máximo representante podría ser Wilhelm Furtwängler. Karajan, de algún modo, es heredero de ese estilo, pero a partir de cierto momento parece como si el público se hubiera cansado de eso y dio comienzo una nueva búsqueda. La aproximación de Gould alrededor de 1960 se puede entender en ese contexto, creo. Mantiene más o menos el marco general intacto, pero trata de manejar la música con mayor libertad, como si se dislocasen varios elementos para reconstruirlos más tarde. Algo así. Hubo varias tendencias de ese estilo, pero no llegó a imponerse nada nuevo que fuera contra la ortodoxia interpretativa germánica.

OZAWA: Sin duda.

MURAKAMI: Sin embargo, me da la impresión de que últimamente sí hay cierto cambio. Quizá por eso el sonido se aligera.

OZAWA: En efecto, ya no se escucha tan a menudo esa vieja tendencia de grandes conjuntos de cuerda que creaban un sonido grave, espeso, como sucedía también con Brahms. Puede que tenga que ver con el hecho de cierto auge de músicos tocando instrumentos de época originales.

MURAKAMI: Es posible. Es verdad que hoy en día se usan menos instrumentos de cuerda y que durante los conciertos los solistas no tienen que esforzarse tanto para lograr un gran sonido. Sin llegar al extremo de usar un fortepiano de época, un intérprete de hoy en día puede tocar un piano moderno y sacarle un sonido más quedo, más al estilo del fortepiano. Quiero decir, el sonido se hace más pequeño y, en conjunto, más ligero. Gracias a eso los músicos se pueden mover libremente en un rango dinámico más estrecho. Así es como el estilo en las interpretaciones de Beethoven ha empezado a cambiar, creo yo.

OZAWA: Es cierto que ha habido un cambio en el caso de las sinfonías. En lugar de usar una orquesta como un único y poderoso conjunto, el estilo ha cambiado para que cada sección, cada intérprete, resulte más reconocible.

MURAKAMI: Y de esta forma llegan a escucharse las voces interiores.

OZAWA: Exacto.

MURAKAMI: Esa es la sensación que tengo cuando oigo a Beethoven interpretado por la Saito Kinen.

OZAWA: Porque así era el maestro Saito. Por eso me reprochaban hacer un sonido demasiado «fino» cuando dirigía la Filarmónica de Berlín. El maestro Karajan también insistía mucho en eso al principio. Solía burlarse de mí. La primera vez que dirigí la *Primera* de Mahler asistió al concierto. Yo daba la entrada a todo el mundo, ahora tú, después tú más allá. Eso te mantiene muy ocupado.

MURAKAMI: Imagino.

OZAWA: Entonces el maestro Karajan me dijo: «Seiji, no tienes necesidad de trabajar tan duro con mi orquesta. Tú dedícate a lo general y deja que ellos se ocupen del resto». Pero, sabe, al darles la entrada de esa manera conseguí que el sonido de la orquesta fuese más abierto, más transparente. Si se da la entrada a cada uno de los músicos se logra una mayor claridad. La dirección del conjunto es importante, sin duda, pero también lo es subrayar los detalles. El maestro me regañó el día después del concierto mientras desayunábamos. Estaba muy enfadado. «¡Deja de dar la entrada a los músicos!», me espetó. «¡Ese no es el trabajo del director!» Por la noche, a la hora del concierto estaba aterrorizado. Pensaba que no volvería a presentarse, pero también cabía la posibilidad de que sí lo hiciera. ¿Qué iba a hacer yo en ese caso? Al final no vino. *(Risas.)*

MURAKAMI: Antes no pasaba nada cuando una orquesta tocaba como una masa uniforme para producir un gran sonido.

OZAWA: Sí, y lo mismo ocurría en las grabaciones. Al maestro Karajan le gustaba mucho grabar en una iglesia concreta de Berlín, y cuando lo hacía en París dejaba muy claro que fuese en una sala con la misma resonancia de una iglesia. Lugares como la Sala Wagram, un viejo salón de baile.

MURAKAMI: ¿Una iglesia y un salón de baile?

OZAWA: Era la tendencia de entonces, grabar en lugares con un buen eco. Vendían esas salas con el argumento de que lograban no sé cuántas reverberaciones por segundo. La costumbre era capturar el sonido como un todo, un conjunto único. En Nueva York las grabaciones se hacían siempre en el Manhattan Center, otra sala con un eco considerable. Grabar en directo los conciertos no estaba de moda por entonces y todo el mundo elegía esas salas llenas de eco.

MURAKAMI: El auditorio de la Sinfónica de Boston también produce un sonido especial, ¿verdad?

OZAWA: Sí, pero para las grabaciones solían quitar la mitad de las butacas y colocaban allí a la orquesta. Lo hacían, precisamente, para lograr un buen eco, pero a partir de mi época se empezó a dar más importancia al hecho de capturar un sonido más real, más propio del escenario.

MURAKAMI: Así se pueden escuchar todas las voces.

OZAWA: Sí, también eso, pero al hacerlo así el sonido grabado se acerca mucho al de la orquesta en vivo, sin tanto eco y tratando de que la reverberación sea lo menor posible.

MURAKAMI: Ahora que lo dice, la interpretación de Gould y Karajan que hemos escuchado antes tenía muchas reverberaciones.

OZAWA: El maestro Karajan siempre le daba instrucciones muy precisas al ingeniero de sonido para conseguir lo que quería. Después ajustaba el fraseo para que todo funcionase en ese rango. Sabía crear la música para que la marca del fraseo sobresaliese de entre las reverberaciones.

MURAKAMI: ¡Como cantar en la ducha!

OZAWA: Exacto, si quiere decirlo así.

MURAKAMI: ¿En qué clase de sala graba la Saito Kinen?

OZAWA: En un teatro normal y corriente, el Bunka Kaikan de Matsumoto, en la prefectura de Nagano. Allí el sonido es duro, con pocas reverberaciones.

MURAKAMI: Por eso se aprecian todos los detalles, ¿verdad?

OZAWA: Eso es, pero para mi gusto resulta demasiado limpio. Me gustaría un poco más de reverberación, pero en Japón no es fácil encontrar buenas salas de concierto. Ahora mismo la mejor es la Triphony Hall, en el barrio de Sumida, en Tokio. A mi modo de ver, hoy en día es la mejor para grabar.

MURAKAMI: Volviendo al asunto de las interpretaciones modernas de Beethoven, ¿implica que se tienen que reducir los instrumentos de cuerda o, al menos, aligerar el sonido?

OZAWA: Quizá se trate más de separar los diferentes sonidos para que puedan oírse con más claridad dentro del conjunto. Creo que esa es la tendencia actual, y esta viene dada, sin duda, por interpretar con instrumentos antiguos.

MURAKAMI: Imagino que en tiempos de Beethoven las secciones de cuerda de las orquestas eran más pequeñas que ahora.

OZAWA: Por supuesto. Por ejemplo, en la *Tercera sinfonía,* la *Heroica,* algunos directores reducen el número de cuerdas a los seis primeros violines o algo así. Yo nunca he llegado a ese extremo.

Beethoven con instrumentos de época. Immerseel al fortepiano

MURAKAMI: Si le parece bien, escuchemos ahora el *Concierto para piano y orquesta n.º 3* de Beethoven interpretado con instrumentos de época.

Jos Van Immerseel toca el fortepiano con la Tafelmusik Baroque Orchestra, dirigidos por Bruno Weil en una grabación realizada en 1996.

OZAWA: ¡Demasiada reverberación! Fíjese en esta parte. Antes de que se desvanezca el sonido anterior ya entra el siguiente. Eso no debería pasar en condiciones normales.

MURAKAMI: Es verdad, es una reverberación muy fuerte.

Suena la figura de tres notas de la parte de la introducción de la orquesta.

OZAWA: Ahora. Aquí. El maestro Karajan habría tocado *tan, tan, taaan,* añadiendo dirección, pero esta orquesta se limita a un *tan, tan, tan.* Es una diferencia enorme. Interesante a su manera, sin duda.

MURAKAMI: Se oye el sonido independiente de cada uno de los instrumentos.

OZAWA: Sí. Por ejemplo, en esta parte donde suena el oboe. Es su forma de hacerlo.

MURAKAMI: Algo cercano a la música de cámara.

OZAWA: Eso es. Esta forma de interpretar también tiene su atractivo, ¿no le parece?

MURAKAMI: De algún modo es la tendencia de la Saito Kinen Orchestra, ¿verdad?

OZAWA: Sí, cada uno de los instrumentos tiene su propia voz.

MURAKAMI: En muchos detalles se nota un sonido muy distinto al de las orquestas anteriores.

OZAWA: Sí, pero en esta interpretación no se oyen las consonantes.

MURAKAMI: ¿Las consonantes?

OZAWA: La dominante de cada sonido.

MURAKAMI: No sé si llego a entenderlo.

OZAWA: Veamos cómo podría explicarlo... Si canta *a, a, a,* se trata sólo de una vocal, pero si añade una consonante a cada una de esas tres aes, se convertirán en algo como *ta, ka, ka,* o *ha, sa, sa.* Se trata de las consonantes que se añaden. La primera vez no es difícil. El problema aparece con la parte que viene a continuación. Si son todo consonantes, *ta, t, t,* la melodía termina por hundirse, pero si elegimos hacer *ta, raa, raaa* o *ta, wa, waa,* la expresión de las notas cambia. Tener buen oído significa ser capaz de controlar las consonantes y las vocales. Cuando los instrumentos de esta orquesta dialogan no aparecen consonantes, aunque a mí no me produce una mala sensación.

MURAKAMI: Entiendo lo que quiere decir, pero sin reverberación tal vez ese sonido resultase demasiado duro.

OZAWA: Es cierto. Quizá por eso eligieron para grabar una sala con mucho eco.

MURAKAMI: Las interpretaciones con instrumentos antiguos me resultan muy interesantes, pero no son tan frecuentes salvo en el caso de la música barroca y, en especial, cuando se trata de Beethoven o Schubert. Más que nada se oyen orquestas con instrumentos modernos indirectamente influidas por interpretaciones históricas.

OZAWA: Sí, puede que tenga razón. Desde esa perspectiva ahora estamos en una época muy interesante.

Otra vez Gould

MURAKAMI: Lo que más me llama la atención de Gould es esa forma suya tan deliberada de sacar elementos contrapuntísticos en la interpretación de Beethoven. No sólo no trata de armonizar su sonido con el de la orquesta, sino que lo superpone deliberadamente para crear así una tensión natural entre ambos. Esa forma de interpretar a Beethoven a mí me resulta muy fresca.

OZAWA: Tiene mucha razón, pero lo que me extraña es que tras la muerte de Gould no haya vuelto a aparecer nadie como él, un discípulo, alguien interesado en seguir ese camino. Nadie. Supongo que Gould era un genio y, por mucha influencia que tuviera, nadie ha llegado a su altura. Nadie tiene ese coraje suyo, desde luego.

MURAKAMI: Los pocos que se atreven con invenciones a la hora de interpretar lo hacen, a mi modo de ver, sin un sentido genuino de necesidad o pertinencia, es decir, sin sustancia.

OZAWA: Mitsuko Uchida es una pianista muy valiente. También Martha Argerich.

MURAKAMI: ¿Las mujeres tienen más esa cualidad?

OZAWA: Sin duda. Las mujeres son más valientes, más audaces.

MURAKAMI: Hay un pianista llamado Valery Afanassiev...

OZAWA: Nunca he oído hablar de él.

MURAKAMI: Es un pianista ruso actual con mucha inventiva en sus interpretaciones. También ha interpretado el *Concierto n.º 3*. Es muy interesante, muy intelectual, muy apasionado y único. Sin embargo, me cansa oírle. El segundo movimiento es tan lento que siempre pienso: «Ya basta». Quizá piensa demasiado. Gould, por el contrario, no tenía ese punto. Incluso en las raras ocasiones en que tocaba lento, a uno le dan ganas de oírle hasta el final. No cansa a mitad de la interpretación. Su ritmo interior debía de ser muy poderoso, supongo.

OZAWA: Son sus pausas lo que a mí me maravilla. Hacía tiempo que no lo escuchaba y al hacerlo ahora vuelvo a darme cuenta. No sé cómo expresarlo, pero parece que fuera algo innato en él. No es en absoluto un acto premeditado y consciente.

MURAKAMI: Es algo muy original. A veces veo algunos de sus vídeos y me fijo en cómo levanta la mano y la mueve en el vacío, con los dedos en el aire para añadir un *vibrato* al sonido del piano, aunque en la realidad sea físicamente imposible.

OZAWA: No cabe ninguna duda de que era un excéntrico. Cuando lo vi por primera vez, yo estaba empezando mi carrera y aún no hablaba bien inglés. Lo pienso ahora y me da mucha lástima. De haber hablado su idioma habría tenido una gran oportunidad con él. Podría haber hablado incluso con Bruno Walter. Imagínese todas las cosas que podría haber discutido con Glenn. ¡Una lástima! Lenny era una persona tremendamente amable y adaptaba su inglés a mi nivel de comprensión para poder entendernos. Gracias a eso disfrutamos de largas y estupendas conversaciones.

Rudolf Serkin y Seiji Ozawa
Concierto para piano y orquesta n.º 3 en Do menor
de Beethoven

MURAKAMI: Me gustaría escuchar ahora esta otra versión del concierto con Serkin como solista, dirigido por usted y grabada en 1982. ¿Le importa?

OZAWA: En absoluto.

MURAKAMI: Se lo pregunto porque hay directores a los que no les gusta escuchar sus propias interpretaciones.

OZAWA: No, no. Yo no tengo problema con eso. La última vez que la oí fue hace mucho tiempo y ya no la recuerdo. Puede que resulte demasiado pesada para estos tiempos.

MURAKAMI: No, en absoluto.

OZAWA: Eso cree usted.

Coloco la aguja en el disco y suena el allegro *de la orquesta.*

OZAWA: Un *allegro* muy tranquilo, ¿no cree?

Empieza a modular gradualmente.

OZAWA: En esto consiste la dirección. ¿Ha oído esas cuatro notas, *tan, tan, tan, tan?* Es el primer *fortissimo* de esta obra. Está todo construido de una manera muy consciente.

La orquesta se anima y se acerca a un primer plano.

OZAWA: Aquí debería haber insistido más, haber aclarado la dirección, hacer *ta, taa, taaan,* resaltar el acento, ser más atrevido. En la partitura no hay ninguna referencia a ser más audaz, pero hay que saber leer entre líneas.

La orquesta empieza a crear una estructura musical más clara.

OZAWA: ¿Lo ve? La dirección está bien planteada, pero no hay audacia.

Entra el piano (3:22).

MURAKAMI: Serkin mueve mucho el sonido. Se nota una fuerte voluntad en él de plantear su propia articulación.

OZAWA: Sí. Debía de saber que era la última vez que iba a interpretar esta obra, que no tendría otra oportunidad en su vida de grabarla. Por eso hace un poco lo que quiere.

MURAKAMI: Es una atmósfera completamente distinta a esa tan tensa que se notaba con Bernstein.

OZAWA: El sonido es pura elegancia.

MURAKAMI: Pero con esta orquesta se le nota a usted mucho más serio.

OZAWA: ¿Eso cree usted?

MURAKAMI: Serkin hace la música que él quiere.

Las cuerdas tocan en spiccato *por debajo del piano.*

MURAKAMI: ¿No resulta demasiado lenta esta parte?

OZAWA: Sí, demasiado prudente, tanto Serkin como yo. Aquí justamente deberíamos estar más vivos, como si dialogásemos entre nosotros.

Empieza la cadenza *(12:50)*.

MURAKAMI: Me gusta mucho cómo interpreta Serkin esta *cadenza*. Es como si subiese una pendiente cargado con un montón de bultos a la espalda. No resulta nada fluido, pero me provoca mucha simpatía. ¿Estará bien? ¿Logrará llegar hasta arriba? Lo escucho y me preocupo. Así es como la música termina por impregnarme.

OZAWA: Hoy en día todo el mundo interpreta con mucha energía. No está mal tener también a alguien así.

Da la impresión de que los dedos del pianista estuvieran a punto de trabarse (14:56).

MURAKAMI: En esta parte es como si flirtease con el peligro, pero tampoco está mal.

OZAWA: ¡Ja, ja, ja! Es verdad, es una parte un poco peligrosa.

Termina la cadenza *y la orquesta entra despacio (16:02).*

MURAKAMI: La orquesta entra con mucha delicadeza. Noto cierta tensión.

OZAWA: Entiendo lo que quiere decir, pero aquí el timbal es extraordinario. Era un timbalista estupendo. Se llamaba

Vic Firth. Estuvo en la Saito Kinen desde sus comienzos, casi durante veinte años.

Termina el primer movimiento (16:53).

OZAWA: Hacia el final ha mejorado mucho.

MURAKAMI: Eso creo. En conjunto funcionaba bien.

OZAWA: Una buena *cadenza,* tiene razón.

MURAKAMI: Cada vez que lo escucho me siento exhausto. A pesar de todo, está muy bien. Se nota su personalidad.

OZAWA: Me pregunto cuántos años más vivió después de grabarlo.

MURAKAMI: La grabación es de 1982 y Serkin murió en 1991. Nueve años. Tenía setenta y nueve años cuando grabó este concierto.

OZAWA: Eso quiere decir que murió con ochenta y ocho años.

MURAKAMI: Hablando de esta grabación. ¿Quién decidió el *tempo,* por ejemplo?

OZAWA: Por edad, él era el maestro y yo me plegué a todos sus deseos. Lo hice ya desde los ensayos. Desde el primer *tutti* hice todo cuanto pude para ajustarme a él. Asumí un papel de director acompañante.

MURAKAMI: ¿Ensayaron mucho?

OZAWA: Dos días enteros. Luego una primera interpretación y después la grabación.

MURAKAMI: En tal caso, ¿fue Serkin quien tomó la mayor parte de las decisiones?

OZAWA: Lo más importante es el carácter de la música y eso lo decidió él. Sin embargo, al escucharlo ahora me doy cuenta de que a mí me faltó coraje. Debería haber sido más afirmativo, profundizar más, pero tenía..., cómo decirlo, una especie de reserva.

MURAKAMI: Es cierto, me parece notar una especie de reserva en la atmósfera.

OZAWA: Pensaba que no debía imponerme demasiado, pero al escucharlo ahora me doy cuenta de que debería haberme tomado un poco más de libertad y ajustarme más a él, que tocaba muy libremente.

MURAKAMI: Parece uno de esos viejos maestros de *rakugo*, de esos monólogos japoneses que parecen guiarse y avanzar movidos únicamente por su instinto.

OZAWA: Sí. Estaba muy relajado, nada preocupado, aunque sus dedos tropezaban un poco de vez en cuando. En esa parte en la que los dos hemos advertido el peligro es porque realmente existía, pero cuando se trata de alguien de semejante nivel, ese tipo de cosas terminan por transformarse en una anécdota con encanto.

MURAKAMI: Cuando escuché el disco por primera vez, me di cuenta de que tocaba más despacio que en otros tiempos, pero después de escucharlo varias veces mi preocupación acabó por desaparecer.

OZAWA: El verdadero encanto de un artista llega con la edad. Esa forma de tocar era más interesante que la que tenía en la cúspide de su carrera.

MURAKAMI: Lo mismo sucedió con Rubinstein cuando grabó los conciertos completos para piano de Beethoven dirigido por Barenboim con la Filarmónica de Londres. Ya había cumplido ochenta años y tocaba más lento, pero su música resultaba muy rica, y en cuanto caí en la cuenta, la cuestión de la velocidad o la lentitud dejó de importarme.

OZAWA: Hablando de Rubinstein, él decía que yo era su director favorito.

MURAKAMI: No lo sabía.

OZAWA: Viajamos juntos por todo el mundo al menos durante tres años. Yo aún estaba en Toronto, es decir, hace mucho tiempo. Recuerdo un recital suyo en la Scala de Milán. Dirigía yo. ¿Qué tocamos? ¡Ah, sí! Un concierto de Chaikovski, uno de Mozart y el tercero o el cuarto de Beethoven. Normalmente siempre tocábamos Chaikovski en la segunda parte del concierto, aunque a veces también a Rajmáninov... En cualquier caso, tocamos juntos en muchos sitios. Siempre me llevaba con él. Nos reuníamos en su casa de París y después nos íbamos de viaje... Eran viajes pausados, por ejemplo, una semana entera en la Scala. Estuvimos también en San Francisco. Íbamos siempre a lugares que le gustaban y ensayábamos con las orquestas de allí. Después de dos o tres ensayos dábamos el concierto. Recuerdo lo excepcionales que eran las comidas con él.

MURAKAMI: ¿Tocaban siempre con orquestas distintas? ¿No resultaba muy duro?

OZAWA: No, no. En absoluto. Es muy divertido ser un director contratado. Como ya le he dicho, estuvimos así tres años. Me acuerdo especialmente de un vermut italiano... Carpano Punt e Mes. Me lo enseñó él.

MURAKAMI: Le gustaba divertirse, ¿verdad?

OZAWA: Le encantaba. Tenía una secretaria personal que siempre iba con él de viaje, una mujer alta y delgada. Su mujer no dejaba de quejarse, pero él era así. No había remedio. Tenía mucho éxito con las mujeres. Le encantaba comer bien y en Milán solía ir a un restaurante de lujo donde le servían un menú especial. Nunca tuve necesidad de leer la carta. Lo dejaba todo en sus manos y entonces aparecían platos y más platos, a cuál más suntuoso. Fue durante esa época cuando comprendí de verdad lo que significa vivir rodeado de lujos.

MURAKAMI: En ese aspecto, Rudolf Serkin era una persona completamente distinta.

OZAWA: Completamente. Eran como la noche y el día. Serkin tenía el espíritu de un hombre de campo, era serio, un judío muy devoto.

MURAKAMI: Es usted íntimo de su hijo Peter, ¿verdad?

OZAWA: En su juventud, Peter fue un rebelde y eso le causó muchos problemas con su padre. Por eso Rudolf me pidió que me hiciera cargo de su hijo. Empecé a frecuentarle cuando él tenía más o menos dieciocho años. El maestro Serkin confiaba en mí hasta el extremo de dejar a su hijo en mis manos. Hice muchas cosas con Peter desde el primer momento. Aún hoy seguimos siendo buenos amigos, pero en aquel entonces íbamos todos los años juntos a Toronto y a Ravinia y tocábamos juntos. Interpretábamos a menudo un concierto de Beethoven para violín arreglado para piano.

MURAKAMI: Existe una grabación en disco, ¿verdad? Con la New Philharmonia Orchestra, si no me equivoco.

OZAWA: Sí, es posible. Nunca más he vuelto a interpretar una música tan extraña como aquella, el *Concierto para piano y orquesta, op. 61a.*

MURAKAMI: Nunca grabó con Rubinstein, ¿verdad?

OZAWA: No, nunca. Yo era muy joven entonces y, como no tenía contratos firmados con compañías discográficas, apenas grababa.

MURAKAMI: Espero que vuelva a grabar los conciertos para piano con la Saito Kinen, aunque ahora que lo pienso no sé con qué pianista podría hacerlo. Ya hay muchos que han grabado los conciertos completos.

OZAWA: ¿Qué tal Krystian Zimerman?

MURAKAMI: Zimerman grabó los conciertos completos con Bernstein, ¿verdad? Con la Filarmónica de Viena, si no me equivoco. No, no los grabaron todos porque Bernstein murió antes de terminar y después él se hizo cargo de todo. También están en deuvedé.

OZAWA: Ahora que lo menciona, le escuché tocar dirigido por Bernstein en Viena.

MURAKAMI: No lo sabía, pero en los conciertos de Beethoven que hicieron juntos Bernstein terminó por imprimir su sello a casi todo. El piano de Zimerman es perfecto desde una perspectiva formal, proporcionado, pero no era el tipo de persona que acatase órdenes y la orquesta suena muy controlada, al menos eso me parece a mí, como si hubiera llegado a un entendimiento perfecto con Bernstein.

OZAWA: Yo también me hice muy amigo de Zimerman durante mi época en Boston. A él también le gustaba la ciudad e incluso me dijo que quería comprarse una casa para mudarse allí. Me pareció una buena idea y lo animé. Buscó casa durante dos meses por aquí y por allá, pero no encontró nada adecuado y terminó por resignarse, a pesar de que ya no quería vivir ni en Suiza ni en Nueva York. No es fácil encontrar una casa donde uno pueda tocar el piano con libertad sin molestar a los vecinos. Fue una lástima, sin duda.

MURAKAMI: Es un pianista inteligente, con buen gusto y muy intelectual. Hace mucho tiempo fui a verlo en una ocasión en que vino a Japón. Era tan joven, y sus sonatas de Beethoven sonaban tan frescas...

OZAWA: Tiene razón. Si excluyo a todos los pianistas que ya han grabado los conciertos completos de Beethoven, no se me ocurre con quién podría hacerlo.

Mitsuko Uchida y Kurt Sanderling
Concierto para piano y orquesta n.º 3 en Do menor
de Beethoven

MURAKAMI: Me parece que ya es momento de escuchar la interpretación de Mitsuko Uchida. Me gusta especialmente el segundo movimiento, de hecho, es mi preferido, y como ya no tenemos mucho tiempo, si le parece escucharemos a partir de ahí.

Empieza el segundo movimiento con un solo lento de piano.

OZAWA: *(En cuanto empieza a sonar.)* ¡Un sonido realmente hermoso! Tiene un oído excepcional, ¿no le parece?

La orquesta entra enseguida como si caminase a hurtadillas (1:19).

MURAKAMI: Es con la Royal Concertgebouw Orchestra.

OZAWA: Sí. La sala tiene una sonoridad magnífica.

El piano y la orquesta suenan juntos (2:32).

OZAWA: *(Profundamente emocionado.)* Es una maravilla pensar que Japón ha dado una pianista tan excepcional.

MURAKAMI: Toca de una manera muy limpia. Se distinguen perfectamente los sonidos débiles de los fuertes. Toca con una maestría absoluta. No hay nada ambiguo en su interpretación.

OZAWA: Se nota una confianza total en sí misma.

El solo del piano continúa con largas y evocativas pausas (5:11).

OZAWA: ¿Ha oído eso, esas pausas de silencio? Son perfectas. Es justo el mismo punto donde las hacía Gould.

MURAKAMI: Sí, me había dado cuenta. Esa forma de colocar las pausas de silencio, su sonido. Me recuerda a Gould.

OZAWA: Se parecen, es cierto.

El solo de piano llega a su final y, de pronto, aparece la orquesta. Es una música milagrosa, no cabe duda. Ambos lanzamos al unísono una interjección de admiración (5:42).

OZAWA: ¡Oh!

MURAKAMI: ¡Oh!

OZAWA: ¡Qué oído para la música el de Mitsuko!

La orquesta y el piano vuelven a sonar juntos.

OZAWA: Tres compases antes, la orquesta y el piano no iban al tiempo. Imagino que eso enfadaría mucho a Mitsuko. *(Risas.)*

Llega un hermoso solo de piano, como si un cuadro pintado con tinta china se dibujara poco a poco en el espacio. Se produce una sucesión de sonidos proporcionados, llenos de coraje, como si cada uno de ellos tuviera vida propia (8:39-9:33).

MURAKAMI: Nunca me canso de oír esta parte. La tensión no disminuiría nunca por muy despacio que se llegase a tocar.

Termina el piano y entra la orquesta (9:33).

MURAKAMI: La entrada de la orquesta en este punto no parece fácil.

OZAWA: Sí, tendría que haber entrado mejor.

MURAKAMI: ¿De verdad?

OZAWA: Sí, podía haberlo hecho mejor.

Termina el segundo movimiento (10:27).

OZAWA: *(Profundamente admirado.)* ¡Es magnífico! Mitsuko hace una interpretación increíble. ¿De cuándo es la grabación?

MURAKAMI: De 1994.

OZAWA: Hace dieciséis años...

MURAKAMI: Pero no suena anticuado. Suena elegante, fresca.

OZAWA: El segundo movimiento de este concierto ya es por sí mismo algo excepcional. Tengo la impresión de que no hay nada igual, ni siquiera en las demás obras de Beethoven.

MURAKAMI: Para llevar la música hasta este extremo hace falta un gran esfuerzo, tanto del pianista como de la orquesta. Sobre todo cuando la orquesta vuelve a entrar. Para un oyente atento puede resultar especialmente duro.

OZAWA: Sí, esas entradas son difíciles. Es difícil ajustar las diferentes respiraciones. Todos deben hacerlo de la misma manera, tanto los instrumentos de cuerda como los de madera, incluso el director, y eso no resulta nada fácil. Hace un momento hemos oído claramente que no han logrado entrar a tiempo y ha sido porque no respiraban igual.

MURAKAMI: Imagino que por mucho que practiquen en los ensayos, «aquí entramos todos juntos», a la hora del concierto puede ocurrir cualquier cosa, una corriente distinta, por ejemplo.

OZAWA: Sí. Al final soy yo quien, como director, unifica, y por eso todos me miran. En ese pasaje que acabamos de escuchar, por ejemplo. Suena el piano, *tii*, se produce un intervalo de silencio y después entra la orquesta poco a poco. Hay una gran diferencia entre tocar *tii-tachan* o *tee... tachan*. Y hay gente que añade expresión sin respetar el espacio *tiitachan*. Es lo que en inglés se conoce como *sneaking in*. La forma de oírlo puede ser equivocada. Unificar la respiración de la orquesta en una sola es muy difícil porque, en función del instrumento que se toque, de su posición dentro de la orquesta, escucharán el piano de una manera u otra y por eso resulta tan fácil no coincidir. Para evitarlo, el director debe coordinar a todos para que entren al unísono al ver la expresión de su cara.

MURAKAMI: Es decir, señala esos intervalos de vacío con sus gestos, con sus movimientos.

OZAWA: Eso es, sí. Hay que mostrar con la expresión de la cara y con los movimientos de las manos si la respiración es corta o larga. Solo eso ya supone una gran diferencia.

MURAKAMI: En tal caso, el director decide a cada momento cómo debe dirigir.

OZAWA: Más o menos. No es una cuestión de cálculo. Se trata más bien de la experiencia del director. Así es como uno llega a aprender cómo respirar en esos momentos. De todos modos, le sorprendería saber cuántos directores son incapaces de hacer algo así. Les resulta muy difícil mejorar.

MURAKAMI: ¿Existe una comprensión entre el director y los músicos sólo gracias al contacto visual?

OZAWA: Sí, por supuesto. Los músicos adoran a los directores capaces de hacerlo porque les facilita mucho las cosas. Pongamos por caso este segundo movimiento. El director, como responsable, debe decidir en qué momento entrar, de qué forma hacerlo. Por ejemplo, un *haa* o un *ha* o algo más ambiguo como ...*ha*..., y después debe transmitir su decisión a los músicos. Dejarlo para lo último puede ser muy peligroso, pero si se advierte a todo el mundo del peligro y van todos juntos, no tiene por qué pasar nada.

MURAKAMI: Cuanto más le escucho, más me doy cuenta de lo difícil que debe ser dirigir una orquesta. Escribir una novela en completa soledad me parece mucho más sencillo. *(Risas.)*

Sobre los coleccionistas de discos

OZAWA: No pretendo ofender a nadie, pero la verdad es que nunca me han gustado esos maniáticos coleccionistas de discos, gente con mucho dinero, con equipos de sonido estupendos, que no dejan de añadir discos y más discos a sus colecciones. Hace años yo no tenía dinero, pero sí tuve la oportunidad de visitar algunas de esas casas con magníficas colecciones. En una, por ejemplo, tenían todas las grabaciones de Furtwängler o de no sé quién. Sin embargo, la mayor parte de la gente que posee esas colecciones suele estar muy ocupada y apenas tiene tiempo de escuchar toda esa música.

MURAKAMI: Es cierto, la gente de dinero suele estar siempre ocupada.

OZAWA: Sí. De todos modos, en su caso me ha impresionado mucho su forma de escuchar música. Es muy profunda, o al menos eso me parece. A lo mejor ha coleccionado usted muchos discos, pero no creo que sea exactamente en el mismo sentido que esa gente de la que le hablo.

MURAKAMI: Tengo tiempo libre y normalmente estoy en casa. Por suerte puedo escuchar música de la mañana a la noche. No me limito a coleccionar discos.

OZAWA: No me parece que le preocupe gran cosa el diseño del álbum, más bien su contenido. Por eso esta conversación que mantenemos usted y yo me ha resultado tan interesante desde el primer momento, desde que empezamos a hablar de Glenn Gould. Ya en ese preciso instante me pareció que su forma de plantear las cosas no estaba mal. En cualquier caso, el otro día fui a una tienda de discos en el centro de Tokio y, mientras estaba allí, volví a sentir ese disgusto.

MURAKAMI: ¿Disgusto? ¿Quiere decir que le disgustan los discos, los cedés y todo lo demás?

OZAWA: Sí. Me había olvidado de todo eso porque hace tiempo que no tengo nada que ver con ello, pero volví a experimentar esa misma sensación de desagrado mientras estaba allí y miraba a mi alrededor. Usted no es músico y quizás entiende mejor la postura de esos coleccionistas.

MURAKAMI: Tiene razón. En mi caso sólo colecciono discos con la idea de escucharlos. A menudo voy a conciertos, pero no sé tocar ningún instrumento. Es posible que sólo sea un diletante.

OZAWA: Lo que me resulta interesante al hablar con usted es la cercanía entre nuestros puntos de vista. En cierto sentido puedo decir que, gracias a usted, he aprendido cosas. Bueno, más que aprender, he descubierto nuevas experiencias, nuevos puntos de vista.

MURAKAMI: Agradezco mucho su comentario. Escuchar música es una de las grandes alegrías de mi vida.

OZAWA: Cuando estaba en la tienda de discos pensé: «Espero que estas conversaciones nuestras no terminen por convertirse sólo en el objeto de deseo de esos mismos coleccionistas». Me gustaría que interesasen a quienes realmente aman la música, manías al margen. En lo que a mí respecta, esa es la orientación que quisiera darles a nuestras charlas.

MURAKAMI: Sin duda. Entendido. Mantendremos conversaciones que no resulten nada interesantes a los coleccionistas de discos. *(Risas.)*

(Nota del autor: Volví a pensar en todo esto más tarde y comprendí que siempre me ha producido un gran placer coleccionar discos, lo cual me convierte, quizás, en uno de esos coleccionistas maniáticos a los que se refería Ozawa. No me tengo por especialmente maniático, pero soy perfeccionista por naturaleza y tiendo a aferrarme a las cosas. Por ejemplo, cuando aún era un adolescente me encantaba el Cuarteto para cuerdas n.º 15 en Do menor (K.421) *de Mozart y uno de los seis cuartetos de Haydn de un álbum del Juilliard String Quartet. Los oía sin parar, una y otra vez. No escuchaba otra cosa. Por eso, cuando hoy en día alguien menciona el* K.421 *me viene de inmediato a la cabeza el sonido del cuarteto Juilliard y veo la imagen del disco. Digamos que ha quedado grabado en mi cabeza de tal manera que se ha convertido en una regla con la que juzgo otras interpretaciones. Hace tiempo los discos eran caros, y como los oía una y otra vez, al final el objeto físico y la música terminaban por unirse indisolublemente. Puede que no sea algo del todo natural, pero al no saber tocar no tenía otra forma de relacionarme con la música. Más tarde, cuando empecé a ganar algo de dinero compré muchos discos y acudí regularmente a conciertos, descubrí la alegría de comparar interpretaciones distintas, a relativizar, en otras palabras. Así le fui dando un sentido personal a cada una de las músicas que oía.*

Por el contrario, cuando uno se relaciona con la música leyendo partituras como hace Ozawa, la música se transforma, tal vez, en algo mucho más puro, en una experiencia más interior. Como mínimo uno se concentra físicamente en un objeto, en una forma determinada. Puede que exista una gran diferencia entre una experiencia y otra. Imagino que la relación de Ozawa con la música es mucho más libre y profunda que la mía. Tal vez se parezca un poco a la diversión y libertad que siente uno al leer obras literarias en su lengua materna y no en las traducciones. Schönberg dijo algo así como que la música no es el sonido, sino el concepto, la idea, pero la gente normal no lo tiene fácil para acercarse a la música desde esa perspectiva. Cuando le comenté a Ozawa que envidiaba que pudiera oír la música así, me recomendó que estudiase para, al menos, leer partituras. De ese modo, según él, la música se hace mucho más interesante. Hace tiempo tomé clases de piano y gracias a eso puedo leer partituras no demasiado complicadas, pero si se trata de una sinfonía de Brahms, por ejemplo, no hay nada que hacer. El maestro me anima a estudiar, a buscar buenos profesores. Si lo hago seré capaz de leerlas en poco tiempo. Eso dice él, pero yo me siento incapaz. En algún momento me gustaría intentarlo, pero no sé cuándo.

Hablábamos de todo eso distraídamente antes de abordar nuestra siguiente conversación, cuando se me ocurrió de una forma casi física la diferencia esencial que separa nuestra forma de entender la música. Darme cuenta de ello fue muy importante para mí. No me resulta fácil determinar la verdadera altura del muro que separa a un profesional de un amateur, a un músico de un aficionado. Y ese muro es especialmente alto y grueso cuando se trata de un profesional de primera línea como Ozawa. No obstante, no creo que eso sea un obstáculo para poder hablar de una forma abierta sobre el tema. Eso, al menos, siento yo, porque la música es amplia y generosa. Nuestra tarea más importante, por tanto, fue la de encontrar un pasadizo que nos permitiese atravesar el muro en ambas direcciones. Dos personas que comparten su afinidad por una manifestación artística, sea cual sea, seguro que están en disposición de encontrar ese pasadizo.)

Brahms en el Carnegie Hall

Esta segunda entrevista tuvo lugar en mi oficina en el centro de Tokio el 13 de enero de 2011, por espacio de dos horas. El señor Ozawa tenía previsto someterse a una operación endoscópica en la cadera una semana más tarde. Como le resultaba muy molesto estar sentado, se levantaba a menudo, y mientras paseaba por la habitación me hablaba de temas diversos. De vez en cuando hacíamos una pausa para comer algo. La serie de conciertos que había ofrecido con la Saito Kinen Orchestra durante el mes de diciembre en el Carnegie Hall de Nueva York había sido un gran éxito, pero el precio que tuvo que pagar por ello le supuso un padecimiento físico considerable.

Un concierto emocionante en el Carnegie Hall

MURAKAMI: Hace poco he tenido la oportunidad de escuchar la grabación en directo de la *Primera sinfonía* de Brahms dirigida por usted en Nueva York. Fue realmente estupenda, pletórica de energía, perfecta en los detalles. Sabe, yo le había escuchado dirigir esa misma obra al frente de la Sinfónica de Boston cuando actuaron aquí en Tokio en 1986.

OZAWA: ¿De verdad?

MURAKAMI: De eso hace ya veinticinco años, pero aún lo recuerdo. Fue admirable. El sonido era muy hermoso, parecía como si la música cobrase vida ante mis ojos. Aún tengo la impresión de oírla, pero, para ser sincero, me parece que en esta ocasión ha sido aún mejor. No sé cómo explicarlo, tiene algo especial, como si estuviera tocada con la gracia de la tensión del momento. A decir verdad, me preocupaba que su reciente enfermedad le hubiera dejado físicamente más débil y que por el hecho de no tener la misma energía que antes eso hubiera podido afectar a su música.

OZAWA: No, sucedió más bien lo contrario, como si de golpe emergiesen cosas que había acumulado en mi interior. Antes del concierto tuve mucho tiempo libre y me moría de ganas por volver a hacer música. Quería haber dirigido en el festival de verano de Matsumoto, estaba ansioso por ello, pero la salud no me lo permitió. Todo eso estaba acumulado en mi interior.

Por otra parte, la orquesta seguía adelante sin mí. Antes del concierto en el Carnegie Hall tuvimos cuatro días enteros en Boston para ensayar y la orquesta dispuso de cada minuto de los ensayos para adaptarse a mis energías. Algo casi impensable en una orquesta profesional. Me refiero, por ejemplo, a que ensayábamos veinticinco minutos y descansábamos quince. Luego otros veinte minutos de ensayos y diez de descanso. La consideración que me mostraron fue realmente excepcional. Para ensayar no pudimos usar la sala sinfónica y no nos quedó más remedio que conformarnos con una sala pequeña del Conservatorio de Boston.

MURAKAMI: En el Festival de Matsumoto también programaron la *Primera sinfonía* de Brahms con la Saito Kinen, ¿verdad?

OZAWA: Sí, las cuatro sinfonías de Brahms, y empezamos con la *Primera*. Eso debió de ser hace al menos veinte años.

MURAKAMI: Los miembros de la orquesta habrán cambiado.

OZAWA: Sí, muchos de ellos. Tanto, de hecho, que casi podría decir que apenas quedan músicos de entonces. En la sección de cuerdas siguen algunos, pero en la de vientos no lo sé. Cuántos serán... Uno o dos como mucho.

MURAKAMI: Hablando de la sección de vientos, el intérprete de trompa era muy bueno.

OZAWA: Sí, es un músico extraordinario. Se llama Radek Baborák. Un genio. Probablemente es el mejor intérprete de trompa del mundo. Es checo. Lo conocí cuando él aún estaba en Múnich. Después se mudó a Berlín, cuando lo nombraron primera trompa de la Filarmónica. Desde entonces ha venido muchas veces a tocar con la Saito Kinen. Si no me equivoco, la primera vez fue el año en que se celebraron los Juegos Olímpicos de Invierno de Nagano. ¿Cuándo fue...? ¿En 1998? Tocamos la *Novena* de Beethoven en los Juegos y él estaba de cuarta trompa. La cuarta trompa es precisamente la que tiene más solos. Aquella fue su primera vez con nosotros y desde entonces no ha dejado de venir.

MURAKAMI: Su solo de trompa realmente me impresionó.

OZAWA: Sí, sí. Es una maravilla. Viene a Japón para tocar con la Saito Kinen y con la Mito Chamber Orchestra. Nos llevamos muy bien. He oído que ha dejado Berlín para volver a la República Checa.

MURAKAMI: La grabación en el Carnegie Hall es en vivo, pero apenas se oyen ruidos. Los han eliminado, ¿verdad? Me sorprendió mucho la primera vez que la escuché. Apenas se oía nada. Casi me costaba creer que fuese una grabación en directo.

OZAWA: Tiene razón. Parece imposible conseguir un sonido tan limpio en vivo. Han eliminado las toses del público, los estornudos, los carraspeos, y han llenado los espacios vacíos con las grabaciones realizadas durante los ensayos.

MURAKAMI: Esto parece un chismorreo entre bastidores, pero ¿quiere decir que lo han editado poniendo parches en las imperfecciones?

OZAWA: Exacto.

MURAKAMI: Pero según me ha dicho usted, en la parte introductoria del cuarto movimiento han cambiado dos partes por una cuestión de interpretación, no sólo para quitar el ruido de fondo. Pero me gustaría aprovechar para explicar a los lectores que fue usted quien me prestó una copia original y me puso como tarea compararla con una copia editada y tratar así de averiguar dónde difería. Me empeñé toda una tarde en ello, atento a los más mínimos detalles. *(Risas.)*

Pongo el cedé con la copia original en la parte del inicio del cuarto movimiento. Mientras suena, el señor Ozawa aprovecha para co-

mer un poco de caqui seco. La orquesta aborda una parte en la que disminuye la presencia de los timbales (2:28).

MURAKAMI: Empieza a partir de aquí, ¿verdad?

OZAWA: Sí.

La trompa toca el tema de la introducción. Tiene un sonido profundo y suave.

OZAWA: Es Baborák.

MURAKAMI: Es un sonido precioso, alargado. ¿Cuántas trompas hay en total?

OZAWA: Cuatro, pero aquí sólo tocan dos, aunque no lo hacen al tiempo, sino alternando compases, para superponer así sus sonidos. Cuando uno entra, el otro sale (2:39-2:43). Se hace así para evitar silencios por culpa de la respiración. Lo indicó el propio Brahms en la partitura.

Termina el solo de trompa y la flauta retoma el tema.

OZAWA: Ahora retoma el tema la flauta. El intérprete es Jacques Zoon. Fue primer flautista en Boston hará unos diez años. Ahora enseña en Suiza. Las flautas se alternan. Entra la primera (3:13) y la segunda (3:17) se superpone. Ahora vuelve a entrar la primera flauta (3:21). Brahms especifica todos esos pequeños detalles para evitar que el público escuche los silencios durante los cuales los músicos respiran.

MURAKAMI: En este punto termina el solo de flauta y es la sección de viento la que retoma el tema (3:50).

OZAWA: Sí, tres trombones, dos fagots y también un contra-fagot.

Los trombones suenan por primera vez en el movimiento. Parece como si hubieran estado esperando su oportunidad de hacerlo. Más adelante, como si en un cielo nublado se abriese un claro, encuentran su camino a través de la mayestática y celebratoria sección de cuerdas para volver a un breve solo (4:13).

MURAKAMI: Es en esta parte donde se diferencian las dos versiones, ¿verdad?

OZAWA: ¿Esta es la versión sin editar?

MURAKAMI: Sí, la primera versión. Las trompas parecen entrar con más fuerza, hacia delante, claras, limpias.

OZAWA: Sí, mientras que en la versión editada suenan más...

MURAKAMI: Más lejos.

OZAWA: Exacto.

MURAKAMI: Me he esforzado mucho con esta tarea que me ha puesto usted. *(Risas.)* Las trompas suenan más atrás en la versión editada y el sonido resulta más opaco, más re-traído.

OZAWA: Eso es. Las trompas en la primera versión sonaban demasiado vivas y las sustituyeron para la versión editada. De hecho, hay otra parte donde también las cambiaron.

MURAKAMI: Pues eso se me ha pasado por alto.

Después de un impresionante silencio, las cuerdas entran pausadamente y tocan el famoso tema principal de la sinfonía (4:52). La sección introductoria, centrada en los solos de trompas, la más importante, conduce directamente a esa famosa sección.

MURAKAMI: Escuchemos ahora la versión editada desde la parte de los timbales.

Comienza el primer solo de trompa.

OZAWA: Aquí está la primera trompa, después la segunda, vuelve la primera y otra vez la segunda. ¿Ve lo que quiero decir? Así no se oye la trompa parando para respirar.

MURAKAMI: No, para nada.

OZAWA: Ahora las flautas. Primera flauta, un compás, segunda flauta, luego la primera, otra vez la segunda. En otras grabaciones, justo en este punto se les oye respirar. En realidad, la flauta exige más respiración que la trompa. Por eso han cambiado los registros en esta parte.

MURAKAMI: ¿De verdad? Ya entiendo lo que quiere decir. Un *amateur* jamás se daría cuenta de algo así. Es imposible.

Después de la sección de vientos vuelve a haber un solo de trompa.

OZAWA: ¿Lo ve? Esta vez el sonido de la trompa es mucho más suave.

MURAKAMI: Sí, es verdad. Produce una sensación muy distinta. Antes era más enérgico y en esta ocasión más moderado, más profundo.

Brahms maneja muy bien las trompas, como si con ello invitase a la audiencia a penetrar en las profundidades de un bosque alemán. Esa resonancia implica una importante parte del mundo espiritual de Brahms, pero por debajo de las trompas el timbal marca lentas pulsaciones, insistentemente, como si esperase en secreto algo con un gran sentido. Es una parte que merece toda la atención y cuidados que le han dedicado en el proceso de edición.

OZAWA: El resto de los instrumentos se van sumando al solo.

MURAKAMI: Se oyen claramente las cuerdas.

OZAWA: Sí.

Termina la introducción y comienza el hermoso tema principal, una melodía que casi pide a gritos una letra.

MURAKAMI: Me da la impresión de que al cambiar la parte de la trompa el conjunto ha mejorado, tanto en el equilibrio como en el concepto mismo de la música. Pero uno sólo se da cuenta si se concentra mucho en ello. La primera versión también es una interpretación admirable, y si usted no me hubiera advertido, a buen seguro que yo no habría notado nada. En términos literarios diría que se trata de una diferencia de matiz de un adjetivo. La mayor parte de los lectores pasarían por encima sin reparar en ello. En cualquier caso, la técnica del montaje resulta sorprendente. No se nota nada extraño, como por ejemplo que no encaja el sonido.

OZAWA: Es un trabajo de Dominic Fyfe, un ingeniero de sonido inglés. Realmente admirable. De todos modos, usó el noventa y nueve por ciento de la grabación en vivo. Como le he dicho antes, la mayor parte de los cambios sólo se hicieron para eliminar ruido ambiente.

Interpretar a Brahms con la Saito Kinen Orchestra

MURAKAMI: Al escuchar este cedé me he preguntado si en todo este tiempo no ha cambiado el sonido del Carnegie Hall.

OZAWA: Sí, ha cambiado. Después de esa grabación no fui allí durante un tiempo y cuando volví comprobé que era otra cosa. Había mejorado mucho.

MURAKAMI: Tengo entendido que renovaron la sala.

OZAWA: No lo sé. Es posible. Cuando estuve con la Sinfónica de Boston, hace treinta años, se oía el rumor del metro bajo tierra. Pasa justo por debajo y en el transcurso de una sinfonía podían llegar a pasar cuatro o cinco trenes. *(Risas.)*

MURAKAMI: En esta grabación me ha dado la impresión de que el sonido ha mejorado mucho.

OZAWA: Tiene razón. También las grabaciones en directo son mucho mejores ahora. Me pregunto cuándo fue la última vez que actué allí. Si no me equivoco estuve hace cinco años con la Filarmónica de Viena y ya entonces me di cuenta de que era mejor. Nada que ver con la vez que estuve hace ocho con la Sinfónica de Boston.

MURAKAMI: Como le he dicho antes, le escuché con la Sinfónica de Boston en 1986 interpretando la *Primera sinfonía* de Brahms. Después vi en deuvedé otra interpretación suya con la Saito Kinen, y ahora esta del Carnegie Hall. Si comparo las tres versiones, me parece que el sonido cambia mucho de una a otra. ¿Por qué esa diferencia?

OZAWA: *(Medita su respuesta durante mucho tiempo.)* Bueno, en primer lugar, la principal diferencia es que el sonido de la sección de cuerdas de la Saito Kinen ha cambiado. No sé si será adecuado decirlo así, pero son cuerdas que conversan. Es decir, la sección de cuerdas ha cambiado para expresarse de una manera más abierta. Su expresión se ha enriquecido tanto que incluso hay gente a la que le parece que se exceden.

MURAKAMI: ¿Se refiere a una expresividad más evidente?

OZAWA: Sí. La sección de vientos se ha ajustado también para alcanzar su propia expresión. Si lo comparamos con la interpretación del maestro Karajan que acabamos de oír *(un rato antes hemos escuchado como referencia la misma parte interpretada por la Filarmónica de Berlín dirigida por Karajan)* y que es magnífica, por supuesto, y está muy bien equilibrada, la de la Saito Kinen no parece tan preocupada por ese equilibrio. En ese sentido, es posible que en esta interpretación el sonido sea muy distinto, como si la actitud de los músicos fuera muy diferente a la de una orquesta profesional.

MURAKAMI: ¿La actitud de los músicos?

OZAWA: Dicho de otro modo, digamos que en una sección hay doce músicos o más, ¿no? Cada uno de ellos, incluso los que están más atrás, tocan con todas sus ganas, convencidos de que cada uno de ellos es el mejor en lo suyo.

MURAKAMI: Es increíble, pero aunque haya un cambio en la expresión, el sonido de la sección de cuerdas no ha cambiado tanto desde el principio.

OZAWA: En absoluto, es exactamente el mismo.

MURAKAMI: Me gustaría conocer algo más sobre los orígenes de la Saito Kinen Orchestra. No se trata de la típica orquesta permanente, ¿verdad? Me refiero a que está formada por gente que trabaja regularmente en otros sitios y que se reúnen una vez al año para tocar determinadas obras.

OZAWA: Eso es.

MURAKAMI: Es decir, ¿se toman un descanso en sus respectivos trabajos para reunirse?

OZAWA: En el caso de la sección de cuerdas, por ejemplo, no todos. Casi ninguno de ellos trabaja de forma permanente en otra orquesta. Tenemos algunos famosos concertinos, por supuesto, pero en general son muchos más los que no forman parte de otras orquestas. Son músicos que suelen dedicarse a la música de cámara o a la enseñanza.

MURAKAMI: ¿Hay muchos músicos con ese perfil?

OZAWA: En los últimos tiempos ha aumentado el número de intérpretes que quieren dedicarse a la música sin tener que comprometerse todo el año con determinada orquesta.

MURAKAMI: Eso significa que buscan una relación más libre con la música, no sentirse atados por el hecho de entrar a formar parte de una organización permanente.

OZAWA: Eso es. La Orquesta de Cámara Mahler dirigida por Claudio Abbado, por ejemplo, es un caso así. Reúne a músicos excepcionales llegados de todas partes, y la mayoría de ellos desempeña su actividad musical sin pertenecer a ninguna orquesta permanente.

MURAKAMI: Es una orquesta extraordinaria, ¿verdad?

OZAWA: Sí, es muy buena.

MURAKAMI: Parece como si en los últimos tiempos ese tipo de orquestas de gran calidad aumentasen por todo el mundo. Como quienes forman parte de ellas se reúnen de manera espontánea, ¿no le parece que el sonido que producen refleja de alguna manera esa espontaneidad?

OZAWA: Podría ser, porque al no pertenecer a una misma orquesta no tocan juntos semana tras semana. Incluso en el caso de gente que sí pertenece a una orquesta, tocar con músicos que no están en esa situación los ayuda a aproximarse a la música con una actitud renovada. Hay quienes llaman a esas orquestas «milagros anuales» y no siempre en el buen sentido del término. *(Risas.)*

MURAKAMI: Lo cual significa que los músicos no son empleados de usted y que, por tanto, si no les gusta el programa son libres de no participar. No es trabajo en el sentido estricto, pues cuando no están conformes pueden renunciar.

OZAWA: Sí, pero, por el contrario, hay gente que se toma la molestia de venir desde muy lejos para trabajar conmigo. Los músicos que forman parte de las orquestas de Berlín, de Viena o de Estados Unidos hacen el largo viaje. Para ellos no es fácil tomarse días libres, y el tiempo que pasan en el Festival de Matsumoto no pueden trabajar en nada más, como formar estudiantes, por ejemplo.

MURAKAMI: ¿Me está diciendo que no se les paga demasiado bien?

OZAWA: Hacemos cuanto está en nuestras manos para pagarles. Siempre lo mejor posible, pero, honestamente, tenemos nuestras limitaciones.

MURAKAMI: Aun así, no deja de aumentar en todo el mundo el número de orquestas que funcionan de esa manera tan fluida, con esa facilidad para juntarse y separarse con toda libertad. Todo un contraste con las orquestas permanentes sometidas a un sistema muy organizado. En las primeras, los músicos tienen al menos la posibilidad de comunicarse de una forma espontánea.

OZAWA: Sí. Ocurre lo mismo con la orquesta del Festival de Música de Lucerna, con Claudio Abbado al frente, y con la Deutsche Kammerphilharmonie.

MURAKAMI: Se refiere a la Orquesta de Bremen que dirige Paavo Järvi, ¿verdad? Los oí el otro día.

OZAWA: Todas ellas están activas tres o cuatro meses al año y el resto del tiempo cada cual puede dedicarse a lo que quiera. Más allá de esos cuatro meses de actividad no se puede seguir pagando el sueldo a los músicos. Es como si les dijéramos: «Lo sentimos mucho, pero a partir de ahora tienen que ganarse ustedes la vida como buenamente puedan».

MURAKAMI: Como director, ¿tiene usted una actitud distinta con esas orquestas temporales de la que pueda tener con las permanentes? Como cuando estaba al frente de la de Boston, por ejemplo.

OZAWA: Por supuesto. Muy diferente. Con las temporales siempre existe cierta tensión, un tipo de entusiasmo bien distinto. Nos reunimos un grupo de amigos en un festival una vez al año y precisamente por eso debemos tener mucho cuidado, estar alerta para que no nos reprochen que este año no hemos estado a la altura del anterior o que no hemos hecho los deberes como deberíamos. Puede resultar muy duro. Abundan las ocasiones en las que las opiniones circulan libremente y las malas lenguas se desatan. *(Risas.)* En fin, casi todos los compañeros de los primeros tiempos se han retirado y ya no quedan tantos.

MURAKAMI: ¿Cómo decide el programa?

OZAWA: Al principio sólo nos dedicábamos a Brahms. Después añadí el *Concierto para orquesta* de Bartók, los *November Steps* de Tōru Takemitsu, pero el eje principal siempre han sido las cuatro sinfonías de Brahms. Añadimos otras obras poco a poco. Hacíamos una sinfonía de Brahms por año y luego llegó el Festival de Matsumoto. Allí volvimos a interpretar a Brahms y luego empezamos con Beethoven.

MURAKAMI: Es decir, Brahms siempre en el primer puesto.

OZAWA: Sí.

MURAKAMI: ¿Por qué?

OZAWA: Porque nos pareció que quien mejor evocaba el verdadero sentido del maestro Saito era Brahms. Bueno, en realidad lo pensé yo. ¿Ha oído hablar de un director que se llama Kazuyoshi Akiyama? Él tiene una opinión distinta y para él sería mejor un programa más ligero que incluyese a Mozart o a Schumann. A mí, por el contrario, Brahms me parece ideal. Más adecuado incluso que Beethoven para esos instrumentos de cuerda que «hablan», como decía el maestro Saito. Quiero decir, Brahms se ajusta mejor a los instrumentos de cuerda con mucha expresión, o sea, con una expresividad muy rica. Empezamos a ir de gira por Europa interpretando a Brahms. Ya hemos ido cuatro veces. La primera de las sinfonías que tocamos de Brahms fue... Ya no me acuerdo si fue la *Primera*.

MURAKAMI: El repertorio del maestro Saito estaba formado principalmente por Brahms, Beethoven, y Mozart, ¿no?

OZAWA: Sí, y Haydn.

MURAKAMI: Música germánica.

OZAWA: Sí, pero también estaba Chaikovski, por supuesto. Las sinfonías y la *Serenata para cuerdas*. El mejor ensayo, el más largo de la *Serenata*, fue en la Toho Gakuen School of Music. ¿Sabe por qué? Porque apenas había instrumentos de viento. *(Risas.)* Cuando interpretamos a Mozart sólo teníamos un oboe y una flauta. Todo lo que faltaba tratamos de cubrirlo con el órgano. A veces yo tocaba los timbales y el maestro Saito se ponía al frente de la dirección. Cuando ya no hacían falta los timbales, volvía a dirigir yo. Sí, así eran las cosas entonces.

MURAKAMI: Cuando dice que la orquesta se ajustaba bien a Brahms, ¿a qué se refiere? ¿Al sonido? ¿Al timbre?

OZAWA: No se trata tanto del sonido como de... Cómo podría decirlo yo. De la forma de interpretar. Me refiero al uso del arco en las cuerdas, su forma de subir y bajar, la creación de las frases musicales, la expresión. Todo eso resulta muy adecuado en Brahms. Una de las principales enseñanzas del maestro Saito era que la música es expresión. Yo también lo pienso. Cuando el maestro enseñaba las sinfonías de Brahms ponía un entusiasmo especial. Sin embargo, tenía que ser práctico, y por eso, en parte debido a los instrumentos de los que disponía, solía enseñarnos piezas como la *Serenata* de Chaikovski y los divertimentos de Mozart, los *Concerti Grossi* de Händel, los *Conciertos de Brandemburgo* de Bach o la *Noche transfigurada* de Schönberg.

MURAKAMI: Y a pesar de esa carencia de instrumentos de viento, el maestro ponía todo su entusiasmo en enseñar las sinfonías de Brahms.

OZAWA: Sí. Nos esforzábamos por suplir nuestras carencias con imaginación.

MURAKAMI: No sé gran cosa sobre cuestiones técnicas, pero ¿no diría usted que las orquestaciones de Brahms son mucho más complejas que las de Beethoven?

OZAWA: En realidad funcionan casi con los mismos instrumentos. Por ejemplo, un contrafagot no era un instrumento muy habitual en tiempos de Beethoven, pero en líneas generales no hay una gran diferencia. Tampoco en la orquestación.

MURAKAMI: Es decir, según usted, Brahms y Beethoven son más o menos lo mismo cuando se trata de integrar los distintos sonidos de la orquesta.

OZAWA: El sonido de Brahms es mucho más amplio, pero en ambos la instrumentación es prácticamente la misma.

MURAKAMI: Sin embargo, la expresión de sus músicas es muy distinta, ¿no le parece?

OZAWA: Sí, muy diferente. *(Hace una pausa valorativa.)* Beethoven cambia mucho en la *Novena*. Hasta ahí su orquestación es muy limitada.

MURAKAMI: Mi impresión personal es que, a pesar de usar instrumentos muy parecidos, el sonido que producen es muy distinto. En el caso de Brahms es como si apareciese una nueva nota entre otras dos, creando así un conjunto más denso. Quizá por eso en Beethoven resulta más fácil apreciar la estructura musical.

OZAWA: Por supuesto. En Beethoven es algo que se nota con mucha facilidad. Se oye claramente el diálogo entre cuerdas y vientos, pero Brahms crea un sonido único mezclándolo todo.

MURAKAMI: Ya veo. Su explicación me ayuda a entender mejor las cosas.

OZAWA: Incluso en la *Primera sinfonía* de Brahms se nota claramente esa característica suya. ¿No ha oído nunca decir que la *Primera* de Brahms es la «Décima» de Beethoven? Ahí es donde está la conexión.

MURAKAMI: Eso quiere decir que, en lo que se refiere a orquestación, Brahms continuó con las reformas que Beethoven empezó en su *Novena* y última sinfonía.

OZAWA: Eso es.

MURAKAMI: Y después de Brahms, la Saito Kinen comenzó a incorporar las sinfonías de Beethoven en su repertorio, ¿verdad?

OZAWA: Sí. Y después de Beethoven hemos empezado con Mahler, la *Segunda*, la *Novena*, la *Quinta* y después la *Primera*. Hace poco hemos tocado la *Sinfonía fantástica*. En cuanto a ópera, hemos hecho Poulenc y Honegger. Normalmente consultaba con William Bernell, que se encargaba de confeccionar los programas, y vivía en San Francisco. Los dos juntos decidíamos lo que incluiría el programa. También me aconsejaba cuando estaba en Boston, y desde que empecé con la Saito Kinen estuvo conmigo. Murió el año pasado a los ochenta y cuatro años. En total hemos trabajado juntos cerca de cincuenta años.

MURAKAMI: Me haría muy feliz si en alguna ocasión decidiera interpretar algo de Sibelius. Me encantan sus sinfonías. Solo le he escuchado interpretar su *Concierto para violín y orquesta* con Viktoria Mullova como solista.

OZAWA: ¿Qué sinfonías le gustan, la *Tercera*, la *Quinta*?

MURAKAMI: Mi favorita es la *Quinta*.

OZAWA: El último movimiento es magnífico, ¿verdad? Cuando me formaba con el maestro Karajan, en 1960 y 1961, dirigí el *Finale* de la *Quinta* de Sibelius. Eso y *La canción de la Tierra* de Gustav Mahler. Fue un encargo a lo grande. Dos obras románticas mayores.

MURAKAMI: Tengo entendido que al maestro Karajan le gustaba mucho la *Quinta sinfonía* de Sibelius. Debió de grabarla al menos cuatro veces.

OZAWA: Sí, le encantaba. Sus interpretaciones eran brillantes, pero también se servía de esa música para enseñar a sus discípulos. Siempre nos decía que el papel del director era el de crear frases largas, leer entre líneas más allá de la partitura, no quedarnos sólo en los detalles concretos de los compases, sino leer como si se tratase de unidades mucho más largas. Nosotros estamos acostumbrados a leer, a lo sumo, entre cuatro u ocho compases, pero en su caso leía más, dieciséis o incluso en casos extremos treinta y dos. Él nos pedía que leyésemos de ese modo, pero las partituras no indican nada al respecto. Para él ese era, precisamente, el papel del director. Según él, los compositores siempre escribían con frases largas en mente y de nosotros dependía interpretarlas así. Esa fue una de sus principales enseñanzas.

MURAKAMI: Cuando escucho las interpretaciones de Karajan, es cierto que siempre se nota una sólida narrativa apoyada en esas frases largas. En especial cuando se trata de sus viejas grabaciones. Me admira ver que no han envejecido con el paso del tiempo, aunque a veces, lo admito, encuentro detalles que me parecen pasados de moda.

OZAWA: Es cierto, hay cosas así.

MURAKAMI: En el caso de Karajan esas cosas están muy claras, bien resueltas, y pueden ser buenas o malas.

OZAWA: Tal vez tenga razón. A Furtwängler le ocurría lo mismo.

MURAKAMI: Eso ya son palabras mayores. Casi se trata de un tesoro nacional.

OZAWA: Es verdad. *(Risas.)* Y luego estaba Karl Böhm, ya sabe, de Viena. En una ocasión lo vi dirigir *Elektra* de Richard Strauss. Daba la impresión de que apenas dirigía con las yemas de los dedos, con movimientos muy pequeños, sin mover apenas los brazos y, sin embargo, el sonido de la orquesta era enorme *(extiende los brazos todo cuanto puede),* como si disfrutase de una relación casi histórica con la orquesta. Cuando lo vi ya estaba muy mayor, y a lo mejor por eso dirigía con movimientos pequeños y no con órdenes abiertas, por así decirlo. Sin embargo, la música que hacía era inmensa, sorprendente.

MURAKAMI: Quiere decir que no sometía a la orquesta a un control estricto, sino que les dejaba libertad.

OZAWA: Mmm... No lo sé, la verdad. Es posible, pero tengo mis dudas. A mí también me habría gustado conocer más detalles. Con Karajan esas cosas se veían claras. Normalmente dejaba libertad a la orquesta, les dejaba hacer lo que quisieran. Él sólo se hacía cargo de las partes importantes. Sin embargo, en el caso del maestro Böhm... Él daba órdenes muy precisas a cada momento, pero de vez en cuando le salían frases muy largas. No sé cómo lo conseguía.

MURAKAMI: Tal vez la Filarmónica de Viena sea un caso especial.

OZAWA: Puede ser. O también que le tuvieran un gran respeto. Quizá disfrutaban de un entendimiento mutuo sin necesidad de palabras. Ver algo así y escuchar el resultado produce una enorme satisfacción.

Continúa la entrevista
La verdad sobre la respiración de los intérpretes
de trompa

MURAKAMI: Me gustaría preguntarle sobre algunos detalles relacionados con la parte de la *Primera sinfonía* de Brahms que escuchamos el otro día, donde la trompa en la parte de solo alterna compases en el cuarto movimiento. Después de hablar de ello vi un vídeo de un concierto de usted con la Sinfónica de Boston en Osaka en 1986, pero a mí no me pareció que los solistas se alternasen.

Vemos juntos el vídeo.

OZAWA: Sí, tiene razón. No se alternan. El solista es Chuck
Kavalovski, un profesor universitario. Creo que era físico
o algo así. Un tipo verdaderamente excéntrico. ¿Puede
ponérmelo otra vez?

Vemos el vídeo de nuevo.

OZAWA: Un, dos, tres... ¡Ahí! No se oye la trompa.

MURAKAMI: Hay un vacío donde se detiene para respirar.

OZAWA: Sí. El sonido se detiene en ese punto. Le estábamos
haciendo un flaco favor a Brahms. Ese vacío no debería
estar ahí, pero Kavalovski insistió en hacerlo así. Cuando
grabamos se convirtió en un verdadero problema. ¡Fíjese
aquí, cuando a continuación entra el solo de flauta!

Termina el solo de trompa y la flauta retoma el mismo tema.

OZAWA: Un, dos, tres... ¡Ahí está! ¿Lo ve? El sonido no se
interrumpe. Mientras la primera flauta toma aire, la segunda mantiene la nota y así no se produce el vacío, que
es justamente lo que indica Brahms. Se supone que las
trompas deben hacer lo mismo.

*En el vídeo se ve claramente que, aunque los flautistas se separan
el instrumento de la boca, el sonido no se interrumpe. En el disco
no es posible percatarse de eso.*

MURAKAMI: Mientras la primera flauta respira, la segunda la
apoya. Esa debe de ser la razón de la alternancia, supongo.

OZAWA: Exactamente. Me sorprende que se haya dado cuenta. Quizá sea por lo que le dije el otro día.

MURAKAMI: Sí, por supuesto. Si usted no me lo hubiera dicho yo no me habría dado cuenta de nada. *(Cambio el deuvedé.)* Este deuvedé es la grabación de un concierto en Londres con la Saito Kinen en 1990.

OZAWA: Un, dos, tres... ¡Ahí! La nota continúa a pesar de que la primera trompa se detiene para respirar. No hay vacío. Al comienzo del primer y cuarto compás los dos tocan al tiempo porque así lo indica la partitura. Eso es lo interesante de Brahms.

MURAKAMI: El músico de la Sinfónica de Boston del que me hablaba ignoró esa indicación, ¿verdad?

OZAWA: Sí. Lo decidió él por su cuenta y riesgo. Insistió en hacerlo así. Según él, así estaba bien y se saltó ese pequeño truco ideado por Brahms.

MURAKAMI: ¿Por qué?

OZAWA: Seguro que le disgustaba el cambio de timbre en dos trompas distintas. Me acuerdo de que fue todo un problema. Aquí tengo la partitura. Vamos a ver qué dice en esta parte.

Ozawa escribe con lápiz algunas indicaciones sobre cómo leer la partitura, cada uno de los compases. Gracias a eso consigo aclarar partes que antes no entendía en absoluto.

OZAWA: ¿Lo ve? Esta parte de aquí se puede pasar por alto si uno no se fija en el detalle. Mire aquí, es donde entra la segunda trompa y suena hasta aquí. Mientras tanto la primera trompa aprovecha para respirar. Está indicado que la primera trompa toca tres compases y la segunda cuatro. Fíjese bien. ¿No ve que aquí hay un punto?

MURAKAMI: Es verdad. Por eso está escrita la misma nota dos veces en paralelo. No entendía a qué se refería eso.

OZAWA: Brahms fue el primero en hacerlo, pero para lograrlo, las dos trompas tienen que conseguir el mismo sonido.

MURAKAMI: Sin duda.

OZAWA: Brahms escribió la partitura y daba todas esas cosas por hechas. Antes, por el contrario, no era posible hacer algo así porque siempre se usaba la trompa francesa, también llamada «natural», sin válvulas, y el sonido podía ser muy distinto de un instrumento a otro. O quizá no se le había ocurrido a nadie a pesar de ser algo tan sencillo.

MURAKAMI: En ese caso, ese músico de Boston era la excepción, ¿verdad? No se trataba sólo de otra manera de interpretar.

OZAWA: En absoluto. No se debe hacer algo así, pero era un tipo extraño y lo hizo porque se negó a escuchar lo que le decía todo el mundo. Ahora que lo oigo me acuerdo de él. Era un tipo muy inteligente y éramos buenos amigos.

La relación de la escritura con la música

MURAKAMI: Escucho música desde la adolescencia y últimamente me parece que ahora la entiendo un poco mejor que antes. Me explico. Quizá dedico más atención a determinados detalles, a determinados pasajes, y tengo también la impresión de que escribir ficción ha mejorado mi oído de una forma natural. Por el contrario, si uno no desarrolla cierto oído musical no será capaz de construir bien las frases. En mi opinión, la música mejora la escritura y la escritura el oído. Es un efecto doble, sucede de manera simultánea en ambas direcciones.

OZAWA: Es interesante.

MURAKAMI: Nadie me ha enseñado a escribir y tampoco he estudiado nada concreto al respecto. He aprendido a hacerlo gracias a la música, y por eso lo más importante para mí es el ritmo, como en la música, ¿no le parece? Unas frases sin ritmo no las leerá nadie. No sé cómo explicarlo. Hace falta una especie de ritmo que empuje al lector a seguir adelante. Leer un manual de instrucciones, por ejemplo, es un suplicio para cualquiera, ¿no cree? Es un caso paradigmático de escritura sin ritmo.

Cuando aparece un nuevo escritor en el panorama literario, que se mantenga o desaparezca en un futuro próximo es algo que se puede intuir prestando atención al ritmo de su escritura. No obstante, la mayor parte de los críticos literarios, a mi modo de ver, no prestan demasiada atención a eso. Normalmente señalan las sutilezas del estilo, el uso del vocabulario, el desarrollo de la historia, la trama, la calidad o pertinencia del tema. Pero a mí me parece que un escritor que escribe sin ritmo no tiene talento, aunque es sólo una opinión personal, nada más, por supuesto.

OZAWA: ¿Cree que se puede sentir un ritmo al leer?

MURAKAMI: Sí. El ritmo nace por la combinación de las palabras, de las frases y de los párrafos, por la oposición entre lo duro y lo blando, lo ligero y lo pesado, por el equilibrio y el desequilibrio, por la puntuación y el uso de tonos distintos. Un buen término para definir todo eso sería «polirritmo», como en música. Para lograrlo hace falta tener buen oído y eso es algo innato, se tiene o no se tiene. Obviamente, se puede aprender e incorporarlo al talento particular de uno a base de trabajo duro y dedicación.

Soy un gran aficionado al jazz y por eso en mi escritura determino en primer lugar el ritmo. Después añado acordes y comienzo con la improvisación tomándome toda la libertad de la que soy capaz. Escribo como si compusiera música. Ese es mi truco.

OZAWA: Nunca había pensado que en la escritura pudiera haber ritmo. No estoy seguro de si llego a entender del todo lo que quiere decir.

MURAKAMI: Veamos... El ritmo es un elemento muy importante tanto para el autor como para el lector. Si uno escribe ficción y no ha establecido previamente un ritmo, no conseguirá avanzar como es debido de frase en frase. En ese caso, tampoco avanzará la narración. Por el contrario, si hay ritmo, las frases que se vayan sucediendo brotarán con naturalidad. Mientras escribo se crea automáticamente un determinado sonido en el interior de mi cabeza. Ese sonido se convierte en ritmo. Como en el jazz. Se improvisa un estribillo y eso lleva de una manera orgánica al siguiente estribillo.

OZAWA: Vivo en el distrito de Seijo, en Tokio, y hace poco me dieron en la calle un panfleto de un partido político. Lo abrí y vi que era una especie de compromiso o manifiesto, no sé, algo así. Tenía tiempo y decidí leerlo. Me di cuenta de que quien proclamaba aquello no iba a tener éxito, porque yo era incapaz de leer más de tres frases seguidas. La idea era transmitir algo importante, de eso no cabía duda, pero resultaba ilegible.

MURAKAMI: Seguramente porque no tenía ritmo, fluidez.

OZAWA: Entiendo. En ese caso, ¿qué opinión le merece un autor como Natsume Sōseki?

MURAKAMI: Su estilo me parece muy musical. Actualmente sigue siendo una escritura magnífica que se lee con suma facilidad. En su caso me da la impresión de que estaba más influido por los largos cantos narrativos de la época Edo que por la música occidental. En cualquier caso, creo que tenía un oído excepcional. No sé cuánta música occidental tuvo ocasión de escuchar, pero al estudiar dos años en Londres algo debió de oír. Trataré de investigarlo.

OZAWA: Fue profesor de inglés, ¿verdad?

MURAKAMI: Sí. También con eso demostró tener buen oído. Combinaba bien elementos de la cultura occidental con la tradición japonesa. Otro escritor con un estilo también muy musical es Hidekazu Yoshida. Tiene un japonés muy fluido, un tono muy personal, que facilita mucho la lectura.

OZAWA: Puede ser.

MURAKAMI: Hablando de profesores de inglés. El suyo cuando estudiaba en la Toho Gakuen School of Music de Tokio era el novelista Saiichi Maruya, ¿verdad?

OZAWA: Sí. Nos hizo leer *Dublineses* de Joyce. A mí me resultó imposible de entender. *(Risas.)* Me sentaba al lado de una chica a la que se le daba muy bien el inglés y ella me ayudaba. Yo no estudiaba nada y por eso cuando me marché a Estados Unidos no hablaba una sola palabra. *(Risas.)*

MURAKAMI: Lo cual no quiere decir que el señor Maruya fuese mal profesor, sino que usted no estudiaba.

OZAWA: ¡No estudié nada de nada!

¿Qué ocurrió en los sesenta?

La primera parte de esta entrevista tuvo lugar el 13 de enero de 2011, justo después de nuestro anterior encuentro en el que hablamos del concierto en el Carnegie Hall. No nos dio tiempo de concluirla, de manera que la pospusimos para el 10 de febrero en mi oficina de Tokio. En un momento determinado Ozawa me hizo notar, sorprendido, que se le habían olvidado muchas cosas, pero a mi modo de ver sus recuerdos resultan muy vívidos e interesantes.

Mi trabajo como director asistente a las órdenes de Leonard Bernstein

MURAKAMI: Me gustaría que hoy nos centrásemos en sus recuerdos de los años sesenta.

OZAWA: Me pregunta por mis recuerdos de esa época a estas alturas de mi vida.

MURAKAMI: Usted ya ha mencionado que trabajó como director asistente a las órdenes de Leonard Bernstein en Nueva York. Quería habérselo preguntado entonces, pero se me olvidó. ¿Qué hace exactamente el asistente del director?

OZAWA: Casi todas las orquestas cuentan con uno, pero el caso de Bernstein era especial. Tenía tres. Debía de contar con alguna fuente de ingresos adicional para poder pagarles a todos. Cada año contrataba a tres nuevos asistentes para un periodo de un año. Con él estuvieron Claudio Abbado, Edo de Waart, Lorin Maazel y muchos otros que con el tiempo se convirtieron en directores famosos. A mí me entrevistaron para ocupar el puesto cuando yo aún estaba en la Filarmónica de Berlín, en una ocasión en la que la Filarmónica de Nueva York estaba de gira por Alemania. La entrevista la realizó el propio Lenny acompañado de unos diez miembros del comité. Después del concierto nos metieron a todos en un taxi y fuimos a beber a un extraño bar llamado Rififí. Tenían un piano y aprovecharon para hacerme una especie de prueba o algo por el estilo. Lenny acababa de dirigir el *Concierto para piano y orquesta n.º 1* de Beethoven con él como solista. Acababa de realizar un esfuerzo considerable y se le veía muy relajado. Por aquel entonces mi inglés era horroroso, apenas entendía lo que me decían, pero aprobé de todos modos *(risas)* y me convertí en su asistente. Ya habían elegido a los otros dos. Yo era el último candidato. Los otros dos eran John Canarina y Maurice Peress.

MURAKAMI: Es decir, se mudó de Berlín a Nueva York.

OZAWA: Aquello fue en otoño, y seis meses más tarde, en la primavera de 1961, la Filarmónica de Nueva York tenía programado hacer una gira por Japón y participar en un gran evento que se había organizado en Tokio al que llamaron *East meets West* (Oriente encuentra a Occidente) o al revés, no me acuerdo. Decidieron que los acompañase yo como asistente, lo cual no dejaba de tener su lógica al ser yo japonés. Éramos tres asistentes y el repertorio estaba dividido, más o menos, en un tercio para cada uno. Lo preparábamos de antemano con Lenny en previsión de que enfermase o se sintiera indispuesto, pues nosotros éramos los encargados de sustituirlo.

MURAKAMI: Es decir, si ocurría algo salían al escenario y dirigían en su lugar.

OZAWA: Sí. En aquel entonces el director casi no podía hacerse cargo de los ensayos. Lo pienso ahora y me pregunto por qué. Quizá porque la organización de los vuelos de un lugar a otro no era tan precisa como lo es hoy en día. El caso es que Lenny no solía estar presente cuando empezaban los ensayos. Entre los tres asistentes decidíamos de qué obras se haría cargo cada uno de nosotros.

MURAKAMI: En lugar de Lenny, quiere decir.

OZAWA: Sí. Lenny estaba muy orgulloso de mí y lo cierto es que me trataba mejor que a los otros dos. Mucho antes de ir a Japón habían decidido interpretar la *Bacchanale* de Toshiro Mayuzumi, compuesta para la Filarmónica de Nueva York. Como era de esperar, el señor Mayuzumi asumía que el director sería el propio Bernstein, pero cuando llegó la hora del ensayo en el Carnegie Hall, Lenny me encargó a mí que dirigiera. Lo hice delante del propio Mayuzumi y de Bernstein. Pensé que sería sólo un día, que al día siguiente Lenny se haría cargo, pero me dijo: «Seiji, hoy también te vas a encargar tú». Al final dirigí el estreno de la obra en Nueva York.

MURAKAMI: ¡Vaya!

OZAWA: Después del concierto de Nueva York fuimos a Japón. Yo suponía que Lenny dirigiría en esa ocasión, pero ya en el avión me dijo que no, que lo haría yo también. De hecho, ya habían impreso mi nombre en los programas.

MURAKAMI: Así que esa fue la intención de Bernstein desde el principio.

OZAWA: Y así fue como ocurrió.

MURAKAMI: ¿Se estrenó frente al público dirigiendo la Filarmónica de Nueva York?

OZAWA: Eso creo. Bueno, en realidad no. Ya había dirigido con público. Fue durante una gira por Estados Unidos, no recuerdo si en Detroit, pero sí que Lenny me encargó dirigir un *encore*, un bis. Para ocasiones así, a Lenny le gustaba interpretar *El pájaro de fuego* de Stravinski. Es una pieza corta, de unos cinco o seis minutos de duración. De manera que cuando me llamaron para salir al escenario, Lenny me agarró de la mano y se dirigió al público: «Aquí tienen a un joven director. Me gustaría mucho que le escuchasen». Seguramente al público no le hacía ninguna gracia tener que oírme a mí, pero al menos no me abuchearon.

MURAKAMI: Pues sí que era un trato especial.

OZAWA: Sí, digamos que era una suerte de favoritismo. Fue algo muy inesperado, yo no estaba psicológicamente preparado. Estuve al borde de un ataque de pánico, pero me esforcé mucho y me aplaudieron. Un gran éxito. Volvió a pasar otras dos o tres veces.

MURAKAMI: No creo que haya oído hablar nunca de un asistente dirigiendo un *encore*.

OZAWA: No. Fue algo excepcional. Yo me sentía muy mal por los otros dos.

MURAKAMI: ¿Qué salario recibía?

OZAWA: Prácticamente nada. Estaba soltero y al empezar me pagaban cien dólares a la semana. Era imposible vivir con eso. Cuando me casé, me lo aumentaron a ciento cincuenta, pero con todo no me alcanzaba. Estuve en total dos años y medio en Nueva York yendo de un apartamento barato a otro. El primero nos costaba ciento veinticinco dólares al mes y era un semisótano. Me levantaba de la cama, abría la ventana y veía pasar los pies de la gente. Con el aumento después de casarme pudimos cambiarnos a un piso más alto, pero el verano en Nueva York es muy caluroso y, por supuesto, no teníamos aire acondicionado. No podíamos dormir y nos íbamos a un cine cercano de sesión continua para pasar allí la noche. Vivíamos cerca de Broadway y había muchos cines de esos. Cuando terminaba el pase de una película teníamos que salir. Nos despertaban cada dos horas y entre una película y otra matábamos el tiempo en la sala de espera.

MURAKAMI: ¿No le quedaba tiempo para un trabajo extra?

OZAWA: ¿Un trabajo extra...? No, no tenía tiempo para eso. Me pasaba todo el día estudiando las obras que me encargaban de semana en semana.

MURAKAMI: Con la posibilidad de tener que salir en cualquier momento al escenario para dirigir. Imagino que así aprendió muchas cosas.

OZAWA: Sin duda. Debía prepararme a conciencia de principio a fin. Antes he mencionado que había otros dos asistentes, ¿verdad? Ellos se hacían cargo del resto del programa, pero cabía la posibilidad de que, si les ocurría algo, tuviera que dirigir también yo y por eso debía prepararme su parte. No me quedaba ni un minuto libre.

MURAKAMI: Entiendo.

OZAWA: No tenía nada que hacer por entonces, de manera que me pasaba todo el tiempo en el Carnegie Hall. Todos decían que parecía mi casa. Puede que los otros dos asistentes tuvieran otro trabajo. Me parece que dirigían musicales en Broadway, los coros o algo por el estilo. A veces no venían, y cuando debía hacerme cargo yo, la cosa se podía convertir en un verdadero problema. Para evitarlo estudiaba. Debí de ser el más estudioso de todos. De no haberlo hecho me habría encontrado en más de una situación complicada.

MURAKAMI: Por lo que cuenta da la impresión de que asumió el trabajo de los tres.

OZAWA: Bueno, si Lenny enfermaba de repente cuando los otros dos estaban en Broadway, ¿qué otra cosa se podía hacer? Me aprendí todo el repertorio. No sé si sería para bien o para mal, pero siempre andaba entre bastidores.

MURAKAMI: ¿Estudiar el repertorio significa leer atentamente las partituras y memorizarlas?

OZAWA: Sí, no podía dirigir todos los ensayos y aprovechaba para aprendérmelas.

MURAKAMI: Y a aprender de Bernstein cuando era él quien dirigía los ensayos, supongo.

OZAWA: Claro. Lo observaba, memorizaba hasta sus más mínimos gestos. De hecho, había una pequeña sala en el auditorio diseñada con ese propósito. Desde allí se oía y se veía todo sin ser visto. Hay salas así en lugares como el Lincoln Center, lo que hoy en día es el David Geffen Hall. En el Carnegie Hall también, no exactamente igual, pero algo parecido. Está un poco por encima de donde se sitúa el director, en diagonal a él, y caben cuatro personas un poco apretadas. En una ocasión asistí a un concierto sentado allí dentro con Elizabeth Taylor y Richard Burton.

MURAKAMI: ¿En serio?

OZAWA: Sí. Eran invitados de Lenny. En aquella época estaban en el apogeo de su popularidad y habría sido imposible tenerlos entre el público. De hacerlo se habría montado un gran alboroto. Lenny me dijo: «Escucha, Seiji, ¿por qué no les haces un hueco en tu escondite?». Nos apretamos los tres y escuchamos el concierto bien juntitos. *(Risas.)* Recuerdo que me hablaban, pero mi inglés era tan malo que yo no sabía qué decir.

MURAKAMI: Vivir tan metido en la vida de la orquesta debió de ser para usted un gran aprendizaje, ¿no?

OZAWA: Fue una experiencia increíble. Lo único que lamento es que mi inglés fuera tan malo. Bernstein, por ejemplo, presentaba un programa en televisión que se llamaba *Conciertos para jóvenes* y yo le acompañaba a las reuniones de producción previas a cada emisión, pero no llegaba a entender lo que se hablaba allí. Ahora me doy cuenta de la oportunidad que perdí. Una lástima.

MURAKAMI: De haber dominado el idioma, ¿cree que habría aprendido más?

OZAWA: Sí, pero a la hora de dirigir, Lenny me ofreció muchas oportunidades. Aún hoy eso me hace sentir mal por los otros dos asistentes.

MURAKAMI: ¿A qué se dedican actualmente?

OZAWA: Maurice Peress trabajó mucho en Broadway y se dedicó a grandes espectáculos. También dirigió en Londres y en Nueva York. John Canarina dirigió una pequeña orquesta en Florida o algo así. Sabe, si uno pasa mucho tiempo como asistente de un director es posible que acabe siendo asistente. Yo estuve dos años y medio, pero, como ya le he dicho antes, el contrato era por un año. De todos modos, si no encontrábamos trabajo nos quedábamos más. A mí me pasó y, además, incluso sustituí a Lenny durante un año sabático que se tomó.

Leer partituras en detalle

MURAKAMI: ¿Fue entonces cuando desarrolló el gusto por leer partituras en detalle?

OZAWA: Sí, porque no tenía otra cosa que hacer. No tenía piano en casa y me pasaba las horas muertas en el teatro estudiando y tocando el piano. Por cierto, me pasó lo mismo en Viena no hace tanto. Tampoco allí tenía piano en casa, así que iba a mi camerino en la Ópera, no estaba lejos, y tocaba hasta la medianoche. Había un piano de cola de primera. Me emocionaba, porque la situación me recordaba a cuando vivía en Nueva York e iba al camerino del director en el Carnegie Hall, donde siempre me quedaba tocando hasta muy tarde. Era una época muy relajada, sin apenas medidas de seguridad, y se podían hacer ese tipo de cosas con total libertad.

MURAKAMI: En realidad no sé si estoy muy seguro de lo que significa leer una partitura, pero trato de pensar en ello en los términos del trabajo de traducción que suelo hacer a diario. Me siento a la mesa para leer textos en inglés y convertirlos más tarde al japonés. En ocasiones me topo con algo que me bloquea. Soy incapaz de entender el significado por mucho que lo piense y lo repiense. Me quedo horas y horas de brazos cruzados sin levantar la vista del texto. Pasa el tiempo y a veces termino por entenderlo, pero otras veces es imposible. En momentos así continúo hasta el siguiente párrafo y mientras avanzo voy de cuando en cuando para atrás, hasta la parte donde me he atascado. Así pueden llegar a pasar dos o tres días, al final empiezo a comprender poco a poco y, de pronto, ¡listo! ¡Lo que quería decir era esto! El significado emerge entonces de la página con toda naturalidad. Todo ese tiempo que he dedicado a descifrar sin éxito el significado no ha sido tiempo perdido. A pesar de que pueda parecer inútil, baldío, deja de serlo cuando termino por entender. Quizá leer partituras puede tener alguna similitud con ese proceso.

OZAWA: En el caso de las partituras difíciles es posible, cierto. Excepto que... Lo que le voy a decir puede entenderse como si desvelase los secretos e interioridades de mi trabajo, pero, verá, en un pentagrama sólo hay cinco líneas, como usted ya sabe. Las notas musicales escritas ahí no representan ninguna dificultad por sí mismas. Es como si fueran las letras del alfabeto, pero cuanto más se juntan, cuanto más se mezclan, más complicado resulta. Quiero decir, uno puede leer palabras más o menos simples sin problemas, pero cuando se insertan en frases complejas empiezan a resultar más difíciles de entender. Llegados a ese punto, para comprender el sentido de lo que está escrito resulta imprescindible disponer de cierto nivel de conocimiento. De igual manera, en música esa parte de conocimiento previo debe ser muy grande. Como los símbolos utilizados en la música son precisamente mucho más sencillos de lo que son las palabras, si uno no entiende algo está realmente perdido.

MURAKAMI: Imagino que también influye el hecho de que la mayor parte de las veces las anotaciones explicativas en una partitura son pocas y limitadas y todo viene indicado con signos.

OZAWA: Sí, normalmente no se explica nada con palabras. La primera vez que sufrí de verdad con una partitura fue con una ópera titulada *Wozzeck*. ¿La conoce?

MURAKAMI: Sí, de Alban Berg.

OZAWA: Eso es. La leí una primera vez y pensé que la había entendido. Después empecé con los ensayos. Era con la New Japan Philharmonic. En aquel momento no podía

dedicar mucho tiempo a los ensayos, pero, excepcional-
mente, pude dedicarle varios días a esa ópera, más o menos cuatro meses antes del concierto. Estaba en Japón de
paso. Vivía en Boston y había pedido permiso para quedarme unos días a ensayar. Después regresé a Estados
Unidos. Ese margen de tres o cuatro meses me salvó la
vida. En los ensayos me habían surgido todo tipo de dudas y casi no sabía qué hacer.

MURAKAMI: Es decir, había leído la partitura, pensó que la
había entendido, pero en realidad no era así.

OZAWA: Sí, la leí, la interpreté al piano y pensé que ya lo tenía.

MURAKAMI: ¿El sonido real?

OZAWA: Al piano sí, pero con la orquesta me dije: «¡Oh, no!».
Me ocurría a cada momento. Quiero decir, uno se pone
a dirigir y el sonido evoluciona, se mueve. En aquel caso
llegué a un punto en el que ya no sabía lo que estaba
haciendo.

MURAKAMI: ¡Vaya!

OZAWA: Fue un *shock*, la verdad. Estaba aturdido, aterrorizado, y volví a releer la partitura desde el principio. Entonces la entendí. La primera vez había comprendido el «lenguaje de la música», lo que pretendía decir, y también
cuestiones relacionadas con el ritmo, pero no las armonías. Bueno, no. Intelectualmente sí las había entendido,
pero al evolucionar con el *tempo* indicado me perdía. Ahí
se demuestra que la música es un arte que tiene lugar en
el tiempo, ¿no le parece?

MURAKAMI: Sin duda.

OZAWA: Si interpretaba la música de Berg según estaba escrita, con el *tempo* marcado en la partitura, mi oído, simplemente, era incapaz de seguirla. No, puede que no se tratase del oído, sino de mi capacidad de comprensión. Mi comprensión no alcanzaba a seguir el *tempo*. Tocábamos fieles a la partitura y la orquesta era muy capaz de hacerlo. Sin embargo, había partes que yo no entendía. No muchas, pero las había. Era la primera vez que me pasaba algo así y no perdí un segundo en volver a ponerme a estudiar la partitura. Por eso fue una suerte disponer de unos cuantos meses.

MURAKAMI: Lo que quiere decir, si le he entendido bien, es que hay casos en los que el flujo armónico de la composición no llega a entenderse hasta que la orquesta produce el sonido real.

OZAWA: Exacto. Por ejemplo, a Brahms y a Richard Strauss los entiendo bien. Comprendo cómo suenan sus armonías sólo con leer las partituras. La experiencia ayuda, pero en el caso de compositores como Charles Ives, por poner un ejemplo distinto, no tengo la más mínima idea de qué clase de armonía es si no llego a escuchar el sonido real, y eso sucede porque el compositor creó esa música con la intención de romper con todo eso. Por mucho que me esfuerce en reproducir el sonido de la orquesta al piano, diez dedos no me bastan. Músicas así no llego a entenderlas hasta oír el sonido real, aunque cuando uno se acostumbra aprende trucos como qué clase de acordes eliminar para alcanzar a tocarla con diez dedos al piano. Y, por el lado contrario, también se llega a entender qué partes no se pueden eliminar.

MURAKAMI: ¿Cuándo lee las partituras?

OZAWA: ¿Se refiere al momento del día?

MURAKAMI: Sí.

OZAWA: Por la mañana temprano. Necesito concentrarme y no soy capaz de hacerlo cuando por mis venas corre una sola gota de alcohol, pongamos por caso.

MURAKAMI: No pretendo comparar mi trabajo con el suyo, pero yo también me levanto temprano. Es cuando mejor me concentro. Cuando escribo una novela larga me despierto a las cuatro. Todo está a oscuras y así consigo crear un ambiente en el que logro abstraerme.

OZAWA: ¿Y cuánto tiempo le dedica?

MURAKAMI: Unas cinco horas.

OZAWA: Yo no aguanto tanto. Puedo levantarme a las cuatro, pero a las ocho ya tengo ganas de desayunar. *(Risas.)* En Boston los ensayos solían empezar a las diez y media, de manera que tenía que desayunar a las nueve como muy tarde.

MURAKAMI: ¿Es interesante leer partituras?

OZAWA: Interesante... Bueno, en realidad... Sí, supongo que se puede decir que es interesante, sobre todo si las cosas van bien, pero en caso contrario dan ganas de dejarlo.

MURAKAMI: ¿Me podría dar algún ejemplo concreto de cuándo algo no va bien?

OZAWA: Cuando algo no me entra en la cabeza. Por ejemplo, si estoy cansado mi capacidad de concentración disminuye. A lo mejor estoy desvelando secretos otra vez, pero me sucede a menudo que la música que estudio por la mañana no es la que interpreto por la noche. En Boston teníamos cuatro programas distintos a lo largo de cuatro semanas y siempre me vi en la obligación de estudiar de un día para el otro. Es lo más duro que he hecho, ahora que lo pienso.

MURAKAMI: Se podría decir que los programas le desbordaban.

OZAWA: Sí. Lo ideal hubiera sido terminar uno, tomarse un intervalo de dos semanas para estudiar, y retomar los conciertos, pero nunca disfruté de semejante margen.

MURAKAMI: Como director de la Sinfónica de Boston imagino que debía de soportar una enorme carga de trabajo, me refiero a trabajo administrativo y cosas por el estilo.

OZAWA: Por supuesto. Había un montón de trabajo relacionado con eso. Teníamos como mínimo dos reuniones semanales e inevitablemente las cosas terminaban por complicarse, así que debíamos dedicarles mucho tiempo. Claro que también había cosas divertidas. Lo que a mí más me gustaba era confeccionar los programas. También disfrutaba con las reuniones donde elegíamos a los directores invitados, a los solistas. Por el contrario, lo que más odiaba era todo lo relacionado con el personal, a quién se promocionaba, a quién no, salarios y cosas por el estilo. La Sinfónica de Boston no había establecido una edad de jubilación, lo que se traducía en músicos mayores que ya no tocaban como lo habían hecho en sus buenos tiempos y no me quedaba más remedio que hablarles del retiro. Era muy doloroso. Como director tuve que enfrentarme a esa situación con dos o tres personas, buenos amigos. Fue muy doloroso.

De Telemann a Bartók

MURAKAMI: Volvamos a los años sesenta, si le parece. Tengo entendido que su primera grabación en Estados Unidos fue con el oboísta Harold Gomberg, ¿no es así? Los conciertos de Vivaldi y de Telemann están fechados en mayo de 1965. Encontré una copia por casualidad en una tienda de discos de segunda mano en Estados Unidos.

OZAWA: Me parece increíble que haya encontrado algo así. ¡Qué recuerdos!

MURAKAMI: Tengo la impresión de que por aquel entonces no había un consenso general sobre lo que es la música barroca. Lo he pensado al escuchar su interpretación. A mi modo de ver, el fraseo del oboe suena más romántico que barroco.

OZAWA: Eso es porque aún no sabíamos cómo interpretar esa música. Teníamos conocimiento de la existencia de algo llamado música barroca, de gente que la tocaba, pero en realidad nunca habíamos escuchado el repertorio. Aquella fue la primera vez que lo interpreté.

MURAKAMI: Da la impresión de que la orquesta está más cerca del sonido barroco de lo que lo está el solista. ¿Era la Columbia Chamber Orchestra?

OZAWA: Eso sólo era un nombre. En realidad se trataba de un grupo de músicos de la sección de cuerdas de la Filarmónica de Nueva York elegidos por el propio Gomberg. Digamos que sólo era una orquesta circunstancial. Casi nunca habían tocado música barroca y me eligieron a mí como director porque era el asistente de la Filarmónica.

MURAKAMI: Es extraño que interpretase usted a Telemann.

OZAWA: Sí, es raro. Lo hice después de estudiar mucho.

MURAKAMI: ¿Fue Gomberg quien le eligió a usted como director?

OZAWA: Sí. Desconozco la razón. Al parecer le caía bien.

MURAKAMI: Después grabó usted dos conciertos para piano y orquesta de Bartók, el *Primero* y el *Tercero*. Grabaron en el mes de julio, es decir, apenas dos meses más tarde. El solista era Peter Serkin. Es una interpretación verdaderamente sorprendente. Siempre me deja boquiabierto.

OZAWA: Fue con la Sinfónica de Chicago... ¿O fue la de Toronto?

MURAKAMI: La de Chicago. Aún hoy esa interpretación me sigue pareciendo muy novedosa. Con Telemann y Vivaldi se nota una especie de reserva, de inseguridad, pero en esta tengo la sensación de que resulta más abierta, más decidida.

OZAWA: ¿De verdad? Ya no me acuerdo. El año anterior me habían nombrado por sorpresa director musical del Festival de Ravinia. Aquello causó un gran revuelo e incluso me invitaron a un programa de televisión, *What's My Line* o algo así. Como ese concurso, *Mi secreto,* de la televisión pública japonesa, la NHK. Después vinieron a verme de la discográfica y decidimos grabar todos los años cuando terminase el festival. En efecto, al día siguiente de terminar íbamos a Chicago y grabábamos.

MURAKAMI: El Festival de Ravinia en Chicago es como el Tanglewood en Boston...

Pongo el disco de Bartók en el tocadiscos. Es el Concierto n.º 1. *Desde el primer compás emerge un sonido agudo y nos da un vuelco el corazón. Es una música fresca, cargada de vitalidad. La interpretación resulta magnífica.*

OZAWA: ¡Oh! Esa es la trompeta de Herseth. Adolph Herseth. Un trompetista legendario de la Sinfónica de Chicago.

Comienza el solo de piano.

MURAKAMI: El sonido del piano resulta sorprendente. No se nota el más mínimo titubeo.

OZAWA: Sí, está muy bien. En ese momento Peter aún no había cumplido veinte años.

MURAKAMI: Es una interpretación muy sostenida, ¿no cree?

La orquesta se suma al piano.

OZAWA: Sí, me acuerdo de esta parte... La sección de cuerdas de la Sinfónica de Boston era la mejor del mundo entonces. Primero Herseth, luego los demás. Tenían un nivel excepcional.

MURAKAMI: ¿Estaba Fritz Reiner como director permanente?

OZAWA: No, era Jean Martinon.

MURAKAMI: ¡Vaya un salto, de Telemann a Bartók!

OZAWA: ¡Ja, ja, ja!

MURAKAMI: En diciembre de ese mismo año grabó usted los conciertos para violín y orquesta de Mendelssohn y de Chaikovski.

OZAWA: Ya no me acuerdo del violín solista...

MURAKAMI: Erick Friedman.

OZAWA: Con la Sinfónica de Londres, ¿no?

MURAKAMI: Sí. Lo encontré también en la misma tienda de segunda mano, pero cuando oigo la parte del violín me resulta un poco anticuada. No sé, demasiado sentimental.

OZAWA: Recuerdo haberlo grabado, poco más.

MURAKAMI: Y casi en la misma época, también con la Sinfónica de Londres, grabó el *Concierto para piano y orquesta* de Schumann con Leonard Pennario. En el mismo disco está la *Burlesque* de Strauss. Al año siguiente, siempre con la misma orquesta, grabó el *Concierto para piano y orquesta n.º 1* de Chaikovski con John Browning. Una considerable cantidad de conciertos románticos grabados todos ellos con la Sinfónica de Londres y con solistas norteamericanos. Aún no he oído el disco con Browning, pero son solistas que hoy en día ya no impresionan mucho, ¿no cree? Ya no se los escucha demasiado.

OZAWA: Tanto Pennario como Friedman ocupaban entonces el centro de una campaña de la discográfica para promocionarlos, pero Browning era el verdadero genio al piano, un músico excepcional.

MURAKAMI: Últimamente su nombre no suena mucho.

OZAWA: Me pregunto a qué se dedicará.

(Nota del autor: John Browning nació en 1933 y en 1960 era un pianista muy de moda. Sin embargo, en esa misma época redujo mucho su actividad, según él, a causa de un exceso de trabajo. A mediados de los noventa volvió a los escenarios con un repertorio de música norteamericana contemporánea. Falleció en 2003.)

MURAKAMI: Es decir, de Telemann pasó a Bartók y de ahí vuelta al centro, a la música romántica. ¿Cómo le llegaban los encargos de grabación? Al margen de ese disco de Gomberg siempre ha grabado con la RCA, ¿verdad?

OZAWA: Los encargos siempre llegaban de lugares incomprensibles para mí. Tras el éxito del Festival de Ravinia me convertí en el centro de atención. Después de todo, en aquella época se decía que la Sinfónica de Chicago era la mejor orquesta del mundo, y ser nombrado su director se convirtió en un acontecimiento. Imagino que la discográfica quería aprovechar el tirón publicitario y por eso me invitaron a Londres.

MURAKAMI: Si examino su discografía me da la impresión de que no le quedaba a usted tiempo para nada. Poco después, en el verano de 1966, grabó el oratorio de Honegger *Jeanne d'Arc au bûcher*. Su repertorio es de lo más variado, desde luego.

OZAWA: ¡Ja, ja, ja! *(Vuelve a reírse, divertido.)*

MURAKAMI: ¿Qué criterio seguía para aceptar o rechazar los encargos de las discográficas?

OZAWA: Lo aceptaba todo. Aún no estaba en posición de decidir por mí mismo.

MURAKAMI: ¿Honegger le presentó en la discográfica?

OZAWA: Supongo. No creo que fuera yo quien se acercase *motu proprio* a ellos.

MURAKAMI: De todos modos, mirando en detalle las grabaciones, no llego a entender qué quería exactamente de usted la discográfica.

OZAWA: No tengo la más mínima idea.

MURAKAMI: Incluso un observador ajeno como yo se confunde con un listado de obras como este. Grabó después la *Sinfonía fantástica* de Berlioz con la Sinfónica de Toronto en 1966. ¿Ya era su director titular?

OZAWA: Sí, puede que me nombrasen ese mismo año. Grabé los *November Steps* de Takemitsu y la *Sinfonía Turangalîla* de Messiaen. Debió de ser al poco de nombrarme director, porque sólo estuve cuatro años.

MURAKAMI: Las dos obras se grabaron en 1967. ¿Fue decisión suya?

OZAWA: Sí, pero no en el caso de la de Messiaen. Eso fue idea del propio compositor. Yo la había interpretado en una ocasión y él estaba entre el público. Fue en Japón, antes de que me boicoteara la Sinfónica de la NHK. Le gustaba mucho mi trabajo. Incluso me propuso que grabase su obra completa. Yo estaba dispuesto a hacerlo, pero la orquesta de Toronto no estaba de acuerdo, decían que, en caso de hacerlo, ya no venderían entradas para los conciertos. Eso decían ellos al menos. Como mínimo pude grabar la *Sinfonía Turangalîla* y los *Pájaros exóticos*.

La consagración de la primavera, algo parecido a una historia oculta

MURAKAMI: Para preparar esta entrevista no he escuchado todas, pero sí muchas de las principales grabaciones que realizó usted durante los años sesenta. Si tuviera que elegir entre mis favoritas me quedaría con el *Concierto para piano y orquesta,* de Bartók, del que acabamos de hablar, con la *Sinfonía fantástica,* de Berlioz, y con *La consagración de la primavera,* de Stravinski. Esas tres me parecen especialmente brillantes, no dejan de sorprenderme por su frescura.

OZAWA: ¿Se refiere al Stravinski que interpreté con la Sinfónica de Chicago?

MURAKAMI: Sí.

OZAWA: Hay toda una historia detrás de esa grabación. En realidad, el propio Stravinski reescribió la partitura. En esa revisión cambió el orden de los compases, algo del todo increíble. Lo hizo todo nuevo, algo distinto a lo que tan duramente habíamos estudiado. No me lo podía creer. Tanto para mí como para el resto de los músicos fue un verdadero *shock*. Nadie se lo esperaba y yo llegué a pensar que iba a resultar imposible tocarla.

MURAKAMI: ¿Qué quiere decir exactamente con cambiar el orden de los compases?

OZAWA: Pues... A ver cómo lo explico yo. *(Se queda un rato pensativo.)* Quiero decir que cambió por completo la forma de contar. Supongamos un ritmo 1-2-3, 1-2-3, 1-2, 1-2, 1-2, 1-2-3, y así sucesivamente. Pues de pronto lo cambió a 1-2, 1-2, 1-2... Una cosa así.

MURAKAMI: Digamos que dejó de ser una música difícil.

OZAWA: Stravinski me pidió que grabase esa versión y así lo hice.

MURAKAMI: ¿Quiere decir que grabó la versión revisada?

OZAWA: Interpreté esa versión revisada delante del compositor y de Robert Craft y luego la grabé para la RCA. De hecho, grabé la versión original y la revisada, ambas con la Sinfónica de Chicago.

MURAKAMI: No lo sabía. Nunca he visto una grabación de *La consagración de la primavera* con la Sinfónica de Chicago distinta a esta. Siempre he pensado que era la versión de toda la vida.

OZAWA: No sé qué pasó al final, pero tal vez nunca llegaron a publicar la versión revisada.

MURAKAMI: ¿Quiere decir que ha desaparecido?

OZAWA: Cuando la tocamos me di cuenta de que no funcionaba, y lo mismo pensaban los músicos. Lenny me dijo que había sido víctima de un experimento. Yo estaba furioso. Estaba convencido de que Stravinski había hecho esa revisión con el único objetivo de extender en el tiempo la vigencia de sus derechos de autor. Yo había estudiado la versión original como un loco, la había dirigido en muchas ocasiones y puedo asegurar que casi me la sabía de memoria. Pero de pronto todo dio un vuelco, desde la misma base, porque esa versión revisada no tenía nada que ver con la anterior. En cualquier caso, la que aparece en este disco es la original.

MURAKAMI: He leído atentamente el libreto explicativo que acompaña al disco y no hacen ninguna referencia a si se trata de una versión revisada o no. Sí menciona que el director revisó la partitura en 1967, pero no si la del disco se corresponde con ella. Da la impresión de estar redactado con una ambigüedad deliberada. De haberse tratado de la versión revisada lo dirían abiertamente porque sería un buen argumento comercial...

(Nota del autor: Según Robert Craft, que cooperó en la revisión, la razón principal de Stravinski para escribir una versión nueva

fue que el propio compositor no era capaz de dirigir la sección de los compases irregulares de la versión original.)
Pongo el disco.

OZAWA: ¿Puedo comer este arroz?

MURAKAMI: Sí, por favor. Le prepararé un té.

Preparo el té.

OZAWA: En 1968, cuando la grabamos, yo aún vivía en Toronto. Creo que fue el año en que asesinaron a Robert Kennedy.

MURAKAMI: ¿Fue decisión suya?

OZAWA: Sí, yo quería grabarla. La había dirigido antes en muchas ocasiones en distintos lugares.

MURAKAMI: Eso significa que en ese momento de su carrera ya podía usted decidir qué grababa y qué no, no dejarlo todo en manos de la discográfica.

OZAWA: Sí, más o menos.

La introducción tranquila concluye y suena el famoso bam, bam, bam *de la primera escena. Empiezan los* Augurios primaverales. Danza de las adolescentes.

MURAKAMI: Es un sonido intenso, muy agitado, ¿no le parece?

OZAWA: Sí, la Sinfónica de Chicago estaba en su plenitud y yo era un joven lleno de energía.

MURAKAMI: Si le parece bien, escuchemos esa misma parte con la Sinfónica de Boston. Se grabó más o menos diez años después.

Cambio el disco, suena la introducción.

MURAKAMI: Es una atmósfera muy distinta.

OZAWA: Sí, el sonido es más suave.

El fagot toca el tema.

OZAWA: El fagotista murió en un accidente de tráfico. Lo atropelló un coche. Se llamaba Sherman Walt. También tocaba en la Saito Kinen.

Escuchamos la música mientras tomamos té y comemos algo.

MURAKAMI: Si me permite una opinión de simple aficionado, cuando escucho sus interpretaciones de los años sesenta al frente de las Sinfónicas de Chicago y de Toronto, me parece que es como si dirigiera al ritmo de las palmas, con una audacia sorprendente, como si no le temiera a nada.

OZAWA: La audacia es la mejor opción que uno puede tomar en muchas ocasiones.

MURAKAMI: Más tarde, en los años setenta con la Sinfónica de Boston, me da la impresión de que esas palmas las da ahuecando las manos, como si envolviese la música. Me doy cuenta al escuchar las grabaciones.

OZAWA: Sí, entiendo lo que dice. Es posible que por entonces me hubiera tranquilizado un poco.

MURAKAMI: ¿Se puede decir que maduró musicalmente? No sé si expresarlo así explica bien lo que sucedió.

OZAWA: Bueno, te nombran director y empiezas a preocuparte por la calidad de la orquesta.

MURAKAMI: Después de grabarla con la Sinfónica de Boston en 1973, ya no volvió a grabar *La consagración de la primavera*.

OZAWA: No, nunca, y eso a pesar de que me lo pidieron en muchas ocasiones.

Vuelve a sonar el bam, bam, bam *de los* Augurios primaverales. Danza de las adolescentes.

OZAWA: Suena muy crudo. Es interesante, ¿verdad?

MURAKAMI: Produce una sensación distinta a las interpretaciones canónicas, ¿no cree?

Tres grabaciones de la *Sinfonía fantástica* dirigidas por Seiji Ozawa

MURAKAMI: Voy a poner ahora la grabación que realizó con la Sinfónica de Toronto de la *Sinfonía fantástica* de Berlioz. Es una grabación de 1966.

Pongo directamente el cuarto movimiento, La marcha al cadalso.

MURAKAMI: ¿Cuál era el nivel de la orquesta cuando se hizo usted cargo?

OZAWA: No muy bueno, a decir verdad. Hice muchos cambios, lo cual no me ayudó a ampliar mi círculo de amigos. Cambié incluso al concertino. El tipo llamó a la puerta de mi casa para quejarse. Muchos de los que contraté entonces siguen allí.

MURAKAMI: El sonido resulta un poco áspero, ¿no le parece?

OZAWA: Sí, es duro. Esta grabación se hizo en el Massey Hall de Toronto, famoso por su pésima acústica. De hecho, todo el mundo lo llamaba el *Messy Hall*, algo así como la sala del disparate.

MURAKAMI: Charlie Parker hizo allí una famosa grabación en directo. Basta que uno diga Massey Hall para que todos los aficionados al jazz sepan de qué se habla. No obstante, en esta grabación suya la música suena muy viva, como si estuviera bailando.

OZAWA: Sí, es muy libre. La música se puede ver. Es mejor de lo que esperaba, aunque el sonido no es gran cosa.

Levanto la aguja al final del movimiento.

MURAKAMI: A mí también me parece una buena interpretación. La escucho y me parece que ya no me hace falta oír ninguna más, pero cuando pongo la de la Sinfónica de Boston ya no estoy tan seguro. Es completamente distinta.

OZAWA: Se grabaron en épocas distintas. Quince años de diferencia o algo así, según creo.

MURAKAMI: No, no tanto. Veamos, la de Boston fue en 1973, sólo hay siete años de diferencia.

Pongo la interpretación con la Sinfónica de Boston. De nuevo suena La marcha al cadalso. *Lo primero que nos sorprende es un* tempo *muy distinto, más imponente.*

OZAWA: En sí misma, la orquesta es mucho mejor, ¿no cree?

MURAKAMI: El sonido es muy distinto.

OZAWA: Escuche la parte de este fagot. Nunca podría haber hecho algo así con la de Toronto. Y los timbales también suenan completamente distintos. Visto así, la de Toronto era algo así como una reunión de músicos jóvenes.

MURAKAMI: Pero con un entusiasmo increíble.

OZAWA: Desde luego, estaban llenos de entusiasmo.

Escuchamos la música en silencio durante un rato.

MURAKAMI: Es increíble lo distinta que suena con un intervalo de apenas siete años.

OZAWA: Esos siete años fueron muy importantes para mí. Cambié mucho. Después de Toronto me nombraron director de la Sinfónica de San Francisco y luego me mudé a Boston.

MURAKAMI: Distintas orquestas, distinto sonido. Es normal que la música también lo sea.

OZAWA: Y la *Fantástica* que he vuelto a interpretar con la Saito Kinen *(en diciembre de 2010)* es, de nuevo, completamente distinta. He vuelto a cambiar. Había evitado interpretarla durante mucho tiempo, dejando así tiempo suficiente entre una y otra. Tal vez esta suene demasiado pesada.

MURAKAMI: ¿Demasiado pesada?

OZAWA: ¡Ja, ja, ja! *(Se ríe divertido.)*

MURAKAMI: Aquí tengo un deuvedé grabado en directo con la Saito Kinen en el Festival de Matsumoto de 2007.

Suena de nuevo La marcha al cadalso *y otra vez se aprecian pequeñas diferencias con respecto a las interpretaciones anteriores. Parece que la música bailara todavía, pero con una ondulación distinta. Si se tratase de jazz, yo diría que ha cambiado el* groove.

OZAWA: Esa persona de ahí a la izquierda es el primer trompeta de la Filarmónica de Berlín; y este otro de aquí, el tercer trombón de la de Viena.

Se levanta de la silla y empieza a moverse al compás de la música. Se observa a sí mismo dirigiendo la orquesta y suspira.

OZAWA: Es lógico que me duela la cadera. También me rompí un hombro y no puedo usarlo como debería, así que me veo obligado a forzar posturas poco naturales y al final termina por pagarlo la cadera. Como esta parte de aquí no tiene movilidad no me queda más remedio que hacerlo así. Una estupidez.

MURAKAMI: Dirige usted de una manera muy dinámica. Imagino que eso le supondrá un gran esfuerzo.

OZAWA: Comparo las tres interpretaciones que hemos oído y me doy cuenta de lo distintas que son. Es la primera vez que hago algo así y estoy muy sorprendido.

MURAKAMI: Sí, a mí también me parece evidente. Cuando dirigía la orquesta de Toronto tenía usted sólo treinta y un años. Suena muy dinámica, siempre hacia delante, hacia delante. Como le he dicho antes, da la impresión de que la música salte y baile al ritmo de sus palmas. Después en Boston, con una orquesta de más nivel, tengo la impresión de que es más envolvente, como si hubiese madurado. Y con la Saito Kinen la sensación es que abre la mano con la que envolvía la música para ventilar, para darle una mayor libertad, mayor margen a la espontaneidad, como si la liberase para acercarla a su estado natural.

OZAWA: Visto así puede que usted tenga razón, pero en ese sentido me llama más la atención la interpretación del Carnegie Hall. Es más intensa, por expresarlo en esos términos.

MURAKAMI: Puede que el sonido de la Saito Kinen se ajuste más a esa idea.

OZAWA: Es posible. Al ver ahora las imágenes me doy cuenta de que no me preocupo por todos los detalles.

MURAKAMI: ¿Lo hacía cuando estaba en Boston, como si apretase uno por uno todos los tornillos?

OZAWA: Sí. Se lo he dicho antes. Me esforzaba mucho para mejorar la calidad de la orquesta.

MURAKAMI: Hablando de la *Sinfonía fantástica* con la Sinfónica de Boston. Me da la impresión de que está todo el tiempo tratando de ajustar los detalles. El *tempo* cambia a menudo la coloración del sonido. Me parece estar contemplando una miniatura. Es algo admirable, espléndido. En las interpretaciones de Toronto y Chicago la música se mueve por sí misma antes de que se produzca un solo ajuste.

OZAWA: Es más cruda, ¿no cree? En aquel momento yo estaba henchido de energía.

MURAKAMI: Al oír estas tres interpretaciones de la *Fantástica* me parece apreciar tres fases distintas en su carrera musical.

OZAWA: Sí, seguramente se trata de una evolución natural de la edad. Uno se relaciona con las orquestas de manera distinta. Además, me rompí el hombro y a partir de ese momento ya no pude mover la mano como hacía en los sesenta, en un sentido técnico me refiero.

MURAKAMI: Como director de la Sinfónica de Boston imagino que debía de estar siempre con la misma gente, siempre encima de ellos, aunque terminase la temporada. Visto así, seguramente la relación con la orquesta se fortalecía y entonces le parecía oportuno dedicar tiempo y esfuerzo a los pequeños detalles.

OZAWA: Sin duda, es inevitable.

MURAKAMI: En el caso de la Saito Kinen, al no tratarse de una orquesta permanente no puede entrar en esos mismos detalles o no le queda más remedio que dejar las cosas en manos de cada músico. ¿Es así?

OZAWA: Sí. Además, como sólo nos vemos cada cierto tiempo, siempre existe esa sensación de frescura, hasta cierto punto de sorpresa. ¡Como amantes que sólo pueden verse una vez al año! *(Risas.)*

MURAKAMI: ¿Cómo fue en Viena?

OZAWA: Como una reunión de los mejores amigos que se juntan para hacer música. A mí me resultaba muy fácil.

MURAKAMI: Fue director de la Ópera Estatal, pero la orquesta, en esencia, era la de la Filarmónica, ¿verdad?

OZAWA: Sí. Al cien por cien, de hecho. Pero yo no era director de la Filarmónica. Me nombraron director de la Ópera Estatal porque la Filarmónica de Viena no contempla ese puesto. Los músicos de la Filarmónica pasan primero por la orquesta de la Ópera Estatal. Después van a la Filarmónica. No se puede entrar en esta directamente.

MURAKAMI: ¿De verdad? No tenía ni idea.

OZAWA: Uno entra primero en la Ópera Estatal y al cabo de dos o tres años puede cambiarse. Algunos músicos, sin embargo, ya tocan con la Filarmónica nada más entrar en la Ópera.

MURAKAMI: En ese momento, al contrario de lo que le sucedió en Boston, no tuvo que dedicar su tiempo a cuestiones administrativas ni cosas por el estilo.

OZAWA: En efecto. Obviamente, estaba presente cuando había *castings,* pero mi voto sólo era uno más entre otros muchos. Apenas tenía nada que ver con asuntos de personal. Los cantantes eran otra cosa y mi opinión contaba mucho.

MURAKAMI: Es decir, usted se limitaba a trabajar con la orquesta que ponían a su disposición.

OZAWA: Sí.

MURAKAMI: En otras palabras, la orquesta se entendía como un elemento más dentro del conjunto de la Ópera, entendida a su vez como una forma artística amplia.

OZAWA: Eso es. Eso saca a colación la pregunta de qué hacía exactamente el director musical de la Ópera Estatal. Me hubiera gustado quedarme allí más tiempo y dirigir más óperas, pero mi salud se deterioró y no pude. Al final no dirigí demasiadas, pero me lo pasé muy bien. Me alegro mucho de haber tenido la oportunidad de vivir una experiencia como esa. A menudo pienso en todas las oportunidades que me han brindado los dioses. No tenía ni idea de cómo funcionaban las cosas en una compañía de ópera y sólo la oportunidad de aprenderlo resulta increíble. ¡Qué divertido fue! Me encanta la ópera y allí me dejaban dirigir lo que quería, sin condiciones previas.

MURAKAMI: Estuve en Viena hace dos años y asistí a la representación de *Eugenio Oneguin,* de Chaikovski, dirigida por usted. La puesta en escena era magnífica, pero lo que de verdad me estremeció fue ese sonido refinado de la orquesta. Desde el palco donde estaba me parecía un ser vivo, con su propio movimiento. Asistí a otra representación de esa misma ópera dirigida por usted en Tokio en 2008, también estupenda, pero la de Viena fue otra cosa completamente distinta. Allí aproveché para ver unas cuantas óperas, ¡qué felicidad!

De vuelta a los años sesenta, grabó usted mucho para la RCA, ¿verdad? Recuerdo los *Cuadros de una exposición* de Músorgski (1967), la *Quinta* de Chaikovski (1968), la *Sinfonía Haffner* de Mozart (1969), el *Concierto para piano y orquesta* de Bartók (1969), *Carmina Burana* de Carl Orff (1969), *El Pájaro de fuego* y *Petruska* de Stravinski (1969). Si añadimos la *Quinta* de Beethoven y la *Incompleta* de Schubert (1969), todo ello no parece responder a un plan coherente.

OZAWA: Tiene razón. ¡Ja, ja, ja! Mozart fue con la orquesta de Chicago, ¿verdad?

MURAKAMI: No, con la New Philharmonia. El resto, en su mayoría, con la Sinfónica de Chicago. El otro día hablamos del *Concierto para piano y orquesta* de Beethoven con Peter Serkin, también tocó con la New Philharmonia, ¿verdad?

OZAWA: Sí, sí. Esa pieza tan extraña. Nunca la había tocado antes y nunca he vuelto a tocarla después.

MURAKAMI: Ese *Opus 61a* era en origen un concierto para violín que el propio Beethoven adaptó para piano y orquesta. Es un poco forzado, ¿no le parece? No resulta muy adecuado para ese instrumento.

OZAWA: Tiene razón, pero así era Peter entonces. Quería hacer cosas distintas a las que hacía su padre. Era tan radical que me daba pena, porque con ese planteamiento no podía tocar las obras habituales de Beethoven, a pesar de querer hacerlo. Por eso se decidió por una obra que su padre jamás habría tocado. Sin embargo, después de la muerte de su padre sí empezó a tocar esas mismas obras, la *Fantasía coral*, por ejemplo.

MURAKAMI: Me encantaría escucharla. De esa época lo que más me impresiona es la cantata *Carmina Burana*. Una maravilla. Una interpretación viva y llena de colorido.

OZAWA: Con la Sinfónica de Boston, si no me equivoco.

MURAKAMI: Sí.

OZAWA: Fue justo antes de que me nombrasen director. También la interpreté con la Filarmónica de Berlín, cuando aún estaba allí el maestro Karajan. En 1989 dirigí el famoso *Silvester Concert*, en la noche de fin de año. Para el coro me llevé a todos los miembros del Shinyukai desde Japón. Estaría bien hacer *Carmina Burana* con la Saito Kinen porque tiene un buen coro.

MURAKAMI: Me encantaría escucharlo.

¿Cómo puede un joven desconocido hacer algo tan extraordinario?

MURAKAMI: Hemos escuchado todos esos discos que grabó usted de joven y hay una cosa que me extraña. Aún estaba en la veintena cuando debutó en Estados Unidos, a mediados de los años sesenta, pero a juzgar por las grabaciones compruebo que musicalmente ya estaba usted formado. Su mundo musical ya existía y transmitía usted una gran vivacidad. Le oigo y el corazón me palpita más deprisa. Aún se nota un margen para madurar, pero aparte de eso su mundo está bien formado, es autónomo, desprende un magnetismo innegable. No se nota, cómo decirlo, ensayo y error. No dejo de preguntarme cómo es posible. Un buen día se marchó usted de Japón sin más, sin contactos, y lo siguiente que supimos de usted fue que dirigía la Filarmónica de Nueva York y la Sinfónica de Chicago haciendo gala de una gran originalidad, cautivando al público extranjero. ¿Cómo puede un joven desconocido hacer algo tan extraordinario?

OZAWA: Bueno, creo que porque desde muy joven el maestro Saito me exigió muchísimo.

MURAKAMI: Pero no creo que eso lo explique todo. No todos los discípulos del maestro Saito han seguido carreras como la suya.

OZAWA: No sabría cómo explicarlo...

MURAKAMI: Yo creo que debe de tener usted una capacidad de organización fuera de lo normal, un método para reunir distintos elementos en una totalidad. Siempre se aprecia una gran coherencia en lo que hace, no hay duda. ¿No cree que eso demuestra una gran voluntad?

OZAWA: Lo único que se me ocurre es que desde muy joven aprendí las técnicas que enseñaba el maestro Saito. La mayor parte de los directores lo pasan muy mal cuando llega el momento de aprender esas técnicas.

MURAKAMI: ¿Con técnicas se refiere usted a las distintas maneras de mover la batuta?

OZAWA: Sí. Técnicas para preparar a la orquesta. Al final, cómo mueve uno la batuta en el concierto o cómo deja de hacerlo no es tan importante. Decir que da igual sería exagerar las cosas, pero digamos que no se trata de algo demasiado laborioso. Sí hay una forma concreta de mover la batuta durante los ensayos y eso es lo más importante. Lo aprendí del maestro Saito. Nunca he tenido dudas en ese sentido. He cambiado con la edad, supongo, pero en esencia no tanto.

MURAKAMI: Sin embargo, la práctica y la experiencia ayudan a un músico a aprender muchas cosas. Con los novelistas ocurre lo mismo. En tal caso, ¿todo ese trabajo ya lo había hecho usted de joven?

OZAWA: En mi caso no tuve que pelearme con algo así desde el principio. Digamos que no estaba incómodo en ese terreno porque tuve un buen maestro. Por eso, cuando veía dirigir de cerca a Lenny o al maestro Karajan, entendía más o menos lo que hacían, lo que pretendían, su manera de conseguirlo. Los observaba y los analizaba, pero en ningún momento se me pasaba por la cabeza tratar de imitarlos. Quienes no tienen su propia técnica bien desarrollada se limitan a imitar a los demás. Imitan la forma superficialmente. A mí no me pasó.

MURAKAMI: ¿Es difícil llevar la batuta?

OZAWA: ¿Difícil? Mmm... No sé qué decir. Yo había interiorizado la técnica antes de los veinte años. En ese sentido puede que fuera especial, porque dirigía orquestas desde que estaba en tercero de la escuela secundaria. Mucho tiempo, ¿no cree? Antes de dirigir orquestas profesionales ya había dirigido orquestas *amateurs* durante casi siete años.

MURAKAMI: ¿Empezó a estudiar dirección en secundaria?

OZAWA: Sí. Dirigía la orquesta de la escuela.

MURAKAMI: ¿La Toho Gakuen Orchestra?

OZAWA: Sí. Estudié cuatro años en el instituto y tres en la universidad. Mi primer año de instituto lo hice en la Seijo Academy, después lo repetí en la Toho Gakuen. Aún no existía la escuela de música en Toho cuando me tocó empezar el instituto y por eso esperé un año hasta que la abrieron. Después estuve dos años y medio en la universidad. En ese periodo de siete años dirigí orquestas de estudiantes. Antes de dirigir las de Berlín o Nueva York ya tenía una experiencia considerable. Puede que un director normal no cuente con una experiencia previa tan larga. Imagino que el maestro Saito pensó que eso me iría muy bien.

MURAKAMI: Hay muchos músicos que se dedican desde muy jóvenes a su instrumento, pero no tantos que aspiren a ser directores.

OZAWA: Es cierto. No recuerdo otro caso como el mío. Yo era el único. Si conseguí comunicarme con orquestas extranjeras y dirigirlas sin hablar bien el idioma, fue porque conocía bien la técnica de dirección, gracias al maestro Saito.

MURAKAMI: Sí, pero antes de eso ya debía de tener una idea más o menos clara en mente de lo que quería, de cómo conseguirlo. Si uno escribe ficción, pongamos por caso, es importante la habilidad para escribir, por supuesto, pero creo que antes de eso debe sentir en su interior el fuerte impulso de querer hacerlo. Lo que a mí me parece al oír sus grabaciones de juventud es que ya entonces transmitía algo muy personal, una imagen construida con mucha claridad, siempre muy bien enfocada. Me da la impresión de que no hay tantos músicos capaces de hacer algo así. No debería generalizar si hablo de músicos japoneses, pero tengo la impresión de que, a pesar de su gran nivel técnico, de su innegable capacidad de interpretar a la perfección cualquier tipo de música, raras veces comunican algo más allá, raras veces ofrecen una perspectiva distinta, un punto de vista novedoso. Es como si carecieran de la determinación de crear un mundo propio y llevarlo al público.

OZAWA: Pues eso es lo peor que puede pasar con la música. Si uno entra ahí en esa dinámica puede terminar por perder el sentido mismo de la música. Está a un solo paso de hacer música de ascensor, esa cosa aterradora que escucha uno en esos aparatos.

Continuación de la entrevista:
Maurice Peress y Harold Gomberg

MURAKAMI: El otro día hablamos algo de Maurice Peress, otro de los asistentes cuando estuvo usted con Bernstein.

OZAWA: ¡Ah, sí! Justo después de nuestra charla tuve noticias suyas por casualidad. Le mandó una vieja foto a mi representante en Nueva York. Una foto de los tres asistentes frente al Carnegie Hall. Había una nota suya en la que se interesaba por mi salud. Había oído, al parecer, que me vi obligado a cancelar uno de los conciertos en Nueva York y por eso me escribía. Justo me llegó antes de ayer. ¡Qué casualidad!

MURAKAMI: Después de hablar el otro día busqué un poco en internet. No sabía que Peress fuera puertorriqueño. Al parecer sigue en activo. Fue director de la Kansas City Philharmonic Orchestra entre 1974 y 1980 y después ha dirigido otras orquestas por todo el mundo. Tiene un hijo que es un famoso batería de jazz, Paul Peress. Se dedica al *jazz fusion*.

Lee el papel que he impreso.

OZAWA: Ha dirigido mucho en China... ¡Vaya! Incluso la Ópera de Shanghái.

MURAKAMI: También ha publicado un libro titulado *Dvořák to Duke Ellington [De Dvořák a Duke Ellington]*.

OZAWA: Sí, fue buen amigo de Duke Ellington. Es increíble que pueda conseguir usted toda esa información.

MURAKAMI: Aparece en la Wikipedia, pero no estoy seguro de si la información es del todo exacta. También busqué a Harold Gomberg. Su hermano pequeño es primer oboe en la Sinfónica de Boston.

OZAWA: Sí, sí. Se llama Ralph. Lleva muchos años en Boston. El hermano mayor es primer oboe en la Filarmónica de Nueva York.

MURAKAMI: Es raro que dos hermanos se dediquen al mismo instrumento y, encima, con éxito parecido.

OZAWA: Sí, muy raro. Los dos eran muy buenos. La mujer de Ralph era la directora de la Escuela de Ballet de Boston, una mujer muy famosa. Harold era el más loco de todos. Tenía una hija preciosa a la que quería casar con Claudio Abbado.

MURAKAMI: Abbado estuvo como asistente de la Filarmónica de Nueva York después de usted, ¿verdad?

OZAWA: Sí, aún soltero por entonces, y a mí me enredaron en todo aquello. Una locura. *(Risas.)*

MURAKAMI: Tengo entendido que a Harold Gomberg le gustó mucho una de sus interpretaciones cuando aún era usted un joven asistente y le eligió a usted para dirigir una de sus grabaciones.

OZAWA: Sí. Me vio dirigir la *Bacchanale* de Toshiro Mayuzumi y *El pájaro de fuego* de Stravinski en sustitución de Lenny. Fue entonces cuando me lo propuso.

MURAKAMI: Fue el oboísta titular de la Filarmónica de Nueva York mucho tiempo. Treinta y cuatro años, según tengo entendido.

OZAWA: Sí, pero murió hace ya tiempo. También Ralph. En 2006. La mujer de Harold, Margaret, era arpista y también componía. Era muy famosa. Les encantaba Italia y tenían una casa preciosa en Capri donde pasaban los veranos. Me invitaron en una ocasión. Yo estaba en Francia dirigiendo y tenía mucho tiempo libre. Fui en tren hasta Nápoles y de allí en ferry hasta Capri. Habían reformado una vieja casa. Les gustaba mucho pintar. ¡Qué recuerdos!

MURAKAMI: Al parecer murió de un ataque al corazón precisamente en Capri.

OZAWA: ¿De verdad? Era veinte años mayor que yo.

La batuta de Eugene Ormandy

OZAWA: Eugene Ormandy era una persona increíblemente amable. Por alguna razón le caí bien y me llamó muchas veces como director invitado de la Orquesta de Filadelfia, donde él era titular. Realmente me fue de gran ayuda. En Toronto mi salario era muy bajo, pero la Orquesta de Filadelfia tenía mucho dinero y pagaba muy bien. Ormandy confiaba mucho en mí, y cuando estaba con ellos me permitía incluso usar su despacho.

En una ocasión me regaló una de sus batutas, una pieza única, hecha especialmente para él, muy fácil de usar. Yo tenía tan poco dinero entonces que ni podía soñar con una batuta hecha a medida para mí. Bueno, el caso es que en una ocasión abrí uno de los cajones de su oficina y me encontré allí un montón de batutas, todas iguales. Pensé que no se daría cuenta si desaparecían unas cuantas y, sin decir nada, me llevé tres. Pero me descubrió. *(Risas.)* Tenía aquella horrible secretaria que parecía una bruja. Lo más seguro es que las tuviera contadas y un buen día me preguntó: «¿A que las ha robado usted?». No me quedó más remedio que confesar. «Sí, lo siento. He sido yo.» *(Risas.)*

MURAKAMI: ¿Y cuántas batutas había en el cajón?

OZAWA: No lo sé, unas diez.

MURAKAMI: ¿Cómo no iban a descubrirle si robaba tres de un total de diez? *(Risas.)* ¿Tan buenas eran como para correr el riesgo?

OZAWA: Sí, muy buenas. Era como si hubieran cortado la parte alta de una caña de pescar y le hubieran puesto un corcho, muy elásticas, algo muy especial. Ormandy me explicó después con toda amabilidad dónde podía encargarlas.

MURAKAMI: Debió de pasárselo en grande contándoselo a todo el mundo: «¡Ozawa me ha robado tres batutas de un cajón!». *(Risas.)*

Sobre la música de Gustav Mahler

La presente entrevista tuvo lugar en mi oficina del centro de Tokio el 22 de febrero de 2011. Después mantuvimos una entrevista más breve unos días más tarde para tratar algunos detalles. Había mucho que hablar sobre Gustav Mahler. Mientras conversábamos comprendí la importancia del repertorio de Mahler para Ozawa. Admito que a mí el compositor austriaco no me gustó durante mucho tiempo, pero a partir de un momento determinado de mi vida su música empezó a atraerme. Sea como sea, me sorprendió mucho cuando Ozawa me confesó que se emocionaba sólo con leer una partitura de una obra nueva para él. ¿De verdad es eso posible?

Saito Kinen en la vanguardia

MURAKAMI: Quería habérselo preguntado la última vez que nos vimos, pero se me olvidó. La Saito Kinen no es una orquesta permanente. Se reúnen una vez al año y algunos de sus miembros cambian. A pesar de todo, su sonido siempre resulta muy coherente.

OZAWA: Sí. Mientras yo sea su director creo que seguirá existiendo esa coherencia. Por otra parte, es una orquesta en la que la sección de cuerdas tiene mucha importancia, es muy capaz. Elegimos las obras del repertorio con esa realidad en mente. Por ejemplo, en el caso de Mahler se trataría de la *Primera*, la *Novena*... También la *Segunda*.

MURAKAMI: ¿Es posible conservar ese sonido a pesar de no tocar juntos a menudo?

OZAWA: Si hablamos de cambios, diría que el principal es el oboe. Después de tocar con nosotros mucho tiempo, Fumiaki Miyamoto se retiró hace unos años. Formó a su sucesor durante un tiempo, pero después de marcharse él ya no pudimos contar con un oboísta permanente. Luego encontramos a un magnífico intérprete francés que hace poco ha tocado la *Sinfonía fantástica* de Berlioz, así que poco a poco nos acercamos a nuestro sonido original.

MURAKAMI: Si dirige otra persona en vez de usted, ¿varía mucho el sonido?

OZAWA: Supongo. Eso dicen. Cambia, pero en la Saito Kinen las cuerdas están bien asentadas. Los cimientos de la orquesta lo constituían discípulos del maestro Saito. No hay muchas otras orquestas en el mundo con una formación parecida a la de la Saito Kinen, pero nuestra principal seña de identidad es, precisamente, la sección de cuerdas. Están muy preparados, tienen un nivel muy alto.

MURAKAMI: La Saito Kinen fue la primera de esas orquestas estacionales, ¿verdad?

OZAWA: Puede ser. No creo que hubiera nada parecido en ningún lugar del mundo cuando la creamos. La Mahler

Chamber Orchestra, la de Lucerna, la Deutsche Kammer, todas ellas se formaron después de la Saito Kinen. Pero, sabe, al principio recibimos muchas malas críticas. De nosotros decían que sólo éramos un grupo heterogéneo de gente incapaz de hacer buena música. También hubo algunas opiniones positivas, claro está.

MURAKAMI: La idea original era reunirse una única vez, ¿verdad?

OZAWA: Sí. En 1984 antiguos alumnos del profesor Saito nos reunimos para formar una orquesta conmemorativa con motivo de los diez años de su muerte. Dimos un concierto en el Bunka Kaikan de Tokio y en el recién inaugurado auditorio de la Sinfónica de Osaka. Entonces caímos en la cuenta de que no estaba mal y nos animamos a seguir. Se nos ocurrió que podríamos ir con la orquesta a cualquier parte del mundo.

MURAKAMI: Es decir, en un principio ni siquiera contaban con juntarse más veces ni hacer giras por el extranjero.

OZAWA: En absoluto. Jamás se nos pasó por la cabeza.

MURAKAMI: Y al final el sistema de la Saito Kinen se convirtió en tendencia en todas partes.

De nuevo con Bernstein cuando se las veía con Mahler

MURAKAMI: Por cierto, con el maestro Saito usted no estudió nunca a Mahler, ¿verdad?

OZAWA: No, nunca.

MURAKAMI: ¿Por qué? ¿Por la época?

OZAWA: Bueno, ya sabe. Muy poca gente se las veía con Mahler hasta que Bernstein se puso a ello con todo su entusiasmo en la primera mitad de los años sesenta. Hubo algunos como Bruno Walter, por supuesto, pero casi nadie se interesaba por él, aparte de Walter.

MURAKAMI: Yo empecé a escuchar música clásica a mitad de los años sesenta, pero las sinfonías de Mahler no eran para nada populares por aquel entonces. Lo único que uno podía encontrar en los catálogos de discos, como mucho, era la *Primera*, la *Titán*, la *Segunda, Resurrección* y *La canción de la Tierra*. No se oían apenas y me parece que tampoco se interpretaban en directo. Cuando se lo cuento a la gente joven de hoy, todos se sorprenden.

OZAWA: Es cierto. Mahler no era nada popular. El maestro Karajan interpretaba *La canción de la Tierra* y nos la hacía estudiar, pero no se metía con ninguna de sus sinfonías.

MURAKAMI: ¿Böhm tampoco interpretaba sus sinfonías?

OZAWA: No, en absoluto.

MURAKAMI: ¿Y tampoco Furtwängler?

OZAWA: Tampoco. Él lo interpretaba todo hasta Bruckner... Sabe, nunca he oído el Mahler de Walter.

MURAKAMI: El otro día escuché una grabación de varias obras de Mahler, de 1939, con Willem Mengelberg y la Concertgebouw Orchestra.

OZAWA: ¿De verdad? No tenía ni idea de que existiera algo así.

MURAKAMI: Era la *Cuarta sinfonía*. El sonido resultaba muy anticuado, lo cual no deja de ser normal. También escuché a Bruno Walter dirigiendo la *Novena* en Viena en 1938, justo antes de escapar de los nazis. Mi impresión general tanto de la interpretación de Walter como de la de Mengelberg fue que ambas sonaban muy antiguas. No me refiero sólo a la calidad de la grabación, sino a los tonos. Los dos eran discípulos del propio Mahler y sus interpretaciones pueden tener una importancia histórica, pero si uno las escucha hoy en día resultan muy duras. Pasado el tiempo, Walter volvió a grabar ya en estéreo y al hacerlo sentó las bases para la restauración de Mahler. Después apareció Bernstein con sus apasionadas interpretaciones.

OZAWA: Lo cual sucedió exactamente cuando yo era su asistente. En ese momento grababa la obra completa de Mahler con las Filarmónicas de Londres y de Nueva York.

MURAKAMI: En aquella época ni siquiera los aficionados estadounidenses acostumbraban a escuchar a Mahler, ¿verdad?

OZAWA: Prácticamente nunca. Lenny insistió mucho en aquellas grabaciones. Empezó con los ciclos de conciertos y, al mismo tiempo, los grababa. A lo mejor no llegó a in-

167

terpretar todas sus obras, pero los ciclos sí se repitieron dos veces. Después se fue a Viena para hacer lo mismo con la Filarmónica de allí. Le estoy hablando, más o menos, de finales de los sesenta.

MURAKAMI: Eso debió de ser después de dejar la Filarmónica de Nueva York, ¿no?

OZAWA: Sí, pero antes ya había estado en Viena para interpretarlo. Fue durante su año sabático.

MURAKAMI: Eso me recuerda que se quedó usted a cargo de todo durante ese periodo. Lo mencionó el otro día, es cierto. ¿También a cargo de su casa?

OZAWA: No, sólo de la orquesta.

MURAKAMI: ¿Qué hacía?

OZAWA: La dirigí unas cuantas veces, pero no tantas. Me ocupaba fundamentalmente de los coros. Invité a muchos directores, como Josef Krips, William Steinberg y..., cómo se llamaba aquel otro, ese americano tan apuesto que murió joven...

MURAKAMI: Un apuesto director americano que murió joven...

OZAWA: ¿Cómo era...? Thomas... Thomas no sé qué.

MURAKAMI: ¿Schippers?

OZAWA: ¡Eso es! Thomas Schippers. Era un chico guapísimo, buen amigo de Lenny y casado con una guapa heredera de Florida. Creó en Italia el Spoleto Festival con Gian Carlo Menotti, pero murió con cuarenta y tantos años, creo. Es decir, tenemos a Krips, a Steinberg, a Schippers y creo que había otro más. ¿Cómo se llamaba? No me acuerdo. Bueno, en cualquier caso, hubo cuatro directores invitados. Yo lo coordinaba todo. Por ejemplo, Steinberg dirigía la *Novena* de Beethoven y yo me hacía cargo de los coros. Cada uno de ellos estaba seis semanas y yo me encargaba de dos de los conciertos regulares programados por temporada. Así seguía como director asistente y llenaba los huecos. Aprendí mucho de aquella experiencia y me hice muy amigo de Schippers y de Steinberg. Íbamos a menudo a cenar juntos. Gracias a mi relación con Krips me recomendó como director de la Sinfónica de San Francisco. Ya sabes que fui a Toronto después de Nueva York. Krips estuvo casi cinco años como director en San Francisco y antes de dejarlo sugirió mi nombre. Por eso me mudé de Toronto a San Francisco.

MURAKAMI: Decía antes que Lenny se tomó un año sabático.

OZAWA: Sí. Estuvo fuera un año entero. La temporada de 1964 a 1965.

MURAKAMI: Y durante ese tiempo se dedicó usted fundamentalmente a la gestión de la orquesta.

OZAWA: Sí. Era director suplente, pero no me metí en asuntos de personal. Me negué a hacerlo porque era un asunto que me desagradaba mucho. Tampoco hice *castings*. Me encargaba de los pequeños quehaceres, pero fue muy duro a pesar de todo.

MURAKAMI: Todo eso antes de irse a Toronto.

OZAWA: Sí, debió de ser un año antes. Me marché en cuanto acabé con el trabajo.

MURAKAMI: ¿Y Bernstein? ¿Estuvo todo ese tiempo en Viena?

OZAWA: Sí. Se suponía que se había tomado el año sabático para descansar y dedicarse a componer, pero lo cierto es que en Viena también dirigió mucho, y eso causó un gran revuelo. En Nueva York se quejaban, porque la razón de haberle dado un año sabático era para que pudiera dedicarse a componer, y de pronto recibió una oferta de Viena y se marchó para allá. Dirigió el *Fidelio* de Beethoven. Fue en un viejo teatro de la ciudad llamado Theater an der Wien, el mismo donde se estrenó esa ópera en 1805. Recuerdo que yo tenía algo que hacer en Viena por trabajo y fui a verlo. Por si fuera poco, me senté justo al lado de Karl Böhm.

MURAKAMI: ¡Increíble!

OZAWA: Me parece que fue él, de hecho, quien me dio la entrada. Sí, su mujer. Fue su mujer. En aquella época yo no tenía dinero. Había ido a Viena a dirigir, pero pagaban una miseria y el viaje desde Estados Unidos era muy caro. Quizá se apiadaron de mí y me regalaron la entrada por eso. Al terminar el concierto fui al camerino de Lenny con Böhm. Escuché lo que hablaban con sumo interés, pero ni una palabra de *Fidelio*. Quiero decir, me extrañó, porque Böhm era un virtuoso de *Fidelio*.

MURAKAMI: Es cierto.

OZAWA: Trabajé como asistente suyo cuando vino a Japón a interpretar *Fidelio* en el teatro Nissay. Supuse que la charla se animaría cuando empezasen a hablar de ópera, pero en realidad no dijeron una palabra. *(Risas.)* Ya no me acuerdo de qué hablaron, de comida o de aquel teatro. Algo así. Cosas sin importancia.

MURAKAMI: Tal vez evitaban a propósito abordar ese tema.

OZAWA: No lo sé. Aún hoy no deja de resultarme extraño.

MURAKAMI: Antes ha mencionado que Bernstein también interpretó a Mahler en Viena, ¿verdad?

OZAWA: Sí, eso creo. No fue en el mismo momento, pero yo también estaba en Viena cuando grabó la *Segunda*. Yo dirigía los conciertos regulares de la Filarmónica y él aprovechaba para grabar discos con la misma orquesta cuando esta estaba libre. Era para la discográfica Columbia. Estoy seguro porque la dirigía mi buen amigo John McClure. Es decir, la orquesta me tenía a mí como director para sus conciertos regulares y con otros directores grababan discos y cosas para la televisión.

MURAKAMI: ¿Cuándo fue eso?

OZAWA: Debió de ser a principios de los setenta porque fue entonces cuando nació Seira, mi primera hija. Lenny se hospedaba en el hotel Sacher y nosotros en el Imperial. Siempre nos quedábamos en el Imperial porque hacían grandes descuentos a los que trabajábamos para la Filarmónica. Lenny vino a conocer a la niña. Nada más verla, la agarró y la lanzó por los aires. Según él se le daban muy bien los niños, pero a mi mujer Vera casi le dio un ataque. «¡Cómo puede hacer eso con el esfuerzo que me ha costado traerla al mundo!», me preguntó. *(Risas.)*

MURAKAMI: Bueno, no parece que le hiciera daño. Está claro que creció sin problemas. *(Risas.)* Nunca he visto esos vídeos de las grabaciones de la Filarmónica de Viena. Más o menos por aquel entonces también grabó en vídeo con la Sinfónica de Londres la *Segunda sinfonía*. Me parece que el productor volvió a ser John McClure. Se grabó en una iglesia, con público, pero después no sacaron ningún disco.

OZAWA: Bueno, puede que en Viena grabasen también para la televisión, no en un estudio al uso, sino en otro lugar. En cualquier caso, estoy seguro de que Bernstein interpretó la *Segunda* de Mahler con la Filarmónica de Viena. Estaba su mujer, Felicia. Era una mujer bellísima. Era chilena y recuerdo que tenía una piel muy blanca. Había sido actriz. Era realmente una belleza. Vera y ella se hicieron buenas amigas. Nosotros éramos tan pobres que Felicia le regalaba a mi mujer alguno de sus vestidos. «Ya sé que te gusta la buena ropa», le decía. Por casualidad tenían la misma talla.

MURAKAMI: ¿Cómo fue la interpretación?

OZAWA: A mí me pareció extraordinaria, pero él estaba muy nervioso. Teníamos la costumbre de cenar juntos y beber algo la noche antes de los conciertos, pero aquella noche en concreto no lo hicimos. Lo dejamos para otra ocasión.

MURAKAMI: ¿Cómo reaccionaba el público de los años sesenta a aquellas interpretaciones tan apasionadas de Bernstein?

OZAWA: Si hablo de la *Segunda sinfonía* que escuché en Viena, le diré que la reacción del público fue entusiasta. Posteriormente dirigí esa misma sinfonía en Tanglewood y la reacción también fue muy positiva. Recuerdo que pensé: «¡Qué maravilla de reacción ante la música de Mahler!». Debió de ser la primera vez que se escuchó allí.

MURAKAMI: ¿Y cómo fue la reacción con la Filarmónica de Nueva York?

OZAWA: No me acuerdo bien. *(Se queda pensativo.)* Mmm... Me parece que el periódico publicó opiniones a favor y en contra. Por desgracia para Bernstein, en el *New York Times* había un crítico musical, Sean Berg o algo así, que detestaba todo lo que hacía. Parecía su enemigo declarado.

MURAKAMI: ¡Ah, sí! Se llamaba Harold Schonberg. Fue un crítico famoso. Leí un libro suyo.

OZAWA: Es una historia extraña. En 1960, cuando yo aún era estudiante, dirigí una orquesta de estudiantes en Tanglewood donde interpretamos *El mar* de Debussy. Nos dividimos la dirección en tres partes y yo me hice cargo de la última. También la *Cuarta sinfonía* de Chaikovski. La dividimos, en cuatro en esa ocasión, y volví a hacerme cargo de la parte final. El tal Schonberg publicó al día siguiente un artículo en el *New York Times*. Había ido a Tanglewood a escuchar a la Sinfónica de Boston, pero también mencionó nuestro concierto. De mí escribió: «El público debería recordar el nombre de este director».

MURAKAMI: ¡Qué suerte!

OZAWA: Sí. Fue toda una sorpresa, pero después me sorprendió aún más. Se tomó la molestia de telefonear a la secretaria de la orquesta y después vino a verme en persona. Me pidió que si en alguna ocasión iba a Nueva York fuese a verlo. No era el tipo de persona que suele hacer semejantes invitaciones. Se dio la circunstancia de que un poco más tarde tuve que ir a Nueva York por unos asuntos. Era la primera vez que iba a esa ciudad. Le llamé para aprovechar y visitar el periódico. Se tomó la molestia de enseñarme la redacción. La visita duró dos o tres horas: «Por aquí la sección de cierre, por allí la de música, más allá la sección de cultura...». Me invitó a un té.

MURAKAMI: ¡Vaya! Así que le cayó usted en gracia.

OZAWA: Increíble, ¿verdad? Cuando me nombraron asistente de Lenny, este me tomaba el pelo con aquella historia. No dejaba de sorprenderle que un tipo que no dejaba de lanzar ataques furibundos contra él dijera tantas cosas positivas de mí. Con Bernstein siempre fue muy duro, conmigo muy amable. A lo mejor pensaba que había descubierto una estrella.

MURAKAMI: Los críticos musicales y teatrales del *New York Times* eran muy influyentes, ¿verdad?

OZAWA: Sí. No sé cómo serán las cosas ahora, pero entonces lo eran, desde luego.

MURAKAMI: Después de todos los ataques recibidos en Nueva York, Bernstein se marchó a Viena y allí lo recibieron con los brazos abiertos. Supongo que eso le hizo muy feliz, pero no por ello dejaría de preguntarse qué pasaba en

Nueva York. Al final decidió establecer su base en Europa. Al menos eso he leído en su biografía.

OZAWA: No conozco bien los detalles. Yo no hablaba bien inglés por entonces y no llegaba a entender del todo las circunstancias, pero Lenny era muy popular y las entradas para sus conciertos se agotaban siempre. Con la Columbia empezó a sacar un disco detrás de otro, y después de aquella película, *West Side Story*, tuvo un éxito enorme. En aquella época yo prestaba mucha atención a esa parte glamurosa, digamos. Fuera como fuera, en los años siguientes mantuvo una buena relación con la Filarmónica de Viena.

MURAKAMI: Después de la Filarmónica de Nueva York no volvió a dirigir ninguna orquesta, ¿verdad?

OZAWA: No, nunca.

MURAKAMI: Decidió acabar con todo aquello, supongo.

OZAWA: No lo sé, la verdad.

MURAKAMI: Por lo que cuenta usted, no parece que el carácter de Bernstein se adaptase bien a la gestión, ni que tampoco hiciese uso de su autoridad para imponerse y decir no.

OZAWA: Es verdad. No se le daba bien decir las cosas a las claras, cara a cara, advertir a alguien de algo o echar una reprimenda. Nunca lo hacía. Por el contrario, pedía opinión a todo el mundo. Cuando yo trabajaba como asistente suyo siempre me decía después de los conciertos: «Oye, Seiji, ¿ha estado bien el *tempo* de la *Segunda* de Brahms que acabamos de interpretar?». Cosas así. Yo no dejaba de sorprenderme de que me preguntase a mí y me las veía y me las deseaba para responderle. Por eso tenía que prestar mucha atención a sus interpretaciones. De no hacerlo, cuando me pidiera mi opinión no habría sabido dónde meterme. *(Risas.)*

MURAKAMI: ¿De verdad era así? ¿Tanto le importaba la opinión de la gente?

OZAWA: Sí. Siempre le importó. Incluso con un principiante como yo, cuando se trataba de música, para él éramos todos iguales.

MURAKAMI: Por lo menos en Nueva York las opiniones sobre sus interpretaciones de Mahler estaban divididas, ¿no?

OZAWA: Yo lo recuerdo así, pero también que la orquesta lo daba todo. Los músicos estudiaban muy duro porque Mahler es muy difícil. Por entonces tocábamos tres sinfonías suyas al año. Los músicos estudiaban y ensayaban desesperadamente. Luego tocaban el concierto y después grababan en el Manhattan Center.

MURAKAMI: Eso significa que grababan en disco dos o tres sinfonías de Mahler al año.

OZAWA: Sí, más o menos.

Jamás pensé que pudiera existir una música así

MURAKAMI: ¿Había escuchado a Mahler antes de oírselo a Bernstein?

OZAWA: No, nunca. Cuando era estudiante en Tanglewood, José Serebrier, un director uruguayo que por entonces era mi compañero de habitación, estudiaba la *Primera* y la *Quinta*. Era un músico brillante. Aún hoy nos vemos de vez en cuando. Nos visitamos en nuestros camerinos, yo en el suyo de Londres y él en el mío de Berlín. Le pedí que me enseñase las partituras y fue entonces cuando me topé por primera vez en mi vida con la música de Mahler. Después yo también estudié esas mismas partituras. Para un estudiante aquello era demasiado. A pesar de todo, hice un enorme esfuerzo para estudiarlas.

MURAKAMI: ¿No escuchó grabaciones, sólo estudió las partituras?

OZAWA: Eso es. Nunca oí ningún disco. No tenía dinero para comprar ninguno. Ni siquiera tenía tocadiscos.

MURAKAMI: ¿Qué pensó la primera vez que vio la partitura?

OZAWA: Para mí fue un choque brutal. En primer lugar, jamás pensé que pudiera existir una música así. Quiero decir, estábamos en Tanglewood estudiando a Chaikovski y a Debussy y, al mismo tiempo, había alguien que estudiaba a Mahler desesperadamente. Sólo con pensar en ello se me subía la sangre a la cabeza. Al final yo también pedí las partituras y después fui yo quien se sumergió como un desesperado en el estudio de la *Primera* y la *Quinta*.

MURAKAMI: ¿Disfrutaba con la lectura de la partitura?

OZAWA: ¡Por supuesto! Era la primera vez que veía algo parecido.

MURAKAMI: Un mundo completamente distinto al de la música a la que se había dedicado usted hasta entonces, supongo.

OZAWA: Lo primero que me sorprendió fue darme cuenta de que no conocía la existencia de un compositor capaz de hacer semejante uso de la orquesta. En Mahler es algo llevado al extremo. Desde la perspectiva de la orquesta no existe mayor desafío.

MURAKAMI: En ese caso, ¿cuándo escuchó por primera vez el sonido real de Mahler? ¿En una interpretación de Bernstein?

OZAWA: Sí, en Nueva York, cuando era su asistente.

MURAKAMI: ¿Qué le pareció?

OZAWA: Pues fue un auténtico impacto y, al mismo tiempo, me sentí un privilegiado por estar en el sitio oportuno donde Bernstein, literalmente, empezaba a insuflar nueva vida a esa música. Gracias a eso, yo también interpreté a Mahler en cuanto me fui a Toronto. ¡Por fin tenía la oportunidad de hacerlo! En San Francisco también interpreté casi todas sus sinfonías.

MURAKAMI: ¿Qué respuesta obtuvo del público?

OZAWA: Creo que buena. En aquella época Mahler no era precisamente popular, pero entre el público había mucha gente a la que le llamaba la atención.

MURAKAMI: Las sinfonías de Mahler no sólo son difíciles para los intérpretes, también lo son para el público, ¿verdad?

OZAWA: Sí, pero por entonces ya empezaba a ser apreciado. Empezó a ponerse de moda gracias a los esfuerzos de Bernstein, que dedicó una energía considerable para que su música llegara a oídos de la gente.

MURAKAMI: Y a pesar de todo había permanecido en silencio durante mucho tiempo. ¿Por qué?

OZAWA: Mmm... No lo sé.

MURAKAMI: Primero está Wagner, después Brahms y Richard Strauss, con quienes, de un modo u otro, la música romántica alemana toca a su fin. Después pasamos directamente a la música dodecafónica, a Schönberg, Stravinski, Bartók, Prokófiev y Shostakóvich, y así, más o menos, es como discurre la historia de la música sin dejar demasiado espacio para encajar a Mahler o a Bruckner. Al menos así ha sido durante mucho tiempo, ¿no le parece?

OZAWA: Sí, tiene razón.

MURAKAMI: Pero en el caso de Mahler se produjo esa especie de renacimiento milagroso más o menos medio siglo después de su muerte. ¿Por qué?

OZAWA: En mi opinión, por los propios músicos de orquesta. En cuanto tuvieron la oportunidad de interpretarlo, se dieron cuenta de lo interesante que era. Creo que esa es la verdadera razón de su renacimiento, y una vez que comprendieron lo que había allí, lo interpretaron como era debido. Después de Bernstein, cualquier orquesta aceptaba a Mahler de buen grado. En especial en los Estados Unidos, a todo el mundo le dio por pensar que si una orquesta era incapaz de interpretar a Mahler no era una verdadera orquesta. No sólo en Estados Unidos. También en Viena. De pronto se pusieron a interpretarlo, a la desesperada. Al fin y al cabo, Viena fue el origen de Mahler como músico.

MURAKAMI: Pero la Filarmónica de Viena le había dado la espalda durante mucho tiempo.

OZAWA: En efecto.

MURAKAMI: ¿Piensa que se debe a que fundamentalmente Böhm y Karajan no lo interpretaron?

OZAWA: Es probable. Sobre todo Böhm.

MURAKAMI: Interpretaban a menudo a Bruckner y a Richard Strauss, pero no a Mahler. Mahler fue director de la Filarmónica de Viena durante mucho tiempo, pero tengo la impresión de que la orquesta siempre recibió su música con mucha frialdad.

OZAWA: Sin embargo, hoy en día sus interpretaciones son magníficas, muy precisas, muy enfocadas en la esencia.

MURAKAMI: La última vez que hablamos me dijo usted que cuando lo interpretaba la Filarmónica de Berlín no era Karajan quien lo dirigía. Le dejaba esa responsabilidad a usted.

OZAWA: Cierto. Dirigí la *Octava sinfonía*. Creo que era la primera vez que la tocaba la orquesta. Fue un encargo de Karajan, pero se trata de un tipo de música que normalmente dirige el titular.

MURAKAMI: Tiene su lógica. Se trata de una gran música, de un gran evento, digamos.

OZAWA: Pero sigo sin saber por qué lo dejó en mis manos, y me acuerdo de lo desesperado que estaba. Reunieron a buenos solistas, a un coro excelente. No era el coro de la propia orquesta, sino uno de primer nivel como el de la radio y televisión de la Norddeutscher Rundfunk de Hamburgo o el de la WDR de Colonia. Fue una producción enorme, una ocasión realmente especial.

MURAKAMI: Bueno, no es la clase de sinfonía que se pueda interpretar a menudo.

OZAWA: Volví a dirigirla en Tanglewood y más tarde en París con la Orquesta Nacional de Francia en un lugar llamado Sandonie.

La evolución histórica de las interpretaciones de Mahler

MURAKAMI: Desde los años sesenta hasta nuestros días, ¿no le parece que ha cambiado mucho la forma de interpretar a Mahler?

OZAWA: Yo más bien diría que han aparecido estilos nuevos, aunque a mí personalmente me gustaba mucho el de Lenny.

MURAKAMI: Me parece que las grabaciones que él hizo con la Filarmónica de Nueva York aún suenan muy frescas. De hecho, las escucho a menudo.

OZAWA: Y la de la *Novena* de Karajan también es excepcional. La grabó casi al final de su vida y fue un logro admirable. El *Finale* es especialmente brillante. Ya cuando decidió hacerla pensé que era una música que se adaptaba bien a él.

MURAKAMI: El sonido de la orquesta tiene que ser muy preciso y meticuloso para que la sinfonía funcione.

OZAWA: Sí, especialmente en el *Finale*. Esa parte concreta, como sucede en la de la *Novena* de Bruckner, es realmente difícil. La música empieza a desvanecerse en el silencio, como si desapareciera.

MURAKAMI: Hay que interpretarla en unidades largas para recoger todo lo que lleva dentro, todo su contenido, por expresarlo en los términos de dirección de los que hablamos la última vez.

OZAWA: Exacto. Sin esas respiraciones largas no hay orquesta capaz de interpretarla, y lo mismo se puede decir de Bruckner.

MURAKAMI: La última interpretación que hizo usted de la *Novena* de Mahler con la Sinfónica de Boston fue tan hermosa que casi te obligaba a contener la respiración. Está grabada en vídeo.

OZAWA: Pusimos en ella todo nuestro empeño. Mahler escribía su música de una manera muy compleja, pero su cualidad esencial, y siento decirlo así porque me temo que me van a malinterpretar, es que si uno la interpreta con sentimiento termina por resultar sencilla. Cuando digo sencilla me refiero a algo con la musicalidad de una canción folclórica, algo que todo el mundo es capaz de tararear. En la medida en que uno sea capaz de captar esa cualidad, de aplicar una técnica realmente superior, de darle el tono adecuado y de poner el sentimiento, lo más probable es que funcione.

MURAKAMI: A lo mejor es más fácil decirlo que hacerlo, ¿no cree?

OZAWA: Sí, por supuesto. Es difícil... A lo que me refiero es que a primera vista la música de Mahler puede parecer difícil porque en realidad lo es, pero cuando uno se sumerge en las partituras y las lee a fondo, una vez que pone en ello sus sentimientos, deja de resultar tan confusa e inescrutable. Tiene todas esas capas superpuestas unas encima de otras. De ahí emergen muchos elementos distintos y puede que por eso suene tan complicado.

MURAKAMI: Están esos motivos tan complejos y sin relación aparente entre unos y otros, motivos que se mueven en direcciones opuestas de manera simultánea y con énfasis prácticamente iguales.

OZAWA: Y terminan por acercarse mucho a medida que se mueven. Cuando suceden ese tipo de cosas la música suena muy compleja. Uno puede empeñarse en estudiarla y estar perdido a pesar de todo.

MURAKAMI: También puede resultar muy duro para los oyentes, algo casi esquizofrénico si uno se empeña en comprender la estructura general de la pieza.

OZAWA: Eso es cierto. Lo mismo sucede con un compositor más tardío como Messiaen. Mete tres melodías simultáneas y avanza sin relacionarlas entre ellas. Si tomamos cualquiera de las partes por separado, resulta más o menos simple. Si le añadimos un poco de sentimiento, resultará más fácil aún ejecutarla. Con eso quiero decir que el músico encargado de interpretar determinada parte sólo puede dedicar todo su esfuerzo y concentración a esa parte en concreto. Otro músico, a la parte que le corresponde a él. Lo juntamos todo y el resultado es ese sonido. De eso hablamos.

MURAKAMI: Entiendo lo que quiere decir. El otro día escuché por primera vez desde hacía mucho tiempo la interpretación de la *Titán* a cargo de Bruno Walter en una grabación en estéreo. Sin embargo, me pareció que ahí no había casi nada de la música de Mahler, esa separación en unidades de la que usted me habla. Más que eso, a ver cómo lo explico, notaba una fuerte voluntad de encajar la totalidad de la sinfonía en una especie de marco enorme, como si quisiera aproximarla a la estructura de las sinfonías de Beethoven. Pero al hacer algo así terminaba por producir un sonido ligeramente distinto al que hoy asociamos con Mahler. Cuando escuché el primer movimiento, por ejemplo, sentí como si estuviera oyendo la *Pastoral* de Beethoven. Ese es el sonido que creaba Bruno Walter. Si, por el contrario, escucho esa misma obra dirigida por usted, no siento nada parecido. Para empezar, el sonido es muy distinto. Al parecer, Walter interpretaba siempre según la forma tradicional de la música alemana, es decir, con la forma sonata.

OZAWA: Es posible. Puede que esa forma no se ajuste bien a la música de Mahler.

MURAKAMI: Como música es brillante. Obviamente tiene una enorme calidad y conmueve cuando uno la escucha. Walter construye bien su idea de lo que es el mundo de Mahler, pero el sonido en sí me parece un poco distinto a lo que buscamos hoy en día, a lo que consideramos «mahleriano».

OZAWA: En ese sentido, el mérito de Lenny me parece enorme. Él mismo era compositor y por eso podía decirle a determinado músico: «Hazlo así en esta parte, olvídate de los demás». Siempre repetía: *«Do it yourself»*. Les pedía concentración en la parte que les correspondía, y al interpretar de ese modo la música terminaba por convencer a los oyentes. Aparecía entonces ese «fluido» de la orquesta. Todos esos elementos ya estaban presentes en la *Primera sinfonía,* pero se pronunciaron más a partir de la *Segunda.*

MURAKAMI: Pero cuando escucho las grabaciones de Mahler de los años sesenta, tengo la sensación de que aún no se había producido esa aproximación a la que usted se refiere, ese profundizar en los detalles para hacer que emerja una imagen de la totalidad. En lugar de eso me parece que había una fuerte tendencia a interpretar de esa manera tan emocional característica de la Viena de fin de siglo, a aceptar la confusión como simple confusión. Visto de ese modo, ¿lo que acaba de decir usted ahora no es una aproximación relativamente reciente?

OZAWA: Puede ser en términos de interpretación, pero Mahler escribió sus partituras de la manera que le estoy diciendo. Antes de él, cuando había dos motivos, A y B, por ejemplo, estaba claro cuál era el principal y cuál el secundario, pero Mahler los coloca exactamente en el mismo plano. Así, los músicos que tocan el tema A deben poner todo su corazón y empeño en ese tema; y los músicos encargados del B, lo mismo. Hay que darle sentimiento, color y todo lo demás. El papel del director es agruparlo todo de forma simultánea. Es algo imprescindible en la música de Mahler. Así está escrito en las partituras.

MURAKAMI: Hablemos de la *Primera sinfonía*, de la *Titán*. Hasta ahora ha realizado usted tres grabaciones. La primera en 1977, con la Sinfónica de Boston. Otra en 1987, con la misma orquesta, y la última en 2000, con la Saito Kinen. Las tres suenan completamente distintas.

OZAWA: ¿De verdad?

MURAKAMI: Sí, es algo sorprendente.

OZAWA: Mmm...

MURAKAMI: Para expresarlo con palabras sencillas, diría que la primera es fresca, novedosa, la música de un joven, franca y directa al corazón. La segunda es densa. Admirable porque es posible que esa cualidad sólo la pueda alcanzar con la Sinfónica de Boston. La tercera con la Saito Kinen es más detallista, como si incorporase una voz interior. Me lo he pasado muy bien comparando las tres, como si fuera uno de esos juegos de encontrar las diferencias.

OZAWA: Yo mismo he cambiado mucho en todo ese tiempo. No las he comparado y no sé si llego a entenderle bien, pero es posible que tenga razón.

MURAKAMI: Cuando escucho a Mahler interpretado por el Abbado de los últimos tiempos, lo entiendo en los mismos términos que expone usted. Es decir, da la sensación de leer en profundidad las partituras, estudiar los detalles, como si estuviera convencido de que al final de ese proceso de estudio concienzudo terminará por aparecer la música espontáneamente. Lo mismo me ocurrió con Dudamel. Me da la sensación de que ese subrayar los sentimientos es muy importante, pero que es una consecuencia de todo ese proceso.

OZAWA: Puede ser.

MURAKAMI: Pero si escucho las interpretaciones de los años sesenta, la de Rafael Kubelík, por ejemplo, tengo una sensación de término medio, como si aún tuvieran un pie en terreno romántico.

OZAWA: Es probable. Lo más seguro es que los músicos tuvieran esa mentalidad, pero hoy en día las cosas han cambiado mucho. Al menos así lo siento yo. La mentalidad de los músicos ha cambiado, también la conciencia del papel de cada uno en el conjunto, las técnicas de grabación, por supuesto. Antes se solía grabar el conjunto. La resonancia era importante y, más que en los detalles, se fijaban en la totalidad. Así era en los sesenta y en los setenta.

MURAKAMI: Luego llegó lo digital y todo eso cambió. La música de Mahler no es interesante si no se escucha bien cada uno de los instrumentos, ¿no cree?

OZAWA: Tiene toda la razón. Las grabaciones digitales permiten escuchar con toda claridad hasta el último detalle y

187

tal vez por eso cambie también la forma de interpretar. Antes se preocupaban mucho por los segundos de reverberación, pero hoy en día no. Si no se oyen los detalles, la gente no queda satisfecha.

MURAKAMI: En las grabaciones de Bernstein de los años sesenta puede que no se oigan los detalles por culpa de las técnicas de grabación, pero da toda la impresión de que la orquesta se mueve en masa, de manera que cuando oigo esos discos, más que en los detalles me parece que hay un énfasis en el factor emocional.

OZAWA: Eso es por el sonido del Manhattan Center donde se grabaron. Hoy se suele grabar en auditorios o directamente en los escenarios y así se obtiene la misma reverberación que en los conciertos.

Volverse loco en Viena

MURAKAMI: Entre los músicos que interpretan a Mahler, y tal vez también entre quienes lo escuchan, son muchos los que dan importancia a su vida, a su visión del mundo, al trasfondo sociopolítico de su tiempo y a esa atmósfera fin de siglo. ¿Qué opinión le merece a usted todo eso?

OZAWA: No pienso mucho en ese tipo de cosas. Dedico más esfuerzo a leer las partituras. Empecé a ir a Viena a trabajar hace unos treinta años, allí hice amigos y adquirí la costumbre de visitar los museos. Me encontré con los cuadros de Klimt y de Egon Schiele, una auténtica revelación para mí. Desde entonces procuro ir con frecuencia a museos, y cuando contemplo obras de arte entiendo muchas cosas. Quiero decir, la música de Mahler supuso una ruptura con la música tradicional germánica. Uno puede hacerse una idea de lo que significó esa ruptura a través del arte, y siempre he pensado que no fue algo hecho a medias.

MURAKAMI: También yo la última vez que fui a Viena vi una exposición de Klimt. Es cierto que produce una fuerte impresión cuando uno lo ve en Viena.

OZAWA: Los cuadros de Klimt son hermosos y, al mismo tiempo, muy detallados, pero al mirarlos de cerca, ¿no le da la impresión de que estaba un poco loco?

MURAKAMI: Sí, sin duda no son algo normal.

OZAWA: No sé si se trata de locura o de algo que trasciende la idea de normalidad. Me da la sensación de que hay cosas que superan conceptos como el de la moral. De hecho, en su época la moral estaba resquebrajándose y también había enfermedades y epidemias por todas partes.

MURAKAMI: La sífilis causaba estragos. Viena estaba impregnada de esa atmósfera. Cuando estuve allí tenía tiempo y alquilé un coche para recorrer el sur de Chequia, la vieja Bohemia, donde está el pueblo en el que nació Mahler, Kalište. No tenía especial intención de ir allí, pero pasé por casualidad y me detuve. Todavía es un lugar profundamente rural. A mi alrededor no veía más que campo y más campo. No estaba tan lejos de Viena, pero me sorprendió ese enorme contraste entre ambos lugares. Me imaginé a Mahler dejando atrás ese lugar para instalarse en la capital e imaginé el inmenso cambio de valores al que debió enfrentarse. Me refiero a que, desde el punto de vista de los vieneses, Mahler no era más que un pueblerino.

OZAWA: Entiendo lo que quiere decir.

MURAKAMI: Por si fuera poco, era judío. También es posible que Viena adquiriese una vitalidad renovada y un gran dinamismo al absorber todas esas culturas de la periferia cercana. Es algo que se desprende de la lectura de las biografías de Rubinstein o de Rudolf Serkin. Desde esa perspectiva se entiende cómo las melodías populares o las de la música *klezmer,* la música tradicional askenazí, aparecen de pronto en la música de Mahler, se mezclan con la música «seria», como si fueran verdaderas intrusas. Esa variedad es uno de los mayores encantos de su música, ¿no cree? De no haber nacido en el campo y crecido musicalmente en Viena, tal vez nunca habría sido capaz de crear una música así.

OZAWA: Es posible.

MURAKAMI: Todos los grandes creadores de la época, Kafka, Mahler, Proust, eran judíos. Todos agitaron a su manera la estructura cultural establecida y lo hicieron desde la periferia. En ese sentido me parece importante tener en consideración que Mahler era un judío de provincias.

Hay algo «sospechoso» en la *Tercera* y en la *Séptima*

MURAKAMI: Volviendo a las interpretaciones de los años sesenta de Bernstein, la vena emocional parece uno de sus elementos más importantes, como si se proyectara en él una pasión desatada.

OZAWA: Sí, la pasión está ahí. De eso no cabe duda.

MURAKAMI: Demuestra una enorme empatía con la música de Mahler, un gran compromiso personal. En primer lugar, tenía muy presente el hecho de que era judío.

OZAWA: Sí. Sin duda lo tenía presente.

MURAKAMI: No obstante, me da la impresión de que ese detalle étnico termina por diluirse poco a poco en las sucesivas interpretaciones. Por ejemplo, en las de usted o en las de Abbado no queda muy reflejado.

OZAWA: Sí, la verdad es que nunca he prestado mucha atención a eso, pero Lenny sí. Estaba muy arraigado en su conciencia.

MURAKAMI: ¿La música contiene elementos que pueden considerarse judíos?

OZAWA: No, no. No creo que sólo fuera por eso. En el caso de Lenny había una conexión muy fuerte con lo judío. Le ocurría lo mismo a Isaac Stern, y a Itzhak Perlman también, por supuesto, aunque sobre todo cuando este era más joven. Con Daniel Barenboim pasa lo mismo. Con todos ellos tengo una gran amistad.

MURAKAMI: Hay muchos músicos judíos, especialmente en Estados Unidos, ¿verdad?

OZAWA: Sí, somos buenos amigos, pero si le digo la verdad no entiendo lo que piensan y sienten al respecto. Tal vez a ellos les pasa lo mismo conmigo, no comprenden el hecho de que mi padre fuera budista y mi madre cristiana y, sin embargo, yo no tenga ningún sentimiento religioso especial.

MURAKAMI: ¿Y eso provoca algún tipo de fricción, como sucede entre cristianos y judíos?

OZAWA: No, eso no.

MURAKAMI: Lo que quiere decir es que Bernstein se sentía muy unido a Mahler, a su música, precisamente por su condición de judío, ¿no? Y también por ser él mismo director y compositor.

OZAWA: Visto ahora desde la distancia me doy cuenta de que viví en Nueva York en una de sus épocas más interesantes. Tuve la oportunidad de formarme con Bernstein como su asistente justo cuando abordaba la música de Mahler. Casi resulta extraño ver desde la distancia cómo la absorbía. Vuelvo a insistir, pero fue una verdadera lástima no hablar bien el idioma. Lenny hablaba mucho durante los ensayos y yo no le entendía bien.

MURAKAMI: Pero sí entendía cuando daba alguna indicación para cambiar el sonido de la orquesta, imagino.

OZAWA: Eso sí, por supuesto. Pero a Lenny le gustaba hablar de muchas cosas y no dudaba en interrumpir los ensayos. Era entonces cuando yo me perdía. A los músicos de la orquesta no les gustaba mucho que hiciera eso. Los horarios estaban muy marcados y cuanto más tiempo hablaba, menos tiempo quedaba para ensayar. Algunos llegaban a enfadarse de verdad y si encima les tocaba hacer horas extras, se sentían realmente molestos.

MURAKAMI: ¿De qué hablaba? ¿Eran sus opiniones sobre música?

OZAWA: Normalmente sobre el sentido de la música que se ensayaba, pero no tardaba en apartarse del tema y decía, por ejemplo: «Por cierto, el otro día fui a no sé dónde y bla, bla...». En ese momento todo el mundo empezaba a aburrirse.

MURAKAMI: Sí que le gustaba hablar.

OZAWA: Desde luego. Y encima se le daba bien. Hablaba, le escuchábamos y terminaba por convencer a todos de un modo u otro. Lamento de veras no haberle entendido como debería. En realidad, muchas veces no sabía lo que decía.

MURAKAMI: Me lo imagino a usted en los ensayos siempre tomando notas o algo así.

OZAWA: Sí, lo hacía, pero me perdía cuando se lanzaba a uno de sus monólogos. A partir de ese momento ya no sabía qué hacer.

MURAKAMI: ¿Se dio alguna vez la circunstancia de que leyera usted las partituras de Mahler, escuchara la música en su cabeza y comprobase después que la interpretación de Bernstein era completamente distinta?

OZAWA: Desde luego que sí. Muchas veces. Yo leía las partituras de Mahler con la misma disposición que había leído las de Brahms. Leer y oír después el sonido real me sorprendía mucho. Ocurría muy a menudo.

MURAKAMI: Cuando oigo una sinfonía de Mahler, siempre pienso que no debe de ser tan difícil aprenderse su estructura, el desarrollo de los movimientos, pero ¿realmente es posible que un director se aprenda la totalidad de una construcción tan compleja como resultan ser al final las obras de Mahler?

OZAWA: En el caso de Mahler, más que de aprender se trata de sumergirse en ellas. De otro modo, dirigirlo resultaría imposible. Aprender sus obras no es tan difícil, pero sumergirse en ellas sí supone un verdadero reto.

MURAKAMI: A menudo me siento incapaz de entender la lógica de su desarrollo. Por ejemplo, el quinto movimiento de la *Segunda sinfonía*. Se mueve de acá para allá y a la mitad ya estoy perdido del todo, preguntándome el porqué de ésa música.

OZAWA: Porque no tiene ninguna lógica en absoluto.

MURAKAMI: Eso es. Con Mozart o Beethoven jamás sucedería algo así.

OZAWA: En ellos existe una forma bien definida, pero Mahler quiso romper con todo eso deliberadamente. Cuando pensamos: «Me gustaría que repitiera esta melodía», por ejemplo, que le diera forma de sonata, él aparece con algo completamente distinto. Visto así, claro que resulta muy difícil de aprender, pero al estudiarlo uno termina por sumergirse en esas corrientes y ya no resulta tan complicado. Llegar a ese punto sí exige mucho tiempo. Mucho más del que hace falta para aprenderse a Beethoven o a Bruckner.

MURAKAMI: Cuando yo empecé a escuchar a Mahler, me dio la sensación de que se había equivocado en cómo hacer música, desde la base misma. Todavía hoy lo pienso de vez en cuando. Llega un momento de la composición en que se me tuerce el gesto. Y me pregunto por qué. Pasa el tiempo y esa misma parte termina por transformarse en algo placentero hasta llegar al momento de la catarsis o algo parecido. Pero sí, a la mitad uno puede llegar a sentirse completamente perdido.

OZAWA: Eso ocurre de una manera muy marcada en la *Séptima* y en la *Tercera,* incluso para quienes las interpretamos a menudo. Si no estoy concentrado del todo, termino por ahogarme. La *Primera,* la *Segunda,* la *Cuarta* y la *Quinta* están bien. La *Sexta* empieza a resultar un poco extraña, pero en el fondo está bien. Sin embargo, la *Séptima* es verdaderamente problemática. Y la *Tercera* también es rara. La *Octava* se puede arreglar de un modo u otro porque, después de todo, es una de las grandes.

MURAKAMI: En la *Novena* hay partes incomprensibles, pero ahí se enfrenta uno a una categoría completamente distinta, ¿no cree?

OZAWA: Hice una gira por toda Europa con la Sinfónica de Boston interpretando la *Tercera* y la *Sexta.*

MURAKAMI: Me habla usted de sus sinfonías más austeras.

OZAWA: En aquella época las interpretaciones de la Sinfónica de Boston tenían buena reputación y por eso nos invitaron a Europa. Fue hace veinte años.

MURAKAMI: Bernstein, Solti y Kubelík fueron los grandes intérpretes de Mahler. Usted al frente de la Sinfónica de Boston también se ganó una reputación, la fama de hacer algo distinto a los demás.

OZAWA: Fuimos una de las primeras orquestas en interpretar a Mahler. *(Se toma un momento para comer una pieza de fruta.)* ¡Mmm...! ¡Está rico! ¿Es mango?

MURAKAMI: No, es papaya.

Seiji Ozawa y la Saito Kinen Orchestra
interpretan la *Titán*

MURAKAMI: Llegados a este punto me gustaría que escuchásemos el tercer movimiento de la *Primera* de Mahler interpretado por la Saito Kinen Orchestra dirigida por usted. Se trata de un deuvedé grabado en directo en el Festival de Matsumoto.

Cuando la solemne, pero no severa, marcha fúnebre concluye con su aire misterioso, de pronto suena una melodía popular judía (2:29).

MURAKAMI: Esta parte, este cambio de registro, siempre me ha parecido..., ¿cómo decirlo? ¿Extraordinaria?

OZAWA: Realmente lo es. Después de una música fúnebre aparece esta música judía. Una combinación bien curiosa.

MURAKAMI: Si la interpreta un director judío, la alarga hasta darle un aire muy judío, ¿no le parece? Sin embargo, aquí la dirige usted y ese aroma desaparece. No sé cómo explicarlo, es como si se simplificase, como si se universalizase. Sea como sea, imagino la sorpresa que debió de suponer para el público vienés en su tiempo.

OZAWA: Una sorpresa enorme, imagino. Y si hablamos de cuestiones técnicas, en esa parte concreta el violín toca lo que se conoce como *col legno,* es decir, golpea las cuerdas con la parte de madera del arco en lugar de hacerlo con las cerdas. No se toca, se golpea, y eso produce un sonido muy crudo.

MURAKAMI: ¿Usaron otros compositores antes que él esa técnica?

OZAWA: Mmm... Al menos en las sinfonías de Beethoven, Brahms o Bruckner no. Tal vez sí en alguna pieza de Bartók o Shostakóvich.

MURAKAMI: Cuando escucho la música de Mahler, me encuentro con pasajes que me maravillan, ¿cómo es capaz de lograr algo así? Pero si escuchamos música contemporánea, especialmente la compuesta para las películas, ese mismo sonido y esos mismos recursos se usan en muchas partes. En *La guerra de las galaxias* de John Williams, por ejemplo.

OZAWA: Es la influencia de Mahler, sin duda. Este movimiento está cargado de los elementos de los que usted habla. Conseguirlo ya me parece un logro admirable. El público de su época tuvo que quedarse pasmado.

Vuelve a sonar la marcha fúnebre (4:30) y después (5:30) aparece una melodía lírica muy bella, la misma con la que concluyen sus Lieder eines fahrenden Gesellen.

MURAKAMI: En este punto, de nuevo, la atmósfera musical vuelve a experimentar un cambio dramático.

OZAWA: Así es. Es una pastoral. La canción del paraíso.

MURAKAMI: Pero es algo repentino, sin ninguna conexión lógica con lo anterior. No tiene ningún sentido que aparezca así de repente, ¿no cree?

OZAWA: En absoluto. Escuche el arpa. Se supone que es la reminiscencia de una guitarra.

MURAKAMI: ¿De verdad?

OZAWA: Los intérpretes deben olvidar por completo lo que hacían con anterioridad, deben adaptarse a un nuevo humor y sumergirse en una nueva melodía para poder tocarla.

MURAKAMI: ¿Quiere decir que los intérpretes no deben pensar en un sentido global, en una especie de continuidad, sino simplemente concentrarse en seguir lo que está escrito en la partitura?

OZAWA: Mmm... Veamos... ¿Por qué no lo plantea de esta otra forma? Al principio tenemos una marcha fúnebre, grave, después una canción popular que más tarde se transforma en una pastoral, una hermosa música de campo. Después, otra vez un cambio dramático y grave para regresar a la marcha fúnebre.

MURAKAMI: ¿Quiere decir que hay que pensar en los términos de ese desarrollo?

OZAWA: No lo sé. O simplemente aceptarlo tal cual.

MURAKAMI: No pensar en términos de narrativa, de relato, sino aceptar el conjunto como viene.

OZAWA: *(Se queda un tiempo pensativo.)* Al hablar con usted de todas estas cosas me doy cuenta de que no soy capaz de pensar en ellas en los mismos términos. Cuando estudio música me concentro en las partituras. No sé si será por eso, pero lo cierto es que no le doy demasiadas vueltas a otras cuestiones. Solo pienso en la música tal cual es. Nada más. Como si confiase ciegamente en lo que hay entre la música y yo...

MURAKAMI: ¿Quiere decir que no busca un sentido unitario a cada una de las partes que componen la totalidad de la obra, sino que lo acepta sin más, de una forma pura en cierto sentido?

OZAWA: Eso es. Por eso me resulta tan difícil explicárselo a otra persona. Es como si yo encajase en la música a mi manera.

MURAKAMI: Puede parecer exagerado, pero hay personas capaces de captar de una sola vez, como si hicieran una foto con todo detalle, todas las partes de un objeto complejo, o de un concepto enrevesado, por ejemplo. Tal vez a usted le suceda algo parecido con la música, la aprende sin necesidad de comprender la lógica.

OZAWA: No, en absoluto. Solo que cuando me concentro en una partitura, la música entra en mí con toda naturalidad.

MURAKAMI: Lograrlo le supondrá un considerable esfuerzo de concentración, invertir mucho tiempo en ello.

OZAWA: Sí. El profesor Saito siempre insistía en que nos concentrásemos en la lectura de las partituras, como si nosotros fuéramos los compositores. Por ejemplo, el maestro nos invitaba a su casa a Naozumi Yamamoto y a mí y, nada más llegar, nos daba un papel pautado y nos pedía que escribiéramos de principio a fin la partitura de la *Segunda sinfonía* de Beethoven que habíamos estado ensayando unos días antes.

MURAKAMI: ¿Les obligaba a reescribir todas las partituras?

OZAWA: Pues sí. Nos desafiaba para comprobar cuánto éramos capaces de escribir en una hora. Leíamos y releíamos las partituras sin perder de vista que nos iba a someter a alguna de sus pruebas. Era un ejercicio muy difícil. A menudo, antes de haber escrito veinte compases ya nos habíamos perdido. Solíamos equivocarnos en partes como las del corno francés o la trompeta. La de la viola y la del violín también eran muy complicadas.

MURAKAMI: ¿Hay mucha diferencia si se trata de memorizar una música relativamente clara como la de Mozart y otra más convulsa como la de Mahler? Quiero decir, en términos de interiorizar la totalidad de la obra.

OZAWA: No. En realidad, no. El propósito último no es memorizarla, sino entenderla. Cuando uno se da cuenta de que al fin ha comprendido una determinada obra, siente una enorme satisfacción. La capacidad de comprender es mucho más importante para un director que la capacidad de memorizar. Después de todo se puede leer la partitura mientras uno dirige.

MURAKAMI: Es decir, para un director el hecho de aprenderse las partituras es una consecuencia lógica de su trabajo, no un objetivo por sí mismo.

OZAWA: Eso es. No es algo importante. A nadie se le ocurriría decir que un director es bueno porque se aprende las partituras de memoria o todo lo contrario. Lo bueno de sabérselas de memoria es que permite establecer contacto visual con los músicos, en especial en el caso de la ópera, cuando miro a los cantantes a los ojos para entendernos mejor.

MURAKAMI: Ya entiendo.

OZAWA: El maestro Karajan siempre dirigía con los ojos cerrados a pesar de que se sabía las partituras de memoria. Lo último que dirigió fue *El caballero de la rosa*. Yo estaba muy cerca de él y de principio a fin tuvo los ojos cerrados. ¿Conoce esa parte final en la que tres mujeres cantan juntas? Ellas cantaban y miraban fijamente al maestro, pero él no abrió los ojos en ningún momento.

MURAKAMI: ¿Contacto visual con los ojos cerrados?

OZAWA: No lo sé, pero las cantantes no apartaron la vista de él en ningún momento. Lo miraban como si estuvieran conectadas con él a través de un hilo invisible. Era una escena verdaderamente extraña.

La marcha fúnebre aparece de nuevo al final de la pastoral (7:00-7:14).

OZAWA: Fíjese aquí. Es otra transición difícil. Suena el gong (6:54-7:00), las tres flautas hacen un *set up* silencioso y luego vuelve a sonar la melodía, simple y triste.

MURAKAMI: Cambia de repente de un tono mayor a uno menor, ¿verdad?

OZAWA: Sí. Escuche ahora el sonido bajo del clarinete (7:39-7:44). Es una música simple y, a pesar de todo, con tan poca cosa logra cambiarla por completo. Algo así como *ta, ra, ra, ra... vi, to, vi, to.*

Se trata de un sonido extraño, como si un pájaro cantase una extraña profecía desde lo más profundo del bosque. Con ello la melodía adquiere un tono misterioso, indefinible.

OZAWA: Hacer esto, por ejemplo, era algo impensable hasta entonces, pero en la partitura está claramente señalado que se toque de ese modo.

MURAKAMI: ¿Hasta ese nivel de detalle indica?

OZAWA: Sí. Mahler conocía muy bien las características de cada uno de los instrumentos y de la orquesta en su conjunto. Supo extraer toda la capacidad expresiva de la orquesta en un sentido muy distinto al de Richard Strauss.

MURAKAMI: ¿Podría explicarme con palabras sencillas algunas diferencias de orquestación entre ambos?

OZAWA: En Mahler lo más importante es una especie de crudeza, por así decirlo.

MURAKAMI: ¿Crudeza?

OZAWA: Me refiero a que es capaz de sacar la crudeza de la orquesta. En el caso de Strauss todo está escrito en la partitura, de cabo a rabo. Es como si nos dijera: «Interpreta así, no pienses en nada y la música llegará». De hecho, uno lo hace y nace una música más que decente. Con Mahler no pasa. Es más crudo. Strauss tiene una obra para cuerdas titulada *Metamorphosen* y en ella alcanza la precisión extrema para un conjunto de cuerdas. De principio a fin se dedica a perseguir una forma establecida de antemano. Es probable que Mahler nunca pensase siquiera en tomar semejante dirección.

MURAKAMI: Imagino que lo que quiere decir es que la orquestación de Strauss tiene una parte más técnica. Ciertamente, cuando escucho *Also sprach Zarathustra* es como si contemplase un cuadro colgado en una pared.

OZAWA: ¿A que sí? Sin embargo, en el caso de Mahler el sonido aparece de repente, se acerca a nosotros. Dicho de otro modo, es como si usase el sonido en crudo, con su color original. En algunos casos puede resultar muy provocador al subrayar la cualidad y la originalidad de cada uno de los instrumentos. Comparado con eso, Strauss usa el sonido después de mezclarlo, aunque me temo que explicar las cosas así puede resultar un tanto simplista.

MURAKAMI: Si hablamos de técnicas de orquestación, debe de ser relevante el hecho de que ambos fueran también directores de orquesta.

OZAWA: Muy cierto. Por eso exigían mucho a la orquesta.

MURAKAMI: En el *Finale* de la *Primera* de Mahler, todos los trompistas se levantan, los siete. ¿Está así indicado en la partitura?

OZAWA: Sí. Está escrito que deben levantarse con el instrumento.

MURAKAMI: ¿Y hacerlo produce algún efecto en el sonido?

OZAWA: Mmm... *(Se queda pensativo.)* Tal vez un poco al colocar las trompas en una posición más elevada.

MURAKAMI: Yo pensaba que sólo era por el bien del espectáculo.

OZAWA: Puede haber algo de eso, pero al levantar los instrumentos es probable que el sonido se expanda más.

MURAKAMI: Siempre había pensado que se trataba de un efecto visual. A mí me valía con eso. El otro día, por cierto, escuché esa misma sinfonía dirigida por Guérguiev con la Sinfónica de Londres. Había diez trompas, y como se levantaron todos a la vez el efecto me pareció muy poderoso.

¿Alguna vez ha pensado que puede haber algo decorativo y vulgar en la puesta en escena de la música de Mahler?

OZAWA: *(Se ríe.)* Sí, tal vez hay algo de eso.

MURAKAMI: Por cierto, ¿no había una indicación parecida en el *Finale* de la *Segunda sinfonía*?

OZAWA: Pues sí, sí que la hay. Todos deben colocar las trompas con la boca bien hacia arriba.

Las indicaciones en las partituras son muy detalladas

MURAKAMI: Las indicaciones son muy detalladas, ¿verdad?

OZAWA: Sí, está escrito hasta el más mínimo detalle.

MURAKAMI: ¿Incluso cómo usar el arco?

OZAWA: Eso es.

MURAKAMI: En tal caso, no creo que en Mahler haya espacios en blanco que obliguen a pensar cómo interpretarlos.

OZAWA: Apenas hay nada que pueda confundir a los músicos o dejarlos perplejos. Tomemos a Bruckner o a Beethoven, por ejemplo. Sucede algo parecido, pero en el caso de Mahler están detalladas incluso las indicaciones para cada uno de los instrumentos. Fíjese aquí. (Me muestra una hoja de una partitura muy trabajada.) Este signo de aquí nosotros lo llamamos «hoja de pino». Este ($<$) indica un *crescendo* y este otro ($>$) un *diminuendo,* una disminución gradual del volumen. Hay muchas indicaciones de ese tipo. Esta parte de aquí indica cómo cantar: *taa-ra-ra, taritara, raaa-ra.*

MURAKAMI: Entiendo.

OZAWA: Beethoven nunca habría puesto tantas indicaciones. En un pasaje así se habría limitado a escribir *espressivo.* Mire aquí. ¿Ve este signo que parece una línea? No es un simple *legato* para indicar que las notas se junten poco a poco y hacer *taa-aa-ri, raa-ra (canta).* Al tener tantas indicaciones, la cantidad de opciones para los músicos se reduce mucho.

MURAKAMI: ¿No hay partes en las que usted piensa, por ejemplo, que determinadas indicaciones no le convencen y preferiría hacerlo de otra manera?

OZAWA: Claro que sí. Especialmente con las trompas. Seguro que los intérpretes tampoco están de acuerdo.

MURAKAMI: Pero al estar indicadas en la partitura, a usted, como músico, no le queda más remedio que seguirlas.

OZAWA: Sí, ninguno de nosotros tiene otro remedio.

MURAKAMI: ¿Es difícil técnicamente?

OZAWA: Muchas partes sí. Algunas incluso parecen imposibles. A los músicos se lo parece, al menos.

MURAKAMI: Pero si está así en las partituras no hay nada que hacer. ¿Por qué cree usted que cambia tanto el sonido de Mahler en función del director?

OZAWA: *(Después de pensarlo mucho.)* Es una pregunta interesante. Quiero decir, nunca lo había pensado hasta ahora. Como le he comentado antes, comparada con la de Bruckner o Beethoven, la música de Mahler contiene mucha información, de manera que el margen de elección es menor. Pero en realidad no es del todo así.

MURAKAMI: Me parece entenderle, porque cuando escucho distintas interpretaciones, el sonido varía mucho.

OZAWA: De todos modos debería pensar más en la respuesta a su pregunta. Veamos, lo que quiero decir es que, como hay mucha información, cada director se ocupa de cómo tratar y combinar toda esa información, de cómo equilibrarla.

MURAKAMI: Se refiere, por ejemplo, a las indicaciones para dos instrumentos que tocan al mismo tiempo.

OZAWA: Sí. En casos así cada cual establece sus preferencias, pero al final hay que tenerlo todo en cuenta. Si en un ensayo, por ejemplo, el sonido no funciona, si me parece que dos instrumentos no pueden entrar de forma simultánea, me veo obligado a equilibrarlos. A pesar de que no hay muchos compositores que aporten tanta información como Mahler, tampoco ocurre, como sí pasa con él, que cambie tanto el sonido en función del director.

MURAKAMI: Es muy paradójico. Como si a mayor información dirigida a la mente consciente se produjera la necesidad de tomar un mayor número de decisiones inconscientes. Imagino que usted no se toma esas indicaciones como una limitación.

OZAWA: No lo son.

MURAKAMI: Más bien agradece contar con ellas.

OZAWA: Más o menos. Gracias a eso, la música resulta más fácil de entender.

MURAKAMI: Aunque existan restricciones, tiene usted la sensación de ser libre.

OZAWA: Sí. Yo creo que se trata de eso. El trabajo de los directores es convertir lo plasmado en una partitura en sonido real. Por eso atendemos a las limitaciones que se nos indican. Pero por encima de todo eso somos libres.

MURAKAMI: Si asume que esa libertad está por encima de la partitura y destinada a mejorar el sonido, asume también que los músicos pueden hacer lo mismo. Eso puede ser válido tanto para la música de Beethoven, con pocas indicaciones, como para la de Mahler, con muchas más.

OZAWA: Es cierto, pero sólo hasta cierto punto. Strauss, por ejemplo, proporciona información muy coherente que apunta en determinada dirección. Con Mahler no pasa eso. La mayor parte de las veces sus indicaciones son incoherentes, contradictorias. Algunas podrían tener un sentido muy evidente para él, pero para nadie más. De algún modo son todo «restricciones», aunque de carácter muy distinto unas de otras.

MURAKAMI: Entiendo lo que quiere decir, pero a pesar de las limitaciones de las que habla, Mahler no indicaba los tiempos del metrónomo. Es sorprendente, ¿no le parece?

OZAWA: No.

MURAKAMI: ¿Y eso? ¿Por qué?

OZAWA: Hay distintas teorías al respecto. Una asegura que, con todas las indicaciones que daba, él pensaba que el tiempo ya quedaba determinado. Otra dice que Mahler pensaba que los músicos debían valorar el *tempo* por sí mismos.

MURAKAMI: Sea como sea, el *tempo* de sus sinfonías cambia mucho en función del director, ¿no cree?

OZAWA: Puede ser.

MURAKAMI: No recuerdo ninguna interpretación ni demasiado rápida ni demasiado lenta.

OZAWA: Pero en los últimos tiempos sí existen ese tipo de interpretaciones. Me refiero a los últimos cinco o seis años. Cuando estuve en Viena en 2006, tuve un herpes zóster y no pude dirigir durante un tiempo. Escuché entonces las interpretaciones de otros directores y me encontré con algo así. Me parecía que quisieran hacer ostentación de su singularidad y crear una música con un *tempo* distinto a todo lo anterior, muy diferente al de Bernstein, Abbado o incluso el mío.

MURAKAMI: Pero el *tempo* no está especificado, de manera que el director es libre de tomar sus propias decisiones al respecto.

OZAWA: Eso es.

MURAKAMI: Mahler era compositor, es decir, quien daba las instrucciones y, al tiempo, director, o sea, quien las interpretaba. En una situación así, el equilibrio puede llegar a ser problemático. Si hablamos de la interpretación, la marcha fúnebre varía de sonido al principio del tercer movimiento en función de quién la dirija. Puede resultar pesada, demasiado sentimental, academicista o incluso cómica. La interpretación en concierto suele ser más neutral, tratada con más detalle desde una perspectiva puramente musical. Después está ese pasaje de inspiración tradicional judía del que hemos hablado antes. Los músicos judíos tienden a resaltar una atmósfera marcadamente *klezmer*, pero si no son judíos no inciden tanto en ello, pasan por ahí, por así decirlo, con más frialdad. Imagino que se trata de la elección de cada uno.

OZAWA: En esa sección de música tradicional judía, Mahler utiliza, de hecho, una melodía claramente *klezmer*. En función de quiénes la interpreten, unos se esforzarán por resaltar ese carácter judío y otros se lo tomarán como un motivo más entre los otros presentes en un movimiento largo. En este último caso, el director le dará al tema un matiz preciso nada más aparecer y en el desarrollo no insistirá más en ese aspecto, sólo lo conectará con lo que sigue. Ese tipo de interpretación existe. La partitura no indica nada con respecto a qué elección tomar.

MURAKAMI: Creo recordar que esa parte de la marcha fúnebre lleva una indicación: «*Feierlich und gemessen, ohne zu schleppen*», lo que podría traducirse como «Grave, pero sin demorarse».

OZAWA: Sí, creo que sí. *(Lo comprueba en la partitura.)* Es cierto, aquí está indicado.

MURAKAMI: Si uno lo piensa, resulta complicado, ¿verdad?

OZAWA: Sí, es difícil. *(Risas.)*

MURAKAMI: Empieza con un solo de contrabajo. ¿Es de nuevo el director quien debe establecer el sonido, no tan pesado, un poco más ligero?

OZAWA: Sí, pero la mayor parte de las veces es el propio carácter del contrabajista quien lo determina. Un director no puede llegar hasta ese nivel de detalle. Ahora que lo pienso, el mero hecho de que el movimiento empiece con un solo tan largo de contrabajo ya es algo sin precedentes. Esa parte es especial en sí misma, pero el solo al principio la convierte en excepcional. Mahler era un personaje muy extraño.

MURAKAMI: A mí personalmente me gusta esta parte, pero en función de cómo se toque marca en gran medida la atmósfera del resto del movimiento. Debe de ser difícil de interpretar.

OZAWA: Sí, es difícil y por eso hablo con el músico algunas veces antes del ensayo. Le digo que toque un poco más suave, un poco más fuerte o que baje un poco la intensidad.

MURAKAMI: Imagino que para los contrabajistas será la oportunidad de su vida y tendrán los nervios a flor de piel.

OZAWA: Sin duda. Es una responsabilidad tremenda y por eso cuando las orquestas hacen *castings* para contratar nuevos contrabajistas, les suelen pedir que interpreten ese solo. Hacerlo bien o no puede resultar decisivo a la hora de entrar en la orquesta o no.

MURAKAMI: Entiendo.

OZAWA: Por debajo del contrabajo se oyen los timbales, *ton-ton-ton-ton*.

MURAKAMI: Siempre marca ese ritmo monótono de cuatro golpes, ¿verdad?

OZAWA: Sí, es un *re-la / re-la,* como los latidos de un corazón, por así decirlo. Es un marco musical bien construido, bien fijado y como no esperan a nada, el contrabajo debe ajustarse a ellos como sea. Tampoco los latidos del corazón esperan a nada. Respirar y el resto de las acciones deben encajar en el marco que señalan los latidos. Fíjese aquí en la partitura, una coma.

MURAKAMI: Sí. ¿Qué significa?

OZAWA: *(Tararea la melodía del contrabajo.) Rii-rari / rara.* Tomarse un respiro a partir de aquí. Eso significa. Todo está escrito. Al tratarse de un contrabajo es obvio que no respira como los instrumentos de viento, pero está indicado que debe pararse por un momento como si tuviera que respirar en ese punto concreto. Está diciendo que el sonido no puede continuar sin hacer una pausa. Mahler era un compositor que indicaba hasta ese tipo de detalles.

MURAKAMI: Es increíble.

OZAWA: De ese modo, el sonido del oboe que entra *ria-tatari-ran (canta con un ritmo que parece rebotar)* le imprime mayor vivacidad a la frase. Y también escribe acentos parecidos para instrumentos que no destacan, como el arpa. El arpa es un instrumento difícil de oír porque no alcanza un volumen muy alto. Y después añade un *staccato* en todas las notas que siguen.

MURAKAMI: Es verdad. Es un nivel de detalle realmente increíble. Imagino que debió de ser todo un trabajo escribir una partitura así.

OZAWA: Por eso todos los intérpretes se ponen muy nerviosos.

MURAKAMI: ¿Quiere decir que interpretan tensos por la concentración que exige hasta en los más mínimos detalles?

OZAWA: Exacto. Es imprescindible no perder la concentración. Fíjese en esta parte de aquí, por ejemplo. No se puede tocar como se haría en condiciones normales *tori-raa-yaa-tatan,* sino *toriira, ya-tta-tan.* Las instrucciones son muy precisas. Uno no puede relajarse.

MURAKAMI: Esta indicación *«mit Parodie»,* ¿de verdad significa que hay que interpretar con un sentido de parodia?

OZAWA: Sí.

MURAKAMI: Otra dificultad añadida.

OZAWA: Ahí debe haber un espíritu de parodia.

MURAKAMI: Pero si se exagera, eso hará que la música pierda elegancia.

OZAWA: Tiene razón. En función del equilibrio la música cambia mucho. Eso es lo interesante.

MURAKAMI: Incluso con todas esas contradicciones habrá casos en los que los músicos, siguiendo las indicaciones al pie de la letra, no terminen de sonar como usted quiere, ¿verdad?

OZAWA: Por supuesto. Cuando un músico toca algo distinto a lo que yo he escuchado en mi cabeza me esfuerzo por reorientarlo, ya sea mediante instrucciones verbales o mediante indicaciones con la mano.

MURAKAMI: ¿Todos los músicos terminan por entenderlo?

OZAWA: Claro que sí, por supuesto. El trabajo del director durante los ensayos es el de encontrar compromisos, el de insistir en que se acerquen a lo que uno quiere.

¿Qué hace tan cosmopolita la música de Mahler?

MURAKAMI: Solo con escuchar el tercer movimiento de la *Primera sinfonía* me resulta evidente que la música de Mahler está compuesta de muchos elementos distintos a los cuales otorga un valor similar, usados sin conexión lógica entre ellos o incluso oponiéndolos: música tradicional germánica, música judía, música *fin de siècle*, música popular de Bohemia, caricaturas musicales, elementos cómicos tomados de la subcultura, propuestas filosóficas serias, dogmas cristianos, visiones de Oriente, todo tipo de cosas, en fin. No se puede escoger una sola de entre todas ellas y ponerla en el centro, ¿verdad? Con todos esos elementos puestos ahí de manera indiscriminada (lo cual puede llegar a sonar mal), ¿no significa que existe un margen para un director no europeo como usted, con su propia forma de entender todo eso, con su propia originalidad? En ese sentido me parece que la música de Mahler es universal, cosmopolita.

OZAWA: Pues... Todo esto es muy complicado, pero creo que sí. Sí hay un margen para esa aproximación.

MURAKAMI: La última vez que hablamos dijo usted que en la música de Berlioz existe un margen por el cual pueden transitar los directores japoneses, porque en cierto sentido se trata de una música *«crazy»*, loca. ¿Se puede decir algo parecido de la música de Mahler?

OZAWA: La principal diferencia entre Berlioz y Mahler es que Berlioz no hacía indicaciones tan precisas como las de Mahler.

MURAKAMI: Entiendo.

OZAWA: En el caso de Berlioz, él deja mucha libertad a los músicos. Comparado con eso, en Mahler apenas existe ese margen, pero en los finales, en momentos delicados o sutiles, es cierto que aparece esa universalidad que abre un margen, como acaba de decir usted. Un japonés o un oriental, por ejemplo, tienen su propio sentido de la tristeza. Esa tristeza es distinta a la de los judíos y los europeos. Cuando uno comprende a fondo ese tipo de sentimientos, cuando uno toma sus propias decisiones consciente de ello, me parece que está listo para abrir un camino con naturalidad. Quiero decir, cuando un oriental interpreta la música escrita por un occidental puede darle una orientación particular. Es un esfuerzo que como mínimo merece la pena.

MURAKAMI: ¿Quiere decir que es necesario ir más allá de la superficie de la emocionalidad japonesa para entenderla, para interiorizarla?

OZAWA: Eso es. Me gusta esa idea de una interpretación japonesa de música occidental, dando por hecho que se trata de una buena interpretación, con su propia razón de ser.

MURAKAMI: Hace poco escuché la interpretación del *Concierto para piano y orquesta n.º 3* de Beethoven a cargo de Mitsuko Uchida. La impresión de transparencia, su forma de abordar las pausas, me parece muy japonesa, ¿no cree? Sin embargo, no me parece que sea algo deliberado, sino natural, el resultado de una búsqueda de la música por sí misma. En ese sentido no es algo superficial.

OZAWA: Tal vez tenga razón. Tal vez existe cierto tipo de música occidental que sólo puede interpretar como es debido un oriental. A mí me gusta interpretarla con esa idea en mente.

MURAKAMI: Mahler se alejó de la ortodoxia de la música germánica en parte consciente y en parte inconscientemente, ¿no le parece?

OZAWA: Sí, por eso me gusta pensar que existe un margen por el que nosotros podemos introducirnos. Hace tiempo el maestro Saito nos dijo algo interesante: «En este momento estáis en un estado parecido al de un papel en blanco. Por eso, cuando viajéis a otros países podréis absorber sus tradiciones. En cualquier caso, las hay buenas y las hay malas. Deberéis aprender a distinguirlas, y cuando estéis en esos lugares, quedaos sólo con las cosas buenas. Si sois capaces de hacerlo, no importa si sois japoneses, asiáticos o lo que sea, porque contaréis con una gran ventaja».

MURAKAMI: Si le doy mi opinión, creo que Karajan era incapaz de aguantar fisiológicamente durante mucho tiempo la diversidad, hibridación, vulgaridad y fragmentación que existe en la música de Mahler.

OZAWA: Entiendo lo que quiere decir y es posible que sea cierto.

MURAKAMI: Acabamos de hablar de la *Novena sinfonía* de Mahler dirigida por Karajan y a mí me parece una interpretación brillante. Es tan hermosa que parece como si goteara, pero al escucharla atentamente uno comprende que en realidad no es una música muy de Mahler. La interpreta con el mismo tono con el que interpretaría a Schönberg, a Alban Berg o cualquiera de las obras tempranas de la Segunda Escuela de Viena. En otras palabras, me parece que se la lleva a su terreno, donde tan bien se defendía.

OZAWA: Tiene razón, y es especialmente cierto en el último movimiento. Ya en los primeros ensayos le pedía a la orquesta lo mismo de siempre para obtener la música de siempre.

MURAKAMI: En lugar de crear un sonido Mahler, es como si pidiera prestado un recipiente, que resulta ser Mahler, para hacer su propia música.

OZAWA: Por eso el maestro Karajan, si no me equivoco, interpretó las sinfonías, *Cuarta, Quinta* y *Novena.*

MURAKAMI: Me parece que también la *Sexta* y *La canción de la Tierra.*

OZAWA: ¿De verdad? ¿También la *Sexta?* En todo caso no interpretó ni la *Primera,* ni la *Segunda,* ni la *Tercera,* ni la *Séptima* ni la *Octava.*

MURAKAMI: Eso quiere decir que elegía el recipiente (la obra) que se ajustaba a su propio mundo musical y después la grababa en disco. Puede que al no aceptar bien la profundidad de la música de Mahler terminase por convertirla en su propia música. Quiero decir, esa música era inaceptable en la corriente ortodoxa de la música germánica. Quizá por eso tampoco se le daba bien a Böhm, en especial durante el periodo en Alemania que va de 1933 a 1945, los doce años del nazismo, en los que la música de Mahler estuvo proscrita. Ese periodo de vacío, esa prohibición, fue una gran injusticia, ¿no le parece? Una «mala tradición» no empieza por abrazar, por aceptar, las cosas que han pasado.

OZAWA: Mmm...

MURAKAMI: Al final, el renacimiento de la música de Mahler no se produjo en Europa, sino en Estados Unidos, y en ese sentido fue una gran ventaja para los músicos no europeos. Como mínimo, allí la música de alguien como Mahler no estaba en desventaja, ¿no cree?

OZAWA: No se trata de alguien «como Mahler», sino de Mahler mismo. Era alguien muy especial.

MURAKAMI: Hablando de «especial», siempre que escucho a Mahler pienso que tiene profundas capas de psique que desempeñan un importante papel en su música. Es casi algo freudiano. En el caso de Bach, Beethoven o Brahms, uno se encuentra más en el mundo de la filosofía conceptual alemana. Comparado con ellos, Mahler es, por así decirlo, más *underground,* como si le diera más importancia al flujo de una conciencia latente en la oscuridad bajo tierra. Allí se enredan los motivos, hay contradicciones, opuestos, elementos incompatibles, otros inseparables, como si uno estuviera soñando. No llego a entender si se trata de algo deliberado o no, pero al menos me parece un intento serio, honesto.

OZAWA: Mahler y Freud vivieron casi en la misma época, ¿verdad?

MURAKAMI: Sí, los dos eran judíos y nacieron no muy lejos el uno del otro. Freud era algo mayor y Mahler acudió a su consulta cuando su mujer, Alma, tuvo un romance (con el arquitecto Walter Gropius, con quien se casó tras la muerte del compositor). Parece que Freud le respetaba profundamente. Esa clase de búsqueda franca del origen subterráneo del inconsciente es una de las claves que hace de la música de Mahler algo universal, aunque a veces nos resulte insoportable, exasperante.

OZAWA: En ese sentido, Mahler se opuso él solo a la corriente dominante de la música germánica representada por grandes nombres como Bach, Haydn, Mozart, Beethoven y Brahms. Quiero decir, antes de la música dodecafónica.

MURAKAMI: Pero, bien pensado, el dodecafonismo parece una música muy lógica, en la misma línea de *El clave bien temperado*.

OZAWA: Eso es cierto.

MURAKAMI: El dodecafonismo no sobrevivió mucho tiempo, pero muchos de sus elementos sí, para terminar absorbidos por la música que vino después, ¿no le parece?

OZAWA: En efecto.

MURAKAMI: Pero es una influencia distinta a la ejercida por la música de Mahler en las generaciones posteriores. ¿Se puede decir así?

OZAWA: Creo que sí.

MURAKAMI: En ese sentido, Mahler era único, irrepetible.

Ozawa interpreta la sinfonía *Titán* con la Sinfónica de Boston

MURAKAMI: Escuchemos de nuevo el tercer movimiento de la *Tercera sinfonía* interpretado por la Sinfónica de Boston dirigida por usted. La grabación es de 1987.

Tras el solo del contrabajo comienza un solo de oboe en la marcha fúnebre.

MURAKAMI: El sonido de este oboe es muy distinto en comparación con la interpretación de la Saito Kinen que acabamos de escuchar. Me sorprende.

OZAWA: Sí, porque los músicos de Boston, digámoslo así, no tienen ese sonido «Miyamoto». *(Risas.)* Es mucho más neutro, ¿no le parece?

No sólo la parte solista del oboe, la orquesta en su conjunto tiene un sonido más neutro, más suave que el de la Saito Kinen.

OZAWA: Esta parte también resulta muy neutra.

MURAKAMI: El sonido es muy coherente, de una gran calidad.

OZAWA: Pero podría haberle dado un poco más de sabor.

MURAKAMI: Tiene expresividad. A mí me parece que está bien.

OZAWA: Sí, pero le falta peso, ese aroma de campo.

MURAKAMI: ¿Quiere decir que resulta demasiado ordenada?

OZAWA: Con la Sinfónica de Boston quizás existe esa tendencia a potenciar demasiado las partes buenas, por así decirlo.

MURAKAMI: Si hablamos de detalles, tal vez el sonido de la Saito Kinen se adapta mejor al concepto que tiene usted en la actualidad.

OZAWA: Cada uno de los músicos de la Saito Kinen interpreta con una fuerte conciencia de lo que hace. Los de Boston lo hacen más pensando en el conjunto de la orquesta.

MURAKAMI: Se nota al oírlo. Se podría decir que es como un juego de equipo, de un buen equipo con un nivel muy alto.

OZAWA: En Boston nadie haría nunca nada que supusiese destacar el sonido de su instrumento por encima del de los demás. Pero cuando se trata de Mahler, ese planteamiento no siempre funciona. El equilibrio es más difícil de lograr.

MURAKAMI: No sé si es por eso, pero últimamente me interesa más escuchar a Mahler cuando lo interpretan orquestas no permanentes, como es el caso de la Saito Kinen, la orquesta del Festival de Lucerna, dirigida por Claudio Abbado, o la Mahler Chamber Orchestra. Me parece que su música es más vibrante.

OZAWA: Eso es porque pueden ser más audaces, cada uno de los músicos actúa individualmente. Los músicos de la Saito Kinen se reúnen con la idea de mostrar su arte y, de ese modo, también su capacidad.

MURAKAMI: Como si cada uno fuera dueño de su propio negocio.

OZAWA: Eso tiene, por supuesto, una parte buena y una parte mala, pero encaja bien con Mahler.

MURAKAMI: En el caso de la Saito Kinen, por ejemplo, se reúnen con la idea en mente de que ese año en concreto van a tocar a Mahler o a otro compositor, es decir, centrados en una idea concreta. ¿Es así?

OZAWA: Sí. Vienen con un objetivo muy claro en mente. La mayor parte de ellos llegan preparados, con la música ya muy estudiada.

MURAKAMI: No se trata del trabajo rutinario de interpretar distintos programas todas las semanas, como sí les sucede a las orquestas permanentes.

OZAWA: En el caso de la Saito Kinen esa rutina no existe y en ese sentido su música resulta muy fresca. Por el contrario, tal vez falte una especie de solidaridad, una especie de unión, como sí sucede en las orquestas permanentes, donde todos sus miembros actúan como un conjunto hasta el extremo de ser capaces de transmitirse sus pensamientos.

MURAKAMI: ¿Cómo llega una orquesta a un consenso sobre determinada obra? ¿A través de los detalles?

OZAWA: Sí, por supuesto. La mayor parte de los problemas se pueden resolver cuando los músicos se ponen a tocar sus instrumentos, especialmente en el caso de músicos talentosos. Gente así tiene muchos bolsillos de los que echar mano. Miran al director y dicen: «¡Ah, sí!, esa parte la quiere así», y se sacan algo nuevo del bolsillo. Como es obvio, los jóvenes no son siempre capaces de seguirlos.

MURAKAMI: ¿Se da el caso de orquestas que encajan y otras que no encajan con la música de Mahler?

OZAWA: Creo que sí. Técnicamente, algunas son incapaces de interpretarlo. No todos sus miembros llegan a ese nivel. Hoy en día, no obstante, ya son muchas las que sí son capaces de interpretarlo, tanto a él como a Stravinski o a Beethoven. Antes no ocurría eso. En los años sesenta, cuando Bernstein empezó a reinterpretar a Mahler, sin duda causó una gran sorpresa: ¡Mahler! ¡Menudo trabajo! Me imagino que entonces mucha gente diría algo así.

MURAKAMI: ¿Se refiere a los aspectos técnicos?

OZAWA: Sí, en la sección de cuerdas, por ejemplo, casi exige superar límites técnicos. Yo creo que Mahler compuso su música pensando en un futuro lejano, porque en su época la calidad de las orquestas no llegaba a tanto. Quiero decir que Mahler desafió a las orquestas como si les dijese: «¿Sois capaces de interpretar una música así?». Debió de obligar a todo el mundo a ensayar a la desesperada. Hoy en día, por el contrario, las orquestas profesionales son capaces de interpretarlo sin mayores dificultades.

MURAKAMI: ¿Tanto han mejorado los intérpretes desde sus comienzos en los años sesenta?

OZAWA: Sin duda. La técnica orquestal ha mejorado y progresado notablemente en estos cincuenta años.

MURAKAMI: No sólo la técnica de tocar e interpretar, también la habilidad para leer partituras con una mayor precisión, imagino.

OZAWA: Yo creo que sí. En mi caso, por ejemplo, se produjo un cambio técnico después de estudiar las partituras de Mahler a comienzos de los sesenta.

MURAKAMI: ¿Leer sus partituras fue algo tan especial?

OZAWA: Sí.

La eficaz naturaleza vanguardista de la música de Mahler

MURAKAMI: ¿Cuál diría usted que es la principal diferencia entre leer, por ejemplo, una partitura de Mahler y una de Richard Strauss?

OZAWA: Aun a riesgo de simplificar, diría que cuando uno sigue la música germánica desde Bach hasta Beethoven, Wagner, Bruckner y Brahms, puede leer a Richard Strauss sin mayores problemas como continuación de esa tradición. Strauss añade toda una serie de capas nuevas, por supuesto, pero aún se puede leer dentro de esa corriente. Pero con Mahler no ocurre eso. Es imprescindible una visión completamente nueva. Eso es lo más importante. Hubo también otros músicos como Schönberg o Alban Berg, claro, pero no hicieron nada parecido a Mahler.

MURAKAMI: Mahler abrió un horizonte completamente distinto al del dodecafonismo, ¿no es cierto?

OZAWA: Utiliza los mismos materiales que en su día usaron Beethoven o Bruckner y con ellos creó una música completamente distinta.

MURAKAMI: ¿Peleaba sus propias batallas mientras preservaba la tonalidad?

OZAWA: Sí, pero el resultado es que se dirige hacia la música atonal. Eso es evidente.

MURAKAMI: ¿Diría usted entonces que, al llevar hasta el extremo las posibilidades de la tonalidad, el resultado fue crear una gran confusión en todo el asunto de la tonalidad?

OZAWA: Yo diría que sí. La llevó a una especie de música multicapa.

MURAKAMI: ¿Como si se mezclasen muchas tonalidades en un mismo movimiento?

OZAWA: Sí, cambia de una a otra y, en ocasiones, usa dos al mismo tiempo.

MURAKAMI: No descartaba la tonalidad, pero la hostigaba desde el interior, como si quisiera darle una sacudida. Como resultado se dirigió hacia la música atonal, aunque tal vez lo que quería era llegar a otro lugar distinto al del dodecafonismo.

OZAWA: Sí, lo suyo era algo distinto. En el caso de Mahler, quizá sería más acertado decir que se trata de politonalidad. La politonalidad es un paso anterior a la atonalidad. Significa que se pueden usar muchas claves al mismo tiempo, cambiarlas todo el rato. En cualquier caso, la atonalidad a la que quería llegar era muy distinta de la de Schönberg, Alban Berg o el dodecafonismo. En la cuestión de la politonalidad fue Charles Ives quien, más adelante, profundizó en ella.

MURAKAMI: ¿Cree que Mahler era consciente de hacer algo vanguardista?

OZAWA: No, creo que no.

MURAKAMI: Pero Schönberg y Alban Berg sí, ¿verdad?

OZAWA: Desde luego. También tenían su método, pero no era el caso de Mahler.

MURAKAMI: Es decir, Mahler flirteaba con el caos con naturalidad, de una manera instintiva y no como metodología. ¿A eso se refiere?

OZAWA: Digamos que precisamente ese fue su talento.

MURAKAMI: También en el jazz existió un movimiento así. En los años sesenta John Coltrane se acercó mucho al *free jazz*, pero al mismo tiempo nunca llegó a abandonar una tonalidad fija conocida como *mode*. Aún hoy en día se escucha su música, mientras que el *free jazz* ha acabado reducido a algo así como una referencia histórica. Tal vez sean casos parecidos.

OZAWA: No conocía ese caso.

MURAKAMI: Ahora que lo pienso, Mahler no tuvo discípulos ni herederos musicales, ¿verdad?

OZAWA: Parece que no.

MURAKAMI: Hablando de compositores sinfónicos posteriores, no son los alemanes, sino los rusos o soviéticos, como Shostakóvich o Prokófiev, quienes le siguen. ¿No le parece que las sinfonías de Shostakóvich recuerdan a las de Mahler?

OZAWA: Sin duda. Estoy de acuerdo, pero la música de Shostakóvich es más coherente. En su música no aprecio esa sensación de locura que sí noto en Mahler.

MURAKAMI: En el caso de Shostakóvich quizá no era fácil dar rienda suelta a la locura por razones políticas, pero en el de Mahler, lo mire uno como lo mire, su música no se puede considerar normal. Es casi esquizofrénica.

OZAWA: Tiene mucha razón. Pasa lo mismo con los cuadros de Egon Schiele. Cuando los vi pensé que habían vivido en la misma época y en el mismo lugar. Yo mismo, gracias a la oportunidad de vivir en Viena durante un tiempo, tuve la impresión de comprender ese aroma, esa atmósfera. Vivir en esa ciudad fue para mí una experiencia muy interesante.

MURAKAMI: Leí una biografía de Mahler y, al parecer, él mismo confesó que ser director de ópera era alcanzar la cumbre en el mundo de la música. Con el fin de ganar ese puesto renunció incluso a su fe judía para abrazar el cristianismo. Digamos que el puesto merecía todos esos sacrificios. También usted ha ocupado ese importante puesto hasta hace poco.

OZAWA: ¿De verdad dijo eso? ¿Cuántos años estuvo como director de la Ópera de Viena?

MURAKAMI: Alrededor de once, creo.

OZAWA: A pesar de estar tanto tiempo nunca escribió una ópera. Me pregunto por qué. Compuso muchos *Lieder* y además era muy consciente de la importancia de combinar palabras y música.

MURAKAMI: Es verdad. Qué lástima. Puede que a alguien como a él le resultase muy difícil elegir un libreto.

La Sinfónica de Boston continúa interpretando la obra.

MURAKAMI: Oigo esta música y me doy cuenta de que la calidad de la Sinfónica de Boston resulta casi abrumadora.

OZAWA: Bueno, nos esforzamos durante muchos años para convertirnos en una orquesta de primer nivel mundial. La de Boston, la de Cleveland... Tienen una técnica increíble.

La sección de cuerdas aborda la pastoral con fluidez y elegancia.

MURAKAMI: ¿Es capaz la Saito Kinen de alcanzar un sonido así?

OZAWA: Mmm... Después de todo...

MURAKAMI: Digamos que es un sonido diferente.

OZAWA: Depende de lo que busque el oyente. Si busca una interpretación completa, armónica y bella, o si por el contrario busca algo quizá no tan perfecto, pero con cierto riesgo. Esa clase de diferencias son frecuentes en la música de Mahler. Especialmente en este movimiento.

Durante un tiempo se concentra en la lectura de la partitura.

OZAWA: ¡Ah, sí, ya me acuerdo! Estrenamos esta obra en Budapest.

MURAKAMI: Con una mala acogida, según tengo entendido.

OZAWA: Imagino que la interpretación no estuvo a la altura.

MURAKAMI: A lo mejor la orquesta no llegó a entender del todo qué debía hacer.

OZAWA: Ya sabe que también el estreno de *La consagración de la primavera* en París fue un desastre. Puede que la propia obra tenga una parte de culpa, pero también es posible que los músicos no dispusieran de tiempo suficiente para prepararse, porque esa pieza tiene muchas acrobacias. Me hubiera gustado preguntarle todo eso directamente a Pierre Monteux... Mantuvimos una relación muy estrecha.

MURAKAMI: ¡Ah, sí! Fue él quien dirigió *La consagración de la primavera*.

La música llega a la parte en que los instrumentos de cuerda y los de viento chocan y se enredan, como si fueran los coletazos de un mal sueño (8:43-9:01).

OZAWA: En esta parte la música parece un poco loca, ¿no cree?

MURAKAMI: Tiene algo de locura, sin duda.

OZAWA: Sin embargo, cuando la interpreta la Sinfónica de Boston, al final termina por armonizar un poco.

230

MURAKAMI: Eso es el ADN de la orquesta, como si lograse calmar la confusión cuando aparece, como si llenase los huecos.

OZAWA: Los miembros de la orquesta se escuchan entre sí y se ajustan con naturalidad. Eso es, sin duda, uno de los grandes logros de la Sinfónica de Boston.

MURAKAMI: Debe de resultar muy difícil para los músicos, imagino, comprender la similitud entre las disociaciones de la música de Mahler y la disociación general que cada uno de nosotros vive en la actualidad en su día a día. Si usted volviese a interpretar esa obra hoy en día, ¿no cree que el sonido sería muy diferente?

OZAWA: Sí, por supuesto. Yo mismo he cambiado...

Acaba el tercer movimiento.

MURAKAMI: La interpretación me ha parecido como si fuésemos de paseo de acá para allá en un elegante Mercedes conducido por un chófer.

OZAWA: ¡Ja, ja, ja, ja, ja!

MURAKAMI: Comparada con esta, la de la Saito Kinen resulta más deportiva, como un pequeño deportivo, ágil y dinámico cambiando de marcha sin parar.

OZAWA: En esos mismos términos diría que la interpretación de la Sinfónica de Boston es muy estable, ¿no cree?

Ozawa sigue cambiando

OZAWA: Gracias a estas conversaciones me he dado cuenta de lo mucho que he cambiado. Ya sabe que estuve hace poco en Nueva York con la Saito Kinen. Allí, en el Carnegie Hall, interpretamos la *Primera* de Brahms, la *Sinfonía fantástica* de Berlioz y el *Réquiem de guerra* de Britten. Una vez más, ese concierto me hizo cambiar mucho.

MURAKAMI: ¿Y aún sigue usted cambiando?

OZAWA: Incluso a mi edad cambia uno. Lo hace a través de las experiencias concretas de la vida. Tal vez sea esa una de las principales características de un director de orquesta. Quiero decir, cambiamos gracias a nuestro trabajo. Nuestro trabajo consiste, obviamente, en sacar un determinado sonido de una orquesta. En mi caso, leo la partitura y después creo la música en mi cabeza. Más tarde, ya con los miembros de la orquesta, creamos juntos un sonido real y, en ese momento, surgen muchas cosas: la relación entre personas distintas, por ejemplo, juicios sobre la importancia que habría que dar a determinados pasajes. Unas veces unos se fijan en las frases largas de determinada pieza, otras se aferran a alguno de los detalles que pueden contener esas frases. Debemos decidir dónde poner el acento en las distintas fases del trabajo, y todas esas experiencias terminan por cambiarle a uno. Hace poco he enfermado y eso me ha obligado a retirarme y a pasar tiempo en el hospital. He estado mucho tiempo alejado de la dirección. Finalmente pude ir a Nueva York y dirigir la orquesta. Más tarde regresé a Japón y como no tenía compromisos en Año Nuevo, escuché varias veces esa grabación. Aprendí mucho con eso.

MURAKAMI: ¿A qué se refiere exactamente?

OZAWA: Ha sido la primera vez en mi vida que he oído varias veces seguidas una música dirigida por mí.

MURAKAMI: ¿La primera vez? ¿No acostumbra a oír las grabaciones de sus interpretaciones?

OZAWA: No. Una vez terminado el disco, normalmente siempre he tenido que empezar a trabajar con otra música. Cuando se trata de grabaciones de estudio, sí la escucho por si acaso, pero muchas veces la noche misma después de terminar la grabación me ha tocado interpretar otra, y por eso nunca he llegado a disfrutar de una audición realmente concentrado. En esta ocasión, al contrario, no tengo nada después y como la he oído con el eco aún resonando en mis oídos me ha resultado muy útil para aprender.

MURAKAMI: ¿Y qué ha aprendido en concreto?

OZAWA: Ha sido como mirarme en el espejo. He analizado todos los detalles y eso ha sido posible porque en mis oídos, en todo mi organismo, aún existían esos sonidos.

MURAKAMI: ¿Quiere decir que cuando se enfrenta a una nueva obra se concentra tanto en ella que ya no puede volver a oír la que acaba de terminar?

OZAWA: Eso es. Los directores pasamos constantemente de una pieza a otra, de una orquesta a otra. Otras veces nos vemos obligados a afrontar ensayos largos y complicados para la ópera. Entre ensayo y ensayo, si tengo tiempo, escucho grabaciones, pero hay una gran diferencia entre oírlas así o hacerlo con más calma, más aún cuando a uno el sonido aún le resuena en los oídos.

MURAKAMI: Es decir, lo escucha y a veces piensa que debería haberlo hecho de otra manera.

OZAWA: Por supuesto, pero también me doy cuenta cuando algo está bien hecho, bien armonizado.

MURAKAMI: De esta interpretación que escuchamos, ¿qué le parece lo mejor?

OZAWA: Pues en pocas palabras diría que la música es más profunda. La escucho y noto esa mayor profundidad en relación con interpretaciones anteriores. Las características de cada una de las secciones, en concreto. No obstante, veo posibilidades de profundizar aún más. Esas posibilidades animan a los músicos y con ello se gana en profundidad. No sé si me explico.

MURAKAMI: En tal caso, ¿en esta ocasión hubo algo distinto en la Saito Kinen?

OZAWA: Sí, sin duda. Teníamos muchas limitaciones y no dispusimos de mucho tiempo para los ensayos. Acababa de recuperarme de mi enfermedad, pero tenía una gripe horrible. A pesar de todo, tocamos con mucha energía y eso no es lo normal. Las partes de Brahms y Berlioz resultaron magníficas. También el *Réquiem de guerra*. La orquesta, los solistas... Fue algo increíble.

MURAKAMI: El *Réquiem de guerra* que tuve oportunidad de oír en el Festival de Matsumoto fue conmovedor, como si me hubiera despertado a algo nuevo.

OZAWA: Este es aún mejor. Me llevé entero al coro de Matsumoto, incluso a los niños. Fue muy emocionante. Ya sabe que Japón tiene alguna de las mejores corales del mundo, y el público pudo apreciar perfectamente en ese concierto en concreto ese gran nivel. La orquesta, por su parte, entendió muy bien la música, y, a pesar de su dificultad, no transmitieron esa impresión en absoluto. En mi caso, a pesar del resfriado, de estar como en otro mundo y sin dejar de toser, me entregué por completo sin llegar a entender del todo qué estaba haciendo. Debió de ser horrible para quienes me rodeaban. *(Risas.)* Sin embargo, cuando existe ese entusiasmo colectivo compartido, el director ya no necesita hacer gran cosa. Le basta con ordenar el tráfico, con no interrumpir el flujo. Ese tipo de cosas ocurre a veces en las orquestas y en la ópera. En momentos así no hay necesidad de llamar la atención de nadie, basta con mantener el ímpetu. Todos los músicos compartían esa necesidad de esforzarse porque el director estaba débil a causa de la enfermedad, y eso me salvó.

MURAKAMI: Tenía usted neumonía, ¿verdad? Me parece increíble que fuese capaz de aguantar durante ochenta minutos.

OZAWA: Tenía mucha fiebre, pero no quise ponerme el termómetro por miedo. *(Risas.)* No me sentía capaz de interpretar el concierto de una sola vez y por eso pedí una pausa a la mitad.

MURAKAMI: En condiciones normales esa pausa no existe.

OZAWA: No. Fue una ocasión especial, pero recuerdo haberme tomado algún que otro descanso en otras ocasiones.

En la partitura, de hecho, está escrito «pausa». No recuerdo dónde fue. Tal vez en Tanglewood, porque fue un concierto al aire libre y el público necesitaba ir al baño. Aquel fue un concierto muy largo. O quizá fue porque era verano y hacía mucho calor.

MURAKAMI: De la grabación en el Carnegie Hall sólo he podido escuchar la parte de Brahms. Me parece una interpretación muy intimista.

OZAWA: Sí, creo que se debió a la tensión que flotaba en el ambiente. Realmente fue una experiencia inolvidable.

MURAKAMI: Acabo de caer en la cuenta de que nunca ha grabado usted *La canción de la Tierra* en su larga trayectoria profesional.

OZAWA: No, nunca.

MURAKAMI: Me sorprende. ¿Por qué? La *Primera sinfonía* la ha grabado usted en tres ocasiones.

OZAWA: Yo también me lo pregunto, pero desconozco la respuesta. Tal vez la circunstancia de no haber podido reunir a dos buenos cantantes, ya que para esa obra hace falta un tenor y una mezzosoprano. A veces se interpreta con dos voces masculinas. En concierto yo la he interpretado con Jessye Norman en muchas ocasiones.

MURAKAMI: Siempre he pensado que un director asiático puede darle a *La canción de la Tierra* un toque especial.

OZAWA: Eso es totalmente cierto. Ahora que lo menciona, recuerdo que en una ocasión me rompí un dedo mientras la dirigía. Este de aquí. *(Me muestra el meñique.)*

MURAKAMI: ¿Puede romperse uno un dedo dirigiendo?

OZAWA: ¿Conoce al tenor canadiense Ben Heppner? Es un tipo muy alto y estaba cantando a mi derecha, y Jessye Norman a mi izquierda. Ensayamos dos días y todo el tiempo sujetó la partitura con las manos. Sin embargo, justo antes de la representación le dio por decir que quería tener las manos libres, que le pusieran un atril. Hacer algo distinto a lo que se ha hecho durante los ensayos suele implicar un riesgo. Como era muy alto, lógicamente el atril también debía serlo. En caso de caerse hacia delante podía llegar a impactar en la primera fila y herir a algún espectador. Eso habría sido terrible, un accidente inasumible, de manera que al final no apareció con el atril de música, sino con uno grande de lectura, ya sabe, uno de esos de madera como los que usan los curas para sus sermones. Nada más verlo tuve un mal presentimiento. Como había imaginado, en cuanto sacudí el brazo en un momento de *forte* mi dedo meñique se golpeó con aquello y se rompió.

MURAKAMI: ¡Qué dolor!

OZAWA: Ni se lo imagina. Aguanté como pude más de media hora sin dejar de dirigir y cuando acabé tenía el dedo muy hinchado. Me fui directamente al hospital.

MURAKAMI: El trabajo de director de orquesta puede resultar muy duro, plagado de inesperados peligros, ¿verdad?

OZAWA: ¡Ja, ja, ja! *(Se ríe divertido.)*

MURAKAMI: En cualquier caso, me parece una lástima que no haya grabado usted *La canción de la Tierra*. Me gustaría mucho escuchar su interpretación.

Del blues de Chicago a Shinichi Mori

MURAKAMI: ¿Escucha alguna otra música además de clásica?

OZAWA: Me gusta el jazz. También el blues. Cuando estaba en Chicago para el Festival de Ravinia, solía ir tres veces por semana a conciertos de blues. Se suponía que debía estudiarme las partituras, acostarme pronto, levantarme temprano, pero en lugar de eso me iba a los clubes porque el blues me gustaba mucho. Al final me reconocieron y me dejaban pasar por una puerta lateral en lugar de hacerme esperar largas colas con el resto de la gente.

MURAKAMI: En aquella época los clubes de blues de Chicago no estaban en los barrios más seguros de la ciudad.

OZAWA: Desde luego que no. No eran los más recomendables, pero nunca tuve un percance. Ni siquiera sentí miedo. Daba la impresión de que todo el mundo por allí estaba al tanto de que yo dirigía en el Festival de Ravinia. Conducía media hora para ir y media para volver. Oía todo el blues que me apetecía y después volvía a la casa que tenía alquilada. Bebía y luego conducía. *(Risas.)* En Chicago trabajaba mucho con Peter Serkin y de vez en cuando se venía conmigo, pero como aún era menor de edad no le dejaban entrar. En ese aspecto en Estados Unidos eran muy severos. Solo te dejaban pasar si mostrabas tu carnet de identidad, de manera que, mientras yo escuchaba la música en el interior de los locales, Serkin se quedaba fuera cerca de alguna ventana y aguzaba el oído para tratar de oír algo. *(Risas.)*

MURAKAMI: Pobre.

OZAWA: Nos pasó varias veces.

MURAKAMI: Blues de Chicago interpretado por afroamericanos. Una música con raíz, ¿verdad?

OZAWA: Sí, pero había un tipo que también tocaba allí, Corky Siegel, que era blanco. Todos los demás, no. Él era el único blanco. Con el tiempo llegué a grabar con él. Por entonces el blues de Chicago era realmente magnífico. Muy denso. Había muchos músicos brillantes, muchas bandas bien formadas. Fue una gran experiencia para mí.

MURAKAMI: Imagino que el público sería fundamentalmente afroamericano.

OZAWA: Sí, por cierto, ahora que hablamos de Chicago. Los Beatles dieron un concierto allí en una ocasión. Alguien me dio una entrada, un buen asiento, la verdad, pero fui incapaz de escuchar nada de nada. Era un concierto en una sala cerrada y los gritos se superponían a la música. En resumen, vi a los Beatles, pero no los oí.

MURAKAMI: ¡Vaya un sinsentido!

OZAWA: Un sinsentido absoluto. Una auténtica decepción. Disfruté mucho con los teloneros, pero en cuanto los Beatles salieron al escenario, ya no oí nada más.

MURAKAMI: ¿Iba también a clubes de jazz?

OZAWA: No demasiado. En Nueva York, por el contrario, cuando era asistente del director en la Filarmónica, uno de los violinistas, el único afroamericano de la orquesta, de hecho, se enteró de que me gustaba el jazz y me llevó unas cuantas veces a clubes de Harlem. Fue fantástico. Por cierto, eso me recuerda que la secretaria de Bernstein, Helen Coats, que me hacía de madre en Estados Unidos, siempre me decía: «¡Seiji, no deberías ir a esos lugares tan peligrosos!». Pero eran clubes magníficos. A menudo llegaba el olor a comida desde las cocinas y yo pensaba: «Claro, no se puede llegar a entender el verdadero sentido de esta música sin ese olor».

MURAKAMI: *Soul food*. En los clubes del *Midtown* jamás olería así, desde luego.

OZAWA: Eso me recuerda que en una ocasión invitamos al Festival de Ravinia a Louis Armstrong, al que todos llamaban «Satchmo», y también a Ella Fitzgerald. Fui yo quien presionó para que los invitasen porque me gustaba mucho Armstrong. Hasta ese momento el Festival de Ravinia había estado orientado exclusivamente a un público blanco. Fue la primera vez que invitamos a músicos de jazz. Un concierto inolvidable. Estaba tan emocionado que cuando terminó fui a verlos al camerino. Realmente fue muy divertido. No soy capaz de explicar con palabras el carisma que tenía Armstrong. Era lo que en japonés llamamos *shibumi*, el momento en el cual un artista alcanza la madurez, la austeridad en su arte, la simplicidad en la ejecución, y todo eso le lleva a la maestría. Armstrong ya estaba muy mayor entonces y, a pesar de todo, tanto su forma de cantar como de tocar la trompeta seguían siendo insuperables.

MURAKAMI: En cualquier caso, me parece que la experiencia del blues dejó en usted una huella mayor.

OZAWA: Sí. Además, antes de aquella época ni siquiera sabía que existiera algo como el blues, y, por primera vez en mi vida, en Ravinia me pagaron un buen dinero. Por fin pude comer bien, ir a restaurantes y vivir en una casa decente. Conocí el blues por pura casualidad, en un momento en el que disfrutaba de cierto margen y quizá por eso el encuentro fue muy revelador para mí. Antes de eso ni siquiera me podía permitir pagar una entrada para escuchar música en vivo. Por cierto, ¿aún se toca blues en Chicago?

MURAKAMI: Seguro que sí. No estoy muy al tanto, pero al parecer aún tiene mucho público. En cualquier caso, el blues de la primera mitad de los sesenta fue excepcional. Influyó mucho a los Rolling Stones.

OZAWA: Creo recordar que había tres clubes estupendos a apenas unas manzanas de distancia. Las bandas cambiaban cada dos o tres días y por eso iba yo tan a menudo.

MURAKAMI: Eso me recuerda que usted y yo hemos ido juntos un par de veces a un club de jazz en Tokio.

OZAWA: Sí, me acuerdo.

MURAKAMI: La primera vez oímos a Junko Onishi al piano, y la segunda a Cedar Walton.

OZAWA: Sí, me lo pasé muy bien. Yo no tenía ni idea de que había un club de jazz tan decente en Japón.

MURAKAMI: A mí me gusta mucho Junko Onishi. Es una intérprete excepcional y en general se puede decir que los músicos japoneses de jazz tienen un nivel muy alto. Nada comparable a lo que ocurría hace veinte años.

OZAWA: Puede que tenga razón. Por cierto, escuché a Toshiko Akiyoshi a finales de los sesenta en Nueva York y me pareció buenísima.

MURAKAMI: Tiene una forma de tocar muy limpia, ¿no le parece? Es muy directa, muy asertiva.

OZAWA: Como un hombre.

MURAKAMI: Como usted, también ella nació en Manchuria, aunque debe de ser algo mayor.

OZAWA: Me pregunto si seguirá tocando.

MURAKAMI: Sí, seguro que sí. Tiene su propia *big band* desde hace tiempo.

OZAWA: ¿Una *big band?* ¡Increíble! Cuando estuve en Boston escuché mucho a Shinichi Mori. Y a Keiko Fuji.

MURAKAMI: ¿En serio? ¿Le gusta el *enka?*[1]

OZAWA: Sí. Además, eran dos cantantes excepcionales.

MURAKAMI: La hija de Keiko Fuji también es cantante.

OZAWA: ¿De verdad?

MURAKAMI: Su nombre artístico es Hikaru Utada.

OZAWA: ¿Esa mujer de rasgos tan marcados que canta en inglés?

MURAKAMI: Sí, canta en inglés, pero no me parece que tenga los rasgos tan marcados, aunque eso depende del criterio de cada uno, claro.

OZAWA: Mmm...

MURAKAMI: *(Ozawa le pregunta a su asistente, que acaba de pasar a su lado, si a ella le parece que Hikaru Utada tiene los rasgos marcados, y ella le responde que, en su opinión, no.)*

OZAWA: Pues entonces no sé quién es. Oí una de sus canciones y me pareció que cantaba muy bien.

MURAKAMI: De estudiante, yo trabajaba en una pequeña tienda de discos en Shinjuku y en una ocasión entró Keiko Fuji. Era una mujer pequeña, vestida con una ropa sobria y no llamaba especialmente la atención. Se presentó con una sonrisa en los labios y nos dio las gracias por vender sus discos. Después se inclinó en una reverencia y se marchó. En ese momento ya era una estrella de la canción, pero todavía recuerdo lo mucho que me impresionó que se tomase la molestia de visitar las tiendas de discos para dar las gracias. Debió de ser alrededor de 1970.

OZAWA: Sí. Me acuerdo de que oía en casete sus discos *El blues de la mujer del puerto* y *El sueño se abre en la noche.* Los

1. Música popular japonesa con cierta similitud a la copla española. *(N. de los t)*

243

oía a menudo cuando conducía entre Boston y Tanglewood. En esa época mi mujer Vera y mis hijos habían regresado a Japón y los echaba mucho de menos. Solía escuchar también monólogos *rakugo* cuando tenía tiempo. Me gustaba gente como Shinsho.

MURAKAMI: Cuando uno vive mucho tiempo en el extranjero llega un momento en el que quiere oír japonés, ¿verdad?

OZAWA: Naozumi Yamamoto tenía aquel programa de televisión que se llamaba *Ha venido la orquesta,* y cuando me invitó a participar acepté encantado con la condición de que fuese también Shinichi Mori. ¡Y acudió! Dirigí la orquesta y él interpretó una de sus canciones. Lo hicimos en una sola toma y nos salió muy bien. Un escritor muy famoso de cuyo nombre no me acuerdo lo vio y echó pestes. *(Risas.)*

MURAKAMI: ¿Por qué?

OZAWA: Dijo algo así como que por mucho que yo supiera de música clásica, no tenía ni idea de *enka*.

MURAKAMI: ¡Ah!

OZAWA: No le respondí, obviamente. Pero sí expuse mis objeciones a mi manera. Todo el mundo dice que el *enka* es algo único de Japón, una música que sólo pueden entender e interpretar los japoneses, pero yo no estoy de acuerdo. En esencia, el *enka* proviene de la música occidental y me parece que eso se puede explicar muy bien con un pentagrama.

MURAKAMI: ¿Qué quiere decir?

OZAWA: Ese tipo de ornamentación vocal llamada *kobushi* se conoce en términos musicales de Occidente como *vibrato*.

MURAKAMI: Es decir, transcrita en un pentagrama, cualquier músico, sea cual sea su origen, Camerún, por ejemplo, puede interpretarla a pesar de que nunca la haya escuchado con anterioridad.

OZAWA: Eso es.

MURAKAMI: Nunca lo había pensado. En términos de teoría musical, el *enka* se puede considerar entonces una forma universal de música. Entiendo lo que quiere decir.

QUINTA CONVERSACIÓN
Las alegrías de la ópera (la ópera es divertida)

El día 29 de marzo de 2011, cuando mantuvimos esta conversación, se dio la circunstancia de que ambos estábamos
en Honolulú. Fue dieciocho días después del gran terremoto y posterior tsunami que destruyeron la región de Tōhoku,
en el norte de Japón. En aquel momento yo estaba en Hawái trabajando. No podía regresar a Japón y no me quedaba
más remedio que informarme de lo ocurrido a través de la
CNN. Las noticias sólo hablaban de una tragedia detrás de
otra. No me pareció lo más adecuado ponernos a hablar
sobre las alegrías de la ópera en semejantes circunstancias,
pero tampoco abundaban los huecos en la apretada agenda
de Ozawa como para posponer nuestro encuentro. Al final
conversamos sobre ópera, y en el transcurso de nuestra charla fue inevitable que se colasen temas tan importantes como
qué iba a pasar tras el accidente nuclear de Fukushima o el
rumbo que tomaría Japón a partir de ese momento.

No había nadie tan alejado de la ópera como yo

OZAWA: Dirigí ópera por primera vez en mi vida después de
que me nombrasen director de la Sinfónica de Toronto,
en 1965. Se trataba de *Rigoletto,* pero se representó a modo
de concierto, sin escenario ni atrezo. Yo estaba feliz, exul-

tante más bien, de disponer al fin de mi propia orquesta. Podía interpretar a Mahler si quería, a Bruckner, incluso ópera.

MURAKAMI: Dirigir una ópera debe de ser, supongo, muy distinto a dirigir una orquesta sin más. ¿Dónde estudió dirección de ópera?

OZAWA: El maestro Karajan insistió en que aprendiera y me nombró su asistente cuando dirigió *Don Giovanni* en Salzburgo en 1968. Gracias a eso me aprendí la obra entera al piano. El maestro me había nombrado su asistente para empujarme a estudiar y dos años más tarde me encomendó la dirección de *Così fan tutte*.

MURAKAMI: ¿Dónde fue eso?

OZAWA: En Salzburgo también. Antes, un buen amigo mío, el tenor afroamericano George Shirley, me había sugerido la idea de hacer juntos una ópera. Él pensaba en *Rigoletto* y finalmente la representamos en Toronto. Nos divertimos mucho. También la represené en Japón, en el Bunka Kaikan de Tokio, con la Filarmónica de Japón, en versión concierto también. Lo pienso ahora y me doy cuenta de que nunca la he dirigido en su formato original.

Sea como sea, *Così fan tutte* fue mi primera ópera. La dirección artística estuvo a cargo de Jean-Pierre Ponnelle. Era un director extraordinario, pero tuvo la desgracia de caerse desde el escenario al foso de la orquesta mientras montaba una producción. Fue en 1988. Se lesionó la espina dorsal y murió poco después. En realidad iba a dirigir la ópera Karl Böhm, pero no se encontraba bien y por eso me nombraron a mí su sustituto. Creo recordar que iba a operarse de los ojos.

MURAKAMI: Debió de ser una gran oportunidad para usted.

OZAWA: Sí, pero todo el mundo estaba muy preocupado porque era un director novel. *(Risas.)* El maestro Karajan y el maestro Böhm asistieron a una de las representaciones para ver cómo lo llevaba. También habían ido a los ensayos. Por cierto, un año antes Claudio Abbado había estrenado, también en Salzburgo, *El barbero de Sevilla*. Fue su debut, aunque al parecer ya había dirigido ópera en Italia.

MURAKAMI: Abbado es algo mayor que usted, ¿verdad?

OZAWA: Sí, uno o dos años, aunque yo empecé como asistente de Lenny antes que él.

MURAKAMI: ¿Cómo fue la acogida de *Così fan tutte?*

OZAWA: No sabría decir, pero supongo que no demasiado mal, porque a partir de entonces empezaron a invitarme a dirigir la Filarmónica de Viena y también la Ópera Estatal.

MURAKAMI: ¿Disfrutó de aquella primera experiencia?

OZAWA: Por supuesto. Muchísimo. Debió de ser en 1972. Los cantantes era soberbios, en especial el tenor Luigi Alba. Todos disfrutamos mucho con la obra. Hubo muy buen ambiente. Al año siguiente volví a dirigirla en Salzburgo, porque allí acostumbran a representar la misma obra en dos o tres ediciones consecutivas. Después volvieron a invitarme para dirigir *Idomeneo,* de Mozart. Hicimos *Così fan tutte* en un teatro pequeño, el Kleines Festspielhaus, e *Idomeneo* en la Felsenreitschule. La mayor parte de las óperas que he dirigido ha sido en la Ópera Garnier de París, en la Scala de Milán y en la Ópera de Viena. Nunca he dirigido una en Berlín.

MURAKAMI: ¿Dirigió todas esas obras mientras era director de la Sinfónica de Boston?

OZAWA: Sí. Me tomaba unas vacaciones en Boston y me iba a Europa. En montar una ópera se tarda un mínimo de un mes, por eso me veía obligado a tomar vacaciones. No resultaba nada sencillo abordar nuevas producciones porque eso llevaba mucho tiempo, aunque en París sí lo hice con *Falstaff* o *Fidelio. Turandot* ya la había dirigido antes en otro lugar. Más tarde dirigí *Tosca* con Plácido Domingo y estrené *San Francisco de Asís,* de Messiaen, en 1983. Fue una *première* mundial.

MURAKAMI: Es decir, la ópera se convirtió en una parte muy importante de su carrera.

OZAWA: Si le digo la verdad, no había nadie tan alejado de la ópera como yo. *(Risas.)* El maestro Saito no me enseñó nada, y en Japón apenas tuve relación con ella. No obstante, mientras aún estudiaba, el maestro Akeo Watanabe dirigió *El niño y los sortilegios* de Ravel con la Filarmónica de Japón. Debió de ser en 1958.

MURAKAMI: Se trata de una ópera corta, ¿verdad?

OZAWA: Sí, de alrededor de una hora. Creo recordar que se representó en versión concierto. En algunos ensayos sustituí al director porque el maestro Watanabe estaba muy ocupado por aquel entonces. En realidad, esa fue mi primera experiencia operística.

MURAKAMI: ¿Dónde se representó?

OZAWA: No estoy seguro. En el Sankei Hall, creo. El maestro Watanabe dirigía una ópera cada dos años o algo así. Después de marcharme a vivir al extranjero me parece que dirigió *Pelléas et Mélisande,* de Debussy. Solía escoger óperas poco habituales.

MURAKAMI: En tal caso, usted empezó en serio bajo la tutela del maestro Karajan.

OZAWA: Sí, el maestro Karajan me dio buenos consejos. Decía, por ejemplo: «Para un director el repertorio de sinfonías y el de óperas son como las dos ruedas delanteras de un coche. Si falta una de ellas, la cosa no funciona. En el repertorio de sinfonías se pueden incluir los *concerti* o los poemas sinfónicos, pero en la ópera es completamente distinto. Si un director se muere sin haber dirigido una sola ópera, eso significa que desaparece sin saber prácticamente nada de Wagner». Lo cierto es que tenía razón. Insistió mucho para que estudiase. Sí o sí. Igual que con Wagner, ocurriría con Puccini, con Verdi. Mozart también dedicó la mitad de sus energías a la ópera. Cuando Karajan me habló de todo eso me decidí a empezar.

MURAKAMI: ¿Por eso montó *Rigoletto* en Toronto?

OZAWA: Sí, y así se lo dije al maestro Karajan. Cuando me disponía a dejar la Sinfónica de San Francisco para irme a Boston, me pidió que retrasase mi incorporación a mi nuevo puesto para irme a Europa con él y así enseñarme dirección de ópera.

MURAKAMI: ¡Qué amable!

OZAWA: Sí, me tenía por uno de sus principales discípulos. Yo tenía previsto renunciar a mi puesto como director del Festival de Ravinia para hacerme cargo enseguida del de Tanglewood, pero les pedí un año de plazo y me fui a estudiar con Karajan. Así llegó el *Don Giovanni* de Salzburgo que ya he mencionado antes. El maestro no sólo se hizo cargo de la parte musical, sino también de la artística e incluso de la técnica, la iluminación y esas cosas.

MURAKAMI: ¡Vaya!

OZAWA: Al menos no se encargó del vestuario, pero como estaba tan ocupado en distintos frentes me encargó la dirección de muchos ensayos.

Mimí de Mirella Freni

OZAWA: El papel principal lo tenía Nikolái Giaúrov, originario de Bulgaria. Mirella Freni interpretaba a Zerlina. Yo tocaba el piano para ellos en los ensayos casi todos los días. Se enamoraron enseguida y se casaron en 1978. Casi eran como de mi propia familia. *(Risas.)* Con el tiempo los invité a Tanglewood, donde interpretaron el *Réquiem* de Verdi. Él también estuvo conmigo cuando dirigí *Borís*

Godunov, de Músorgski, y *Eugenio Oneguin,* de Chaikovski. Mirella interpretaba el papel de Tatiana en *Oneguin,* por supuesto. Durante años mantuvimos la costumbre de cenar los tres juntos después de las representaciones hasta que, lamentablemente, Giaúrov murió en 2004.

MURAKAMI: Eso quiere decir que Freni cantaba en ruso.

OZAWA: Sí. Aparecía a menudo en *La dama de picas.* En el repertorio de su marido había muchas óperas rusas y para trabajar juntos ella se las tuvo que aprender. Siempre actuaban juntos.

MURAKAMI: Por eso se le daban tan bien las óperas rusas.

OZAWA: Gracias a ella tuve la oportunidad de dirigir muchas óperas, aunque juntos sólo hicimos cinco o seis. En cualquier caso, lo que siempre quiso fue cantar *La Bohème.*

MURAKAMI: El papel de Mimí, supongo, uno de los principales.

OZAWA: Siempre decía que nuestra próxima colaboración sería para hacer juntos *La Bohème,* pero al final no pudo ser. No sé si debería decir esto, pero en aquella época vino Carlos Kleiber a Japón con la orquesta de la Scala para representar esa ópera. La vi y pensé que yo era incapaz de hacerla. Demasiado buena. Era imposible superar eso.

MURAKAMI: Eso debió de ser durante su gira por Japón en 1981, ¿verdad? ¿El tenor no era Dvorský?

OZAWA: Y el papel de Mimí fue para Mirella Freni. Más tarde dirigí la ópera, pero para entonces Mirella ya casi estaba

retirada. Ahora se dedica a enseñar *bel canto* en su Módena natal. Digamos que no llegamos a coincidir.

MURAKAMI: ¡Qué lástima!

OZAWA: Su papel como Mimí era insuperable, y yo no quería
dirigir si no podía contar con ella. Hay cantantes que no
parecen actuar sobre el escenario. Uno les pregunta y
ellos aseguran que sí, que claro que actúan, pero su presencia resulta tan natural que es como si no hicieran
nada. La Mimí de Mirella era justo así.

MURAKAMI: *La Bohème* es una ópera que no funciona cuando el
personaje de Mimí no logra arrancar las lágrimas del público.

OZAWA: Exactamente.

MURAKAMI: Freni lo conseguía con toda naturalidad.

OZAWA: Aunque yo me propusiera no llorar, al final siempre
terminaba por hacerlo. La próxima vez que vaya a Floren-
cia pienso acercarme a Módena a visitarla.

Da un sorbo a su taza de té caliente.

OZAWA: Esto es azúcar, ¿verdad?

MURAKAMI: Sí.

Sobre Carlos Kleiber

MURAKAMI: ¿Fue tan excepcional *La Bohème* de Carlos Kleiber?

254

OZAWA: Sí. Estaba completamente sumergido en la obra. Todas las cuestiones técnicas relativas a la dirección parecían haberse esfumado. Le pregunté cómo era capaz de hacer algo así y me respondió: «¡Pero qué dices, Seiji! Soy capaz de dirigirla hasta dormido».

MURAKAMI: ¡Ja, ja, ja! Parece increíble.

OZAWA: Mi mujer estaba a mi lado y pensé que presumía delante de ella, pero, al fin y al cabo, la dirigía desde que era joven. Podía incluso haberse aburrido de ella.

MURAKAMI: Es decir, lo tenía todo en la cabeza. No obstante, el repertorio de Kleiber era limitado.

OZAWA: Sí, unas cuantas óperas y unas pocas sinfonías.

MURAKAMI: Es extraño. Hace poco leí en las memorias de Riccardo Muti que cuando dirigía *El anillo del Rin,* de Wagner, Kleiber fue a verlo al camerino, y cuando empezaron a hablar se dio cuenta de que Kleiber había memorizado hasta el último detalle de la ópera. Nunca la había dirigido, pero se había estudiado la partitura de memoria.

OZAWA: Sí, Kleiber era un director serio, muy estudioso. Se sabía las obras de memoria, pero también podía ser problemático. Cuando dirigió la *Cuarta sinfonía* de Beethoven en Berlín, por ejemplo, discutía a diario con todo el mundo y ni siquiera estaba claro si la interpretarían o no. Yo me llevaba bien con él y gracias a eso tuve la oportunidad de observar de cerca todo el proceso. A mí me daba la impresión de que estaba buscando un pretexto para no dirigirla.

MURAKAMI: ¿Ha cancelado usted en alguna ocasión?

OZAWA: Sí, claro. Últimamente a causa de mi enfermedad, pero normalmente me aguanto, aunque tenga un poco de fiebre.

MURAKAMI: ¿Y algún conflicto que le haya forzado a marcharse a casa?

OZAWA: Solo una vez. Creo recordar que fue durante mi segundo año como director de la Filarmónica de Berlín. ¿Conoce al compositor argentino Alberto Ginastera?

MURAKAMI: No, nunca he oído hablar de él.

OZAWA: Bueno, da igual. El caso es que yo estaba dirigiendo una composición suya de 1941, *Estancia,* que se interpreta con una gran orquesta. Por alguna razón el maestro Karajan había elegido esa obra y me había encargado a mí dirigirla. La cuestión es que no me quedó más remedio que ponerme a estudiar. En la segunda parte del programa íbamos a tocar una sinfonía de Brahms, no recuerdo cuál. Fuera como fuera, estábamos ensayando *Estancia* y caímos en la cuenta de que la parte de la percusión era extremadamente difícil. Había siete percusionistas en total, y como era tan complicada decidí que ensayaran solos y al resto de los músicos les tocó esperar. Los ritmos eran muy complejos y a pesar de todos los esfuerzos no conseguíamos hacernos con ellos. Demasiado complicado. Entonces uno de los percusionistas, un chico joven, empezó a reírse. Me enfurecí. «¿Por qué te ríes?», le espeté. Se sentó sin disculparse y eso me hizo hervir la sangre. Le volví a gritar: «¡Se supone que sois la gran Filarmónica de Berlín. ¿Qué vais a hacer pasado mañana en el estreno?». Mi reacción complicó aún más las cosas. Me enfadé todavía más, tiré la partitura de cualquier manera y ordené una pausa. Después me encerré en el camerino.

MURAKAMI: ¡Vaya!

OZAWA: Llamé a mi mánager, Ronald Wilford, que estaba en Nueva York. Le dije: «¡Me voy! No puedo trabajar en este sitio. Discúlpate en mi nombre con el maestro Karajan». También avisé a los responsables de la orquesta de que regresaba a Estados Unidos y fui a encerrarme, en esa ocasión, en mi habitación del hotel Kempinski. En aquella época Berlín estaba dividido en Este y Oeste y desde ninguno de los dos lados había vuelos directos a Nueva York. No me quedaba más remedio que hacer escala en otra ciudad. Pedí en la recepción del hotel que me buscasen un vuelo y empecé a recoger mis cosas.

MURAKAMI: Estaba usted enfadado de verdad.

OZAWA: Justo cuando estaba a punto de pagar la cuenta vino el presidente de la orquesta, Rainer Zepperitz, que tocaba el contrabajo. Tenía mucha confianza con el maestro Karajan. Venía acompañado de otros miembros de la orquesta para presentarme sus disculpas. Lo sentía de veras, me dijo. Desde que me había marchado, los percusionistas no habían dejado de ensayar y me pedía, por favor, que volviese al día siguiente, aunque sólo fuera para comprobar el resultado. Al pedírmelo así, qué otra cosa podía hacer aparte de ir, ¿no le parece?

MURAKAMI: Sí, supongo.

OZAWA: Volví a llamar a Wilford y le dije que me quedaría un poco más. Pedí al hotel que cancelase el vuelo... Al final todo terminó como un pequeño incidente, un incidente famoso. Un pequeño drama.

MURAKAMI: ¿Y llegó a dirigir *Estancia*?

OZAWA: Sí. Volví y la dirigí.

MURAKAMI: De haber sido usted Kleiber, seguro que no habría vuelto.

OZAWA: Seguro que no. *(Risas.)* El hecho de que no hubiera vuelos directos a Nueva York pesó mucho en mi decisión.

MURAKAMI: Los vuelos con escalas salvaron el concierto. *(Risas.)*

OZAWA: Rainer Zepperitz, por cierto, fue el primer contrabajo de la Saito Kinen desde sus inicios. Murió hace poco.

(Nota del autor: Estancia, Op. 8 fue en origen un ballet compuesto por Alberto Ginastera en 1941. Su segunda pieza de ballet después de Panambí, op. 1 (1934-1937), y se la considera una de sus obras más representativas. Es una pieza colorida que describe la vida de los gauchos de la Pampa argentina y de otras comunidades. Más tarde, el propio autor la transformó en una suite (Op. 8a), la que se interpreta en la actualidad.)

MURAKAMI: Vuelvo al tema de Kleiber en Japón con su interpretación de *La Bohème*, con Dvorský en el papel de Rodolfo y Freni en el de Mimí.

OZAWA: De acuerdo.

MURAKAMI: En mi opinión, Carlos Kleiber es un director capaz, en ocasiones, de interpretaciones muy novedosas de obras a las que el público está muy acostumbrado, como es el caso de la *Segunda sinfonía* de Brahms o la *Séptima* de Beethoven. Se nota frescura, una especie de redescubrimiento que a mí no deja de sorprenderme ni de mostrarme cosas ocultas. Hay muchos directores brillantes, pero no tantos capaces de lograr algo así.

OZAWA: Entiendo lo que quiere decir.

MURAKAMI: Para lograrlo, imagino, hace falta leer a fondo la partitura.

OZAWA: Sí. Era un lector muy atento, muy estudioso, pero su infortunio fue tener un padre que también fue un director colosal.

MURAKAMI: Erich Kleiber.

OZAWA: Desde mi punto de vista, eso fue lo que le convirtió en una persona tan negativa. Era algo verdaderamente terrible. Yo le caía bien y llegamos a tener una relación estrecha. Asistió a mis conciertos en varias ocasiones y me invitó a comer otras tantas. Cuando me nombraron director musical de la ópera de Viena, él fue el primero en enviarme un telegrama de felicitación. Fue un mensaje muy largo.

MURAKAMI: Tengo entendido que era una persona muy difícil.

OZAWA: Mucho. Era famoso por sus cancelaciones. Decidía cancelar así, sin más. Me llamó poco después de mi nombramiento y le propuse que viniera a Viena a dirigir alguna ópera. No era fácil contar con él. Entonces me dijo que no me había mandado el telegrama para eso. *(Risas.)*

MURAKAMI: Una cosa no tenía nada que ver con la otra...

OZAWA: Lo invité también a la Saito Kinen porque él tenía interés en la orquesta. Incluso había ido en una ocasión a Alemania para asistir a uno de nuestros conciertos. No me respondió ni que sí ni que no. También invité al maestro Karajan a dirigir la Saito Kinen, aunque al final no pudo venir. Debía sustituirme al frente de la Sinfónica de Boston. Había dirigido la Sinfónica de Chicago en Salzburgo a petición de Solti. Al final me dijo que no podía viajar a Boston, ya estaba mayor, pero que estaría encantado de dirigirla en Europa. En cualquier caso, murió antes de tener la oportunidad de hacerlo.

MURAKAMI: ¡Qué lástima!

OZAWA: Nunca llegó a decirme abiertamente si iba a dirigir la Saito Kinen o no, pero nos invitó a Salzburgo. Le volví a proponer dirigir de forma alternativa una obra él y otra yo, pero su respuesta no fue clara. Murió al año siguiente. Imagino que ya por entonces se sentía débil.

MURAKAMI: Me hubiera encantado escuchar a la Saito Kinen dirigida por Kleiber o por Karajan.

OZAWA: El maestro Karajan tenía mucho interés en la Saito Kinen y por eso se tomó la molestia de invitarnos a Salzburgo. No es nada fácil invitar a toda una orquesta a participar en ese festival.

Óperas y directores

MURAKAMI: Recuerdo que hace tiempo me habló de su proyecto de representar una ópera con la dirección artística de Ken Russell, ¿verdad?

OZAWA: Sí. Íbamos a representar *Eugenio Oneguin* en Viena con dirección musical mía y artística suya. Mirella Freni iba a cantar. Fue antes de que me nombrasen director, cuando Lorin Maazel aún ocupaba el puesto. Me reuní con Ken en varias ocasiones para hablar del asunto, pero al final no sé qué pasó. Se peleó con la Ópera y renunció. Yo no tuve nada que ver con todo eso.

MURAKAMI: De haberlo llevado a buen puerto, imagino que el resultado habría sido muy singular.

OZAWA: Eso creo, porque él había dirigido antes *Madame Butterfly* y había suscitado una gran polémica. Se le había ocurrido proyectar una foto de la bomba atómica y después sacó al escenario una botella gigante de Coca-Cola como símbolo de Estados Unidos. Cuando lo conocí me impresionó lo radical que era.

MURAKAMI: Su película *Mahler* también fue algo extraordinario.

OZAWA: Sí, me invitó a verla cuando lo conocí. Fuimos a un club del centro de Londres, un lugar oscuro y extraño donde sólo admitían a hombres, y charlamos. Me comentó que en la obra original de Pushkin, el protagonista, Eugenio Oneguin, estaba descrito como un personaje mucho más repulsivo. En la ópera de Chaikovski aparece, sin duda, como un hombre débil, indeciso, pero no como un mujeriego. Russell me dijo que él quería subrayar esa parte oscura del personaje.

MURAKAMI: Seguro que se habría organizado todo un escándalo. *(Risas.)* En cualquier caso, ¿llegó a materializarse el proyecto?

OZAWA: No. La cosa terminó ahí.

MURAKAMI: No debe de ser fácil elegir a un director artístico.

OZAWA: El primero con el que trabajé en *Così fan tutte,* Jean-Pierre Ponnelle, me pareció magnífico. Aún hoy sigo pensando que es un genio. Entendía la música a la perfección. Cuando se prepara una ópera, primero se ensaya la música al piano, sin escenario, sin nada. Sin embargo, él aseguraba que todo resultaría más natural si los intérpretes practicaban los gestos, los movimientos que harían después en la representación. Fue mi primera experiencia con ese método, un verdadero descubrimiento. Le pregunté cómo era capaz de hacerlo y él me explicó que oía la música una y otra vez hasta que esta terminaba por impregnar todas las fibras de su cuerpo. Su modo de entender la música era muy especial.

MURAKAMI: No era de esa clase de director que crea primero la dirección de escena, antes siquiera de oír la música.

OZAWA: En absoluto. Y nos caíamos muy bien. Cuando lo vi en París un poco antes de su muerte, hablamos de la posibilidad de hacer juntos *Los cuentos de Hoffmann*. Él ya estaba trabajando en ello. Planeábamos estrenarlo en la Ópera Cómica de París, pero su intención era llevarla a un teatro mucho más grande. Yo también estaba muy ilusionado, pero murió poco después. Lo sentí de veras. Para mí era un director artístico fuera de serie.

MURAKAMI: Hace poco vi en el canal NHK una representación de *Manon Lescaut* dirigida por usted en Viena en 2005. Estaba ambientada en el momento actual.

OZAWA: Sí. El director artístico era Robert Carsen. De las muchas óperas que ha dirigido, la mejor fue *Elektra*, de Richard Strauss. La ambientación era modernísima, pero hizo un trabajo brillante. Y también está *Jenůfa*, de Janáček, un éxito indiscutible. Trabajamos juntos en *Tannhäuser*. Imagino que sabe que se trata de una historia sobre una competición de canciones, pues él la transformó en una competición de cuadros.

MURAKAMI: ¿De verdad? No sabía que se pudiera hacer algo así.

OZAWA: Sí, una competición de cuadros. Yo dirigí la música. La presentamos en el Teatro de la Ópera de Tokio, el Nomori. Después en París. En Japón la recibieron con cierta frialdad, pero en París fue un gran éxito. A los franceses les gusta mucho la pintura.

MURAKAMI: Cuando se invierte tanto dinero en producir una ópera imagino que no hay forma de recuperar la inversión si no se representa al menos cierto número de veces.

OZAWA: A decir verdad, lo que quieren los teatros es representar las mismas producciones durante diez o veinte años y cubrir así los gastos. Por ejemplo, *La Bohème* de Zeffirelli se sigue representando en Viena. Me parece que llevan ya treinta años. En general se abordan nuevas producciones con la expectativa de que duren un mínimo de tres años. En un año se suelen representar diez veces, por lo que en total daría un total de treinta representaciones. Solo entonces se recupera la inversión. Después se lleva a teatros de menor categoría, y es entonces cuando se empieza a ganar dinero.

MURAKAMI: No lo sabía.

OZAWA: Pues es así.

MURAKAMI: Hace unos años dirigió usted el *Fidelio* de Beethoven. ¿Fue también el mismo proceso?

OZAWA: Por supuesto. A Japón se llevó todo el montaje en barco. En realidad, se trataba de una gira a cargo de la Ópera Estatal de Viena, de manera que no fue exactamente el mismo procedimiento. Dentro de poco voy a dirigir *La dama de picas* de Chaikovski y toda la puesta en escena viene de Viena.

MURAKAMI: Esas producciones terminan por convertirse así en uno de los principales valores del teatro, ¿verdad?

OZAWA: Sí, pero en el caso de Japón, por mucho que uno se empeñe en guardar determinado escenario, no hay donde hacerlo. En Viena disponen de un almacén gigante en las afueras de la ciudad. El Gobierno austriaco les cedió el terreno y allí lo tienen todo guardado. Van y vienen camiones para llevar las cosas que necesitan. Pueden guardar el escenario entero y lo demás de dos óperas distintas. Los camiones tienen un montón de trabajo.

Abucheado en Milán

MURAKAMI: Supongo que no me equivoco si afirmo que la ópera es la esencia misma de la cultura europea moderna. Es como si llevara sobre sus hombros esa parte más colorida y brillante de la cultura de Europa, desde los tiempos en los que la patrocinaba la aristocracia hasta más tarde, cuando empezó a contar con el patrocinio de empresas. ¿Cree que ha existido cierta resistencia al hecho de que un director japonés entrase en ese territorio tan particular?

OZAWA: Por supuesto que sí. Yo mismo fui objeto de un sonoro abucheo la primera vez que dirigí *Tosca* en la Scala de Milán en 1980 con Luciano Pavarotti. Teníamos buena relación y por eso me invitó a Milán. Yo estaba muy impaciente por trabajar con él y como me caía muy bien, terminé por dejarme engañar. *(Risas.)* El maestro Karajan se opuso. Llegó a asustarme, dijo que me iba a suicidar, que me iban a matar.

MURAKAMI: ¿Y quién le iba a matar?

OZAWA: El público. El público de Milán tiene fama de ser muy difícil, y, como había imaginado, el abucheo fue ensordecedor. No obstante, tenía siete representaciones previstas, y al tercer día, cuando quise darme cuenta, ya no me abucheaban. A partir de ahí todo empezó a ir bien.

MURAKAMI: ¿En Europa tienen esa costumbre de abuchear?

OZAWA: Sí, sí. Especialmente en Italia. En Japón es algo impensable.

MURAKAMI: ¿No sucede nunca?

OZAWA: En raras ocasiones, pero jamás de esa manera.

MURAKAMI: Cuando yo vivía en Italia recuerdo que los periódicos publicaban a menudo crónicas del tipo: «Sonoro abucheo anoche a Ricciarelli en Milán». Me sorprendía mucho que un abucheo en la ópera terminase convertido en noticia.

OZAWA: ¡Ja, ja, ja! *(Se ríe con ganas.)*

MURAKAMI: Tienen toda una cultura del abucheo. A mí me critican muchas veces abiertamente como escritor, pero si no quiero saber nada del asunto me basta con no leer las críticas. De esa manera ni me enfado ni me deprimo. A un músico no le queda más remedio que enfrentarse al público y no hay forma de escapar. Debe de ser muy duro, siempre me lo ha parecido.

OZAWA: La primera vez que me abuchearon fue con *Tosca*, en la Scala. Mi madre estaba presente porque había venido de Japón a Milán para ayudarme, para cocinar para mí, ya que mi mujer se había quedado en Japón con los niños. Aprovechó para ir al teatro, y cuando vio a su alrededor a toda aquella gente abucheándome pensó que me estaban gritando «bravo». *(Risas.)* Gritaban como locos sin cohibirse en absoluto, y ella pensó que estaban muy contentos. Volvimos a casa y me dio la enhorabuena por tantos «bravos».

MURAKAMI: ¡Ja, ja, ja, ja!

OZAWA: Le expliqué que se trataba más bien de todo lo contrario, pero no llegó a entenderlo del todo porque en su vida nunca se había visto en una situación como esa.

MURAKAMI: Por cierto, y aunque se trate de otra cosa, cuando sale al terreno de juego el base de los Red Sox, Kevin Youkilis, en lugar de gritar «¡buu, buuu!», dicen «¡yuu, yuuu!». Al principio pensaba que le abucheaban, no entendía lo que estaba pasando.

OZAWA: Sí, podría ser algo parecido, pero cuando me abuchearon a mí, Pavarotti me consoló. Me dijo: «Mira, Seiji. Si te abuchean, quiere decir que has llegado a lo más alto en el mundo de la música». Después, un miembro de la orquesta me explicó que nunca se había dado el caso de un solo director al que no hubieran abucheado. ¡Incluso a Toscanini! Aunque, la verdad, nada de eso me consoló. *(Risas.)*

MURAKAMI: De todos modos, parece que todos se preocupaban por usted.

OZAWA: Sí. Y también mi mánager. Me dijo que no me preocupase. Según él, los miembros de la orquesta estaban de mi parte, y eso era lo más importante. Me explicó que un director sin el apoyo de la orquesta no tenía nada que hacer. No era mi caso, menos mal. No había razón para preocuparse, sólo era cuestión de aguantar un poco. Según él, las cosas terminarían por ir bien. Los músicos me apoyaban. A veces eran ellos quienes abucheaban al público.

MURAKAMI: ¿Y qué pasó al final?

OZAWA: A los pocos días se acabaron los abucheos. El volumen de las protestas empezó a disminuir y un buen día desaparecieron del todo. A partir de entonces ya no volvió a pasar. De haber seguido los abucheos, yo no lo habría resistido. No sé qué habría pasado. Después de todo, nunca he pasado por una experiencia tan horrible como esa.

MURAKAMI: Después volvió a dirigir muchas otras veces en la Scala, ¿verdad?

OZAWA: Sí, bastantes. *Oberon*, de Weber; *La maldición de Fausto*, de Berlioz; *Eugenio Oneguin*, de Chaikovski; de este último también dirigí *La dama de picas*, y otras tantas de las que ya no me acuerdo.

MURAKAMI: ¿No le volvieron a abuchear?

OZAWA: Creo que no. Algún individuo sí, por supuesto, pero no todo el público.

MURAKAMI: ¿Cree que en la Scala existía una resistencia a que un oriental dirigiera ópera?

OZAWA: Bueno, supongo que se encontraron con una música un poco distinta a la que esperaban oír. El sonido de mi *Tosca* no era el que ellos habían imaginado. Un japonés dirigiendo *Tosca* era casi una afrenta para los milaneses. De eso no cabe duda.

MURAKAMI: No había ningún otro director oriental por aquel entonces, ¿verdad?

OZAWA: Creo que no, pero, como ya le he dicho antes, los músicos de la orquesta y los cantantes me dieron su apoyo. Fue algo de agradecer. Por cierto, en Chicago pasó algo parecido. En mi primer año al frente del Festival de Ravinia recibí muchas críticas. Los periódicos me vapulearon a base de bien. Había un crítico musical, uno de los más influyentes, al que yo no le caía bien y debía de tener alguna razón oscura para meterse conmigo. Sus críticas eran muy severas. Igual que a Lenny cuando le denostó Schonberg, el crítico del *New York Times*. No obstante, también en esa ocasión los miembros de la orquesta me apoyaron e incluso al terminar el festival me dieron una «ducha».

MURAKAMI: ¿Una «ducha»?

OZAWA: Yo tampoco sabía lo que era. Cuando un director tiene que entrar y salir varias veces al escenario para saludar, los miembros de la orquesta empiezan a tocar los instrumentos de cualquier manera. La trompa, las cuerdas, los trombones, la percusión, todos se pusieron a hacer ruido. ¿Entiende?

MURAKAMI: Sí.

OZAWA: Eso es lo que llaman «ducha». Yo no lo sabía y me quedé muy sorprendido. Entonces, el segundo violín, el mánager de la orquesta, se me acercó y me dijo: «Esto es lo que llamamos ducha, Seiji. Acuérdate bien». Parece ser que era su forma de protestar contra las críticas de los periódicos.

MURAKAMI: Ya entiendo.

OZAWA: Fue mi primera ducha. Los periódicos de Chicago intentaban acabar conmigo, pero al final renové el contrato con el Festival para el año siguiente y así hasta otros cinco años más. No consiguieron aplastarme.

MURAKAMI: Imagino que no queda más remedio que sobrevivir, resistir a las presiones externas.

OZAWA: Puede ser, pero en aquella época yo ya estaba acostumbrado a ese tipo de cosas. En Viena, en Salzburgo y en Berlín recibí muchas críticas al principio y de esa forma me acostumbré a los golpes.

MURAKAMI: ¿Golpes? ¿Qué clase de cosas decían de usted?

OZAWA: Si le digo la verdad, no lo sé. No podía leer los periódicos, pero sin duda hablaban mal de mí. Me lo decía la gente a mi alrededor.

MURAKAMI: Es normal. Cuando aparece un novato le llueven los golpes por todas partes.

OZAWA: No, no siempre ocurre. Hay directores que no han pasado por esa experiencia. No creo, por ejemplo, que nadie se atreviese a decir de Claudio Abbado que era un novato, ni que recibiera críticas muy severas. Desde el primer momento le reconocieron su talento como director.

MURAKAMI: En aquel entonces no había músicos orientales en activo en Europa. A lo mejor por eso el viento soplaba más fuerte en su contra.

OZAWA: En 1959 contrataron a Kunio Tsuchiya, intérprete de viola, como miembro de la Filarmónica de Berlín y aquello se convirtió en una gran noticia. Todo un acontecimiento, pero hoy en día, en especial en las secciones de cuerdas, no hay una sola orquesta importante en Europa que no cuente con músicos asiáticos. Las cosas han cambiado mucho.

MURAKAMI: En esa época todo el mundo debía de dar por hecho que un oriental era incapaz de entender la música occidental.

OZAWA: Puede ser. Lo cierto es que no recuerdo nada de lo que dijeron de mí. Por el contrario, los músicos de las distintas orquestas que dirigí siempre me apoyaron y me demostraron un gran cariño. «Aquí tenemos a un joven que viene de muy lejos, de Asia, y todo el mundo se empeña en ponérselo difícil, así que apoyémosle.» Algo así debían de pensar.

MURAKAMI: Al menos contaba con el apoyo de sus colegas. Imagino que eso debía de resultar tranquilizador.

La diversión superaba con creces las dificultades

OZAWA: En cualquier caso, el maestro Karajan parecía empeñado en enseñarme ópera.

MURAKAMI: En una ópera el director no sólo debe hacerse cargo de los instrumentistas, también de los cantantes, dirigirlos a todos a un tiempo. ¿No resulta difícil?

OZAWA: Al final se trata de una cuestión de contacto. Uno debe tener contacto con la orquesta y con los cantantes al mismo tiempo.

MURAKAMI: A diferencia de los instrumentistas, los cantantes trabajan de una manera más personal. Después de todo son estrellas. ¿No es difícil de gestionar?

OZAWA: Sí, claro. A veces se encuentra uno con personas difíciles, pero una vez que suena la música y les pido corregir ciertas cosas, ya nadie suele quejarse o plantear problemas. Al fin y al cabo, todos queremos dar lo mejor de nosotros mismos.

MURAKAMI: Es decir, no fue tan complicado para usted.

OZAWA: *Così fan tutte* fue mi primera ópera en Salzburgo. Yo no se lo escondí a nadie. Me planté delante de todos y les dije: «Es la primera ópera de mi vida». Fueron muy amables y me enseñaron muchas cosas. El maestro Karajan también, por supuesto, e incluso Claudio vino para enseñarme a ajustar el sonido de la música a la voz de los cantantes.

MURAKAMI: ¿Nadie tuvo un comportamiento mezquino con usted?

OZAWA: No sé qué decir. Tal vez sí, pero yo no me di cuenta. *(Risas.)* Nos llevábamos bien, se respiraba un ambiente familiar. De hecho, organicé una fiesta en mi casa y los invité a todos a comer *gyoza*.

MURAKAMI: Más que un desafío, ¿la ópera era diversión para usted?

OZAWA: Sí, diría que sí. Sentía la obligación de estudiar concienzudamente, pero por encima de todo me divertí, porque en mi caso la ópera fue una especie de regalo que me llegó con mi carrera ya empezada. También ahora, si pudiera, me gustaría dedicarme a ella. He estudiado muchas que aún no he podido estrenar.

MURAKAMI: La oferta para ocupar el puesto de director musical de la Ópera Estatal de Viena fue más o menos inesperada, ¿me equivoco?

OZAWA: Sí, fue muy repentina. Yo iba allí a dirigir casi todos los años. No sólo a la Filarmónica, también la Ópera. Un buen día me ofrecieron el puesto. Había dirigido la Sinfónica de Boston durante veintisiete años. Me pareció que tres décadas en el mismo sitio ya eran más que suficientes, un buen momento para cambiar. También pensé que el trabajo en Viena no sería tan duro y que quizá pudiera disfrutar de más tiempo libre para volver a Japón de vez en cuando. Pero nada resultó como había imaginado. Preparar una obra nueva exige mucho esfuerzo y tiempo. En Viena le daban especial importancia a eso. También me vi obligado a viajar de acá para allá. A lo mejor no montábamos siempre las óperas completas, pero las representábamos en muchos lugares del mundo.

MURAKAMI: En pocas palabras, el mismo trabajo en Viena que en Boston.

OZAWA: Sí, el mismo, pero al menos no me resultaba tan agotador. Todos se preocuparon mucho por mí y no hubo para tanto. Fue muy divertido y aprendí muchísimo. Me hubiera gustado hacer muchas más cosas de no haber enfermado... ¡Qué lástima!

MURAKAMI: Sabe, como simple *amateur* me imagino la Ópera de Viena como un lugar cargado de historia, un pandemónium de intrigas y conspiraciones.

OZAWA: ¡Je, je! Eso dice todo el mundo, pero en realidad no es así, y, en caso de serlo, desde luego yo no me di cuenta de nada.

MURAKAMI: ¿No había injerencias políticas, por ejemplo?

OZAWA: ¡Ah, eso! Yo intento no meterme en esas cosas. Nunca lo he hecho, ni en Boston ni tampoco en Japón. En el caso de Viena, como no hablo alemán, tal vez esto fue una ventaja para mí. Si uno no habla el idioma puede resultar muy incómodo, desde luego, pero en determinadas circunstancias también es de lo más útil. En mis ocho años allí me divertí mucho. Podía montar la ópera que quisiera y asistir como espectador a otras tantas.

MURAKAMI: Estaba en el paraíso de la ópera.

OZAWA: Sí, pero (y odio tener que admitirlo) casi nunca veo una de principio a fin. Hay determinadas escenas que son las más importantes. Las veía, y una vez que terminaban me marchaba. *(Risas.)* Lo lamento por los músicos y los cantantes.

MURAKAMI: Es cierto. Para ver una ópera entera hace falta disponer de mucho tiempo.

OZAWA: Yo veía lo que quería y después volvía a mi oficina en el edificio de la Ópera para seguir trabajando. Debería haberlas visto enteras, pero estaba ocupado y no lograba sacar tiempo de ningún sitio. A mediodía ensayaba con la Filarmónica o en el estudio. En el estudio sólo se ensayaba con el piano. Tres horas de ensayo por la mañana, tres por la tarde. Era agotador. Al anochecer estaba muy cansado. Después no me resultaba nada fácil quedarme a ver una ópera entera que podía llegar a durar tres horas. ¡Me moría de hambre! *(Risas.)*

MURAKAMI: La ópera está concebida para gente con tiempo. Hace unos años fui a Viena para ver unas cuantas, y usted seguía allí como director. Veía una ópera, iba a un concierto de la Filarmónica y luego de vuelta a la ópera. Una verdadera felicidad, porque eso significa que disponía de mucho tiempo libre. Espero que cuando se mejore vuelva a dirigir en Viena.

En una pequeña ciudad suiza

Tuve el privilegio de presenciar la práctica totalidad de las actividades de la Academia Internacional Seiji Ozawa en Suiza, del 27 de junio al 6 de julio de 2011. La Academia consiste en un seminario destinado a jóvenes instrumentistas de cuerda y está dirigida por el propio Seiji Ozawa. Se celebra en una pequeña ciudad suiza llamada Rolle, a orillas del lago de Ginebra, no muy lejos de Montreux. Con una duración de diez días, se organiza todos los años en verano. Cuando yo asistí, era su séptima edición.

Brillantes músicos de cuerda de entre veinte y treinta años llegados de distintos lugares de Europa se reúnen allí para un retiro durante el cual reciben una intensa formación. Viven y tocan juntos en algo así como un centro cultural cedido por el ayuntamiento. Para ser una ciudad pequeña, las instalaciones son más que decentes. Se encuentran en un edificio frente al lago, rodeado de verde y con un gran terreno a su alrededor. Se trata de un edificio antiguo cargado de historia. De vez en cuando, por las ventanas abiertas de par en par, se ve un barco cruzando el lago. Se trata del ferry que cubre el trayecto entre Francia y Suiza. A proa y popa ondean al viento las banderas de ambos países dando una agradable sensación de frescor.

Bajo la dirección de Seiji Ozawa, intérpretes de primera

línea a nivel mundial como Pamela Frank (violín), Nobuko Imai (viola) y Sadao Harada (chelo) orientan a los estudiantes. En esa ocasión también asistió como profesor invitado el estadounidense Robert Mann, una auténtica leyenda, primer violín durante cerca de medio siglo en el Juilliard String Quartet. Como es obvio, los aspirantes a participar en el seminario son muy numerosos y por tal razón se celebran audiciones previas para seleccionar a los más brillantes. En pocas palabras, reúnen a toda una élite de promesas de todos los rincones de Europa.

En esencia, el seminario se orienta al cuarteto de cuerda. Cada uno de los tres profesores cambian de un cuarteto a otro, escuchan los progresos de los alumnos y les ofrecen indicaciones relativas al *tempo,* al tono, al equilibrio. En realidad no se trata tanto de una formación como de una orientación, una serie de consejos prácticos brindados por profesionales, sugerencias para mejorar de tal o cual manera. En lo relativo a la formación, con toda probabilidad esos jóvenes músicos ya han recibido más que suficiente. Lo que necesitan, precisamente, es dar un paso más allá de la formación.

Esa era la atmósfera que impregnaba todo el seminario. Se trataba más bien de camaradería, de compartir experiencias con otros compañeros. Ozawa también participaba de vez en cuando con sus propias aportaciones.

Robert Mann, por su parte, estaba a cargo de las clases magistrales. La amplia sala donde impartía sus clases estaba siempre al límite de su capacidad. Lo que sucedía allí dentro no era tanto una formación en un sentido más o menos democrático como una revelación de secretos del arte musical, todo ello en un formato muy concentrado. Los alumnos y profesores reunidos allí para asistir a sus clases escuchaban con suma atención cada una de las palabras de ese gran mentor de la música de cámara. También a mí me abrieron las puertas y, a pesar de mi escaso conocimiento sobre instrumentos de cuerda, me resultó sumamente interesante, lleno de sugerencias de lo más útiles a la hora de comprender y apreciar la música.

Durante el día, los alumnos se dedicaban a ensayar con sus respectivos cuartetos en las distintas salas del centro. Por la tarde, con sus instrumentos al hombro, caminaban diez minutos hasta un viejo edificio de piedra rematado con una torre y situado también a la orilla del lago, al que todos llamaban «el Castillo». En tiempos debió de ser la residencia de un terrateniente, de un señor feudal, pero en la actualidad forma parte del patrimonio de la ciudad. En el gran salón de la segunda planta ensayaban todos juntos. Debía de ser, supongo, el antiguo salón de baile o algo parecido. Los techos eran muy altos, la decoración profusa, y de las paredes colgaban numerosos retratos. Tras las ventanas abiertas se extendía la oscuridad de las noches de verano.

Esos ensayos estaban abiertos a los habitantes de Rolle. Cada noche acudía numeroso público, ocupaban las sillas dispuestas para la ocasión y disfrutaban de la música. En el exterior, los gorriones aún revoloteaban henchidos de energía bajo un cielo en penumbra. En las partes más delicadas de las distintas piezas musicales, en los pasajes en *pianissimo*, los cantos de los pájaros se superponían a las notas musicales. Los conciertos solían durar una hora, y al terminar el público aplaudía de todo corazón en agradecimiento por la velada. Parecía como si los habitantes de la ciudad y los músicos estuvieran íntimamente unidos; la música, firmemente arraigada en ese lugar, parecía una escena más de la vida cotidiana.

La orquesta la dirigían Seiji Ozawa y Robert Mann. El programa incluía el *Divertimento K.136*, de Mozart, dirigido por Ozawa, y el tercer movimiento del *Cuarteto de cuerda n.º 16* de Beethoven, dirigido por Mann. Como *encore,* como bis, el primer movimiento de la *Serenata para cuerdas* de Chaikovski, también dirigido por Ozawa.

Los alumnos ensayaban de la mañana a la noche, sin apenas descansos, sumergidos, literalmente, en la música. Pero eran jóvenes de veinte años (más mujeres que hombres, por cierto) y a pesar de estar tan ocupados, al final del día sacaban tiempo libre para ir a alguna parte a disfrutar de su juventud. Comían todos juntos en medio de un gran alboroto y por la noche salían a tomar algo en alguno de los bares de la ciudad. Como es lógico, al parecer surgieron también algunos romances.

Yo participé en calidad de «invitado especial». El maestro Ozawa me había dicho algún tiempo antes: «Haruki, debería venir y ver con sus propios ojos lo que hacemos allí. Después de eso ya no escuchará la música como antes». No terminaba de creérmelo, cuando, de pronto, me encontré en Suiza.

Me compré un billete de avión y en el aeropuerto de Ginebra alquilé un coche. Como en Rolle no quedaba una sola habitación libre (hay pocos hoteles porque se trata de una ciudad pequeña), me alojé en Nyon, una ciudad vecina también a orillas del lago de Ginebra, a unos quince minutos de distancia en coche. Cerca del hotel había varios buenos restaurantes que servían pescado fresco del lago, y en la orilla de enfrente veía Francia. A mano derecha, en la distancia, se veían con toda claridad los Alpes con sus cumbres cubiertas de nieve.

Suiza es un lugar muy agradable en verano. El sol llega a calentar a mediodía, pero como es un clima de alta montaña, en cuanto anochece hace falta una chaqueta ligera. Sin necesidad de recurrir al aire acondicionado, los jóvenes músicos podían ensayar y ensayar sin pasar calor. Yo me levantaba temprano y salía a correr una hora alrededor del lago por caminos de tierra y a través de bosques silenciosos. Después volvía al hotel. Sudaba lo justo. Me aseaba, me sentaba a la mesa para trabajar un rato y después conducía hasta Rolle. El camino estaba salpicado de campos de girasoles y de viñedos que parecían no tener fin. En la carretera no se veía un solo anuncio. No había ninguna tienda abierta las veinticuatro horas, ni un solo Starbucks. A mediodía almorzábamos todos juntos un bufet ligero a base de verduras frescas de la zona.

Después del almuerzo iba de acá para allá para asistir a los ensayos que tenían lugar en cada una de las salas. En cuanto tenía oportunidad, aprovechaba para hablar de temas diversos con los alumnos. La mayoría eran francoparlantes y de la Europa del Este. En un principio se mostraban algo tímidos conmigo, aunque no cohibidos. Se extrañaban de que un escritor como yo estuviera allí. Sin embargo, cuando les hablé del proyecto de escribir un libro sobre música que Ozawa y yo nos traíamos entre manos, me acogieron con toda naturalidad en mi calidad de «invitado especial». A veces me preguntaban mi opinión: «¿Qué le ha parecido la interpretación?». No tardé en enterarme de que unos cuantos habían leído alguno de mis libros.

Escuché muchas cosas interesantes de boca de Pamela Frank, Nobuko Imai y Sadao Harada, pero también de Robert Mann. Al tratarse de una «comunidad temporal», una vez admitido en su seno me sentía libre para hablar con todos ellos y eso es algo que no me cansaré de agradecer.

Lo que más me interesaba de lo que ocurría allí era el proceso de creación de lo que llamamos «buena música». Todos compartíamos la experiencia de habernos emocionado alguna vez con la «buena música» y también la de habernos sentido decepcionados cuando no resultaba ser tan buena. Era algo natural. Sin embargo, yo no sabía casi nada del proceso de creación de la música. Si se trata de una interpretación individual, de una sonata para piano, por ejemplo, me imagino el proceso más o menos bien, pero cuando se trata de un *ensemble*, la cosa se complica. ¿Qué clase de reglas imperan? ¿Qué clase de orientación hay que dar en función de la experiencia? Los músicos profesionales conocerán las respuestas a esas preguntas, es natural, pero los simples aficionados no llegamos a entenderlo bien.

Uno de mis objetivos era observar qué clase de música llegaban a crear en el transcurso de una semana un grupo de jóvenes músicos que no se conocían entre sí, cómo les influía la orientación a cargo de músicos de primera línea. Para alcanzar mi propósito escuché toda la música que pude. Ozawa y el resto de los profesores la seguían en las partituras, pero en mi caso, al no poder hacerlo, me limitaba a aguzar el oído, a prestar la máxima atención. Nunca antes había pasado tantos días sumergido en la música. Todo lo que oí allí aún resuena en mis oídos.

A continuación cito las piezas que ensayaron los alumnos. De ese modo, el lector se hará una idea más exacta de lo que sonaba allí:

1. Haydn: *Cuarteto de cuerda n.º 75, op. 76 n.º 1.*
2. Smetana: *Cuarteto de cuerda n.º 1 (De mi vida).*
3. Ravel: *Cuarteto de cuerda en Fa mayor.*
4. Janáček: *Cuarteto de cuerda n.º 1 (Sonata a Kreutzer).*
5. Schubert: *Cuarteto de cuerda n.º 13 (Rosamunda).*
6. Beethoven: *Cuarteto de cuerda n.º 6.*
7. Beethoven: *Cuarteto de cuerda n.º 13.*

Como norma general, los estudiantes debían ensayar todas las obras, pero para el concierto de clausura debían elegir sólo un movimiento de cada una de ellas. Lo cierto es que no había tiempo de tocarlas todas. Los profesores decidían el orden de interpretación y, en función de eso, cambiaban al primer y segundo violín. El concierto final se interpretaría en Ginebra y en París. Sin embargo, de nuevo por cuestiones de tiempo, el *Cuarteto de cuerda n.º 13* de Beethoven no se interpretó.

Otra de las características del concierto de clausura fue el *ensemble* entre profesores y cinco de los alumnos más sobresalientes. Juntos interpretaron el *Octeto para cuerda op. 20* de Mendelssohn, mi pieza favorita, compuesta por el autor cuando tan sólo tenía dieciséis años. Los ensayos de esta pieza se realizaban paralelamente a los de los cuartetos.

El primer día que asistí al seminario comprobé enseguida lo nervioso que me ponía al escuchar la música. Las interpretaciones sonaban bruscas, disonantes. Era el segundo día de ensayos, claro, y yo sabía que no era posible oír una música perfecta y bien armonizada. A pesar de todo, me surgió una duda. ¿De verdad iban a ser capaces de transformar ese sonido en otro, ese sí adecuado para un concierto, de hacerlo sólo en una semana? Lo que yo oía estaba muy lejos de lo que solemos llamar «buena música». A pesar de estar en las manos de Ozawa, ¿de verdad se podía pulir todo eso en siete días? Al fin y al cabo, no eran miembros de una orquesta profesional con años de experiencia a sus espaldas, sino tan sólo estudiantes.

Ozawa me tranquilizó: «Ya verá cómo mejoran día a día». En cualquier caso, yo me sentía incapaz de despejar mis dudas. En ese preciso momento, tanto de los cuartetos de cuerda como del octeto sólo me llamaban la atención sus imperfecciones. Haydn no sonaba a Haydn. Schubert no era

Schubert y Ravel no tenía el sonido de Ravel. Formalmente interpretaban la partitura, pero no lograban hacer «esa» música.

En cualquier caso, yo conducía todos los días el Ford Focus Wagon de escasa potencia que había alquilado para ir hasta la ciudad de Rolle. Visitaba todas y cada una de las aulas dispersas por el recinto y aguzaba el oído a la interpretación de cada uno de los músicos. Casi me aprendí de memoria los movimientos que tocaban y, en efecto, observé de cerca cómo evolucionaban día a día. También me aprendí sus nombres, memoricé sus caras y me fijé en el estilo particular de cada cual. El proceso me resultó muy lento al principio. Me daba la impresión de que había un muro invisible en alguna parte que los impedía avanzar. «A ese ritmo», me decía a mí mismo, «tal vez no lleguen al concierto.»

Sin embargo, en un momento determinado, bañados por la esplendorosa luz del verano, algo empezó a chispear entre ellos. Por la mañana, el sonido armonizaba en los cuartetos de cuerda y, por la tarde, en el octeto. Era como si el aire, por alguna razón incomprensible, empezara a elevarse. Sus respiraciones empezaron a acompasarse sutilmente. El sonido hacía temblar la atmósfera con unas ondulaciones muy bellas. Poco a poco la música de Haydn comenzó a sonar a Haydn, Schubert volvió a ser Schubert y Ravel volvió a ser Ravel. Era como si ya no sólo interpretasen. Habían empezado a escucharse, a escuchar la interpretación de los otros. «No está mal», pensé. Desde luego, no estaba nada mal. Algo estaba a punto de nacer, no cabía duda.

No obstante, la «buena música» seguía sin llegar, al menos entendida en el sentido más estricto del término. Era como si unas membranas impidieran que la música llegase al corazón con naturalidad. Ya había notado esa especie de membranas en muchos otros terrenos y sabía que eliminar la última de ellas es, muchas veces, un trabajo arduo, ya se trate de música, de escritura o de cualquier otra manifestación artística. Por el contrario, si uno no logra deshacerse de ella se pierde el sentido del arte. O casi.

Justo entonces Robert Mann entró en escena (a mitad del seminario) con sus clases magistrales. Escuchó atentamente a cada uno de los grupos y después ofreció una serie de indicaciones, todas ellas muy precisas y acertadas. A veces, de hecho, incluso podían sonar agrias.

Por ejemplo, después de oír el primer movimiento del *Cuarteto de cuerda* de Ravel dijo: «Gracias. Una interpretación estupenda. Bien hecho, pero... *(y sonrió)* a mí no me ha gustado nada». Todos los presentes nos reímos, pero no creo que a los jóvenes músicos les hiciera mucha gracia. Yo creía entender lo que quería decir porque, en efecto, tocaban una música que seguía sin sonar a Ravel. No había «empatía» en el verdadero sentido del término. Yo me daba cuenta y creo que todos los allí presentes también. Robert Mann sólo había dicho una verdad, con toda franqueza, con palabras sencillas, directas, sin rodeos. Fue algo importante, pues no tenía tiempo para andarse con reservas. No tenía tiempo él y tampoco tenían tiempo los alumnos. Fue como si hubiera sacado un espejo, uno de esos espejos como los que usan los dentistas para señalar una zona concreta afectada por algún problema. Me daba la impresión de que sólo Mann podía hacer algo así.

Los orientó hasta en los más mínimos detalles, como si estuviera apretando todos y cada uno de los tornillos de una máquina. Sus consejos y advertencias siempre eran muy concretos, pertinentes y claros. Para aprovechar el tiempo de la forma más eficaz posible no dejaba ningún margen a la imprecisión. Los alumnos atendían a sus instrucciones sin pestañear. Así estuvo más de media hora en la primera de sus clases, un tiempo muy intenso, casi sofocante. Seguro que los alumnos acabaron agotados, pero Robert Mann, con sus noventa y dos años, fue quien más se agotó de todos. En cualquier caso, cuando hablaba de música sus ojos resplandecían cargados de vivacidad y juventud. No eran los ojos de un anciano.

El Ravel que escuché en el concierto de Ginebra unos días más tarde resultó ser una interpretación extraordinaria que me costaba trabajo reconocer con respecto a lo oído anteriormente. La belleza original de la obra estaba allí, como si goteara, un efecto característico de la música de Ravel. Sí, habían apretado bien todos los tornillos de la máquina. Habían peleado contra el tiempo y le habían vencido. No quiero decir con eso que la interpretación fuera perfecta, por supuesto, pero se notaba en ella la tensión de la urgencia y, al tiempo, una fluidez que, en mi opinión, debería tener toda música auténtica. Más que nada se notaba el empeño y la alegría de la juventud. Por fin habían conseguido eliminar esa membrana que antes impedía todo eso.

En pocas palabras, los jóvenes músicos habían aprendido muchas cosas y crecido mucho en apenas una semana. Yo, en mi papel de observador, tenía la sensación de haber crecido y aprendido mucho también. Y no sólo con la música de Ravel. Cada uno de los cuartetos que oí en la sala de conciertos me produjo esa misma impresión en mayor o menor medida. Era una sensación cálida, algo muy emocionante.

Lo mismo se puede decir de la orquesta formada por la totalidad de los alumnos y dirigida por Ozawa, cuya fuerza centrípeta no dejaba de aumentar día a día. En un momento determinado empezaron a funcionar de un modo autónomo, como una comunidad, como si hubiesen comprendido el mecanismo de un motor difícil de arrancar, como si hubiera nacido un animal de una especie desconocida en el mundo. Yo había presenciado el proceso a cada minuto, en cada detalle concreto, veía cómo la criatura empezaba a mover sus extremidades, la cola, los ojos, las orejas, hasta tomar conciencia de sí misma. Al principio se notaba su confusión, pero enseguida empezó a moverse con naturalidad, con elegancia. La criatura parecía comprender instintivamente la clase de sonido que Ozawa tenía en su cabeza, el ritmo que perseguía. No se trataba de domarla, sino de comunicarse con ella, el objetivo era alcanzar empatía y así, con naturalidad, los alumnos descubrirían la alegría inherente a la música, su riqueza como acto de comunicación.

Ozawa, por supuesto, ofrecía detalladas indicaciones a cada miembro de la orquesta: *tempo,* volumen, sonido, el ajuste necesario para cada uno de los instrumentos. Les hacía repetir una y otra vez hasta quedar satisfecho, hasta que la máquina quedaba bien ajustada. No daba órdenes, más bien proponía hacer las cosas de determinada manera. Bromeaba y todos reían. La tensión se relajaba entonces, pero su idea sobre la música no cambiaba en absoluto. No había margen para concesiones. Las bromas sólo eran eso, bromas.

Yo entendía más o menos el sentido de las explicaciones de Ozawa, pero era incapaz de encontrar la conexión entre cada uno de los detalles y la forma general de la música. ¿Cómo llegaban a conectarse hasta crear algo vivo, orgánico, compartido por todos? Para mí era una especie de caja negra. ¿Cómo era posible lograrlo?

Seguramente era uno de los «secretos profesionales» de Ozawa adquiridos en sus más de cincuenta años de carrera como director de algunas de las mejores orquestas del mundo. O quizá no. Puede que no se tratase ni de secretos ni de cajas negras. Tal vez no fuera nada. Tal vez se tratase de algo que todos comprendemos, pero que a la hora de la verdad sólo puede realizar una persona como Ozawa. Fuera lo que fuera, daba igual. Lo único cierto es que se produjo una magia verdaderamente admirable. Para crear buena música lo primero que hace falta es chispa, después magia. Si falla alguno de esos dos ingredientes, ya no habrá «buena música».

Esa fue una lección fundamental que aprendí en aquella pequeña ciudad suiza.

El primer concierto se celebró el 3 de julio en el Victoria Hall de Ginebra. El segundo (y último) en la Sala Gaveau de París. A pesar de lo sobrio del programa (música de cámara a cargo de una orquesta de estudiantes), las entradas se agotaron. La mayor parte del público acudió atraído por la presencia de Seiji Ozawa, por supuesto. Desde hacía seis meses, en el Carnegie Hall de Nueva York, no había vuelto a dirigir. La buena predisposición del público era lógica.

La primera mitad del programa consistió en la interpretación de los movimientos elegidos de cada uno de los seis cuartetos de cuerda. La segunda parte comenzaba con el octeto de Mendelssohn, seguido de la orquesta al completo con Robert Mann al frente dirigiendo a Beethoven. El resultado, un concierto muy bello. Ozawa dirigió de nuevo a Mozart y en el *encore* a Chaikovski. En Ginebra y en París, los conciertos fueron un éxito. Las interpretaciones alcanzaron un gran nivel y la entrega de los músicos fue total. A pesar de la tensión inicial, los asistentes disfrutaron de una alegría auténtica, pura, autónoma. Los jóvenes músicos lo dieron todo sobre el escenario y el resultado fue óptimo. La interpretación de Chaikovski fue especialmente brillante, llena de belleza y frescura. Una maravilla. El público se puso en pie, los aplausos parecían no acabar nunca. En París, la reacción fue especialmente intensa.

Los aplausos eran también, sin duda, una muestra de ánimo a Ozawa, que regresaba al trabajo. Ozawa tiene muchos admiradores en París desde hace tiempo. También mostraban su gratitud hacia los estudiantes, que habían superado con creces el nivel y la calidad que se presupone a una orquesta formada por estudiantes. Eran aplausos sinceros, una forma muy cálida de reconocer la buena música. Al final no parecía importar tanto quién dirigiese o quién interpretase. La buena música basta por sí misma cuando tiene chispa y magia.

Después del concierto hablé con los estudiantes. Aún estaban muy excitados. Algunos me decían: «Mientras tocaba se me saltaban las lágrimas, no podía evitarlo». También: «No creo que vaya a vivir una experiencia como esta otra vez en mi vida». Notar su emoción y el entusiasmo del público me hizo comprender al fin la razón por la que Ozawa pone tanto corazón y esfuerzo en su Academia de Rolle. Para él debe de ser tan imprescindible como respirar. Transmitir sus conocimientos musicales a la siguiente generación, compartir con ellos sus sentimientos, conmover sus jóvenes corazones con algo tan puro como es la música, seguramente le proporciona la misma satisfacción que dirigir una orquesta de primer nivel como la Sinfónica de Boston o la Filarmónica de Viena.

Al mismo tiempo, ver cómo forzaba su cuerpo, aún convaleciente de las graves operaciones a las que lo habían sometido, para «criar» a esos jóvenes músicos me hizo pensar que varios cuerpos sanos a su disposición seguirían sin ser suficientes para él. Yo suspiraba, no podía evitarlo. No sé cómo explicarlo, pero lo cierto es que presenciarlo me resultó muy duro. Si pudiera le buscaría uno o dos cuerpos lo suficientemente fuertes...

No existe una única forma de enseñar.
Uno la inventa a medida que avanza

La primera parte de esta conversación tuvo lugar en el tren expreso de Ginebra a París el 4 de julio de 2011, pero se produjo un fallo en la grabación por un descuido mío y al día siguiente la retomamos para solucionarlo, en esta ocasión en el apartamento de Ozawa en la ciudad. Fue entre los dos conciertos que ofreció en París, y lo encontré realmente exhausto. En su gesto también noté la excitación por el éxito del primero de ellos, pero aún no había recuperado la energía consumida sobre el escenario. Comer bien, dormir, animarse. Esa era para él la única forma de recuperar las fuerzas. A pesar de todo, tuvo la consideración de sentarse a mi lado y decirme: «¡Venga, hablemos!».

Cuando el tema versa sobre la enseñanza, Ozawa se vuelve mucho más locuaz, más incluso que cuando habla de su propia música.

MURAKAMI: Ayer tuve la oportunidad de hablar un rato con Robert Mann en un descanso de los ensayos y me comentó que los estudiantes de este año son mejores que los de años anteriores.

OZAWA: Sí, creo que tiene razón. ¿Por qué será? El año pasado no pude asistir al seminario a causa de mi enfermedad y eso tuvo un efecto positivo, aunque suene paradójico. Al menos esa es mi impresión. Se supone que soy el principal promotor de esta iniciativa y quizá por eso profesores y alumnos se esforzaron más de lo normal, para sacar las cosas adelante fuera como fuera. Antes yo asistía a todas las clases, de la mañana a la tarde, a los ensayos, lo seguía todo de cerca, pero el año pasado no pude ir y este año he tenido que bajar el ritmo y dejar el trabajo más duro en manos de los profesores.

MURAKAMI: ¿Son los mismos del año pasado?

OZAWA: Los mismos. De hecho, son los mismos desde el principio, pero desde mi punto de vista, tanto Sadao Harada como Nobuko Imai han mejorado mucho como docentes durante estos años. Pamela Frank siempre ha sido muy brillante. En general, los tres han crecido mucho como docentes. Los alumnos también tienen un nivel alto. Los hay que vuelven año tras año.

MURAKAMI: Eso le da un verdadero sentido a la enseñanza, supongo.

OZAWA: Sí, por supuesto.

MURAKAMI: Los jóvenes que participan en el seminario, ¿son todos estudiantes?

OZAWA: La mayoría, pero no todos. Algunos ya trabajan como músicos profesionales. Al principio decidimos que participasen un máximo de tres años, pero a partir de un momento determinado nos olvidamos de esa norma y evitamos limitar nada. De ese modo, una vez que superan el *casting*, pueden venir tantas veces como quieran. Por eso muchos repiten y el nivel sube. Aún mantenemos un límite de edad, pero a partir del próximo año también nos proponemos eliminarlo.

MURAKAMI: En la edición de este año el de más edad tiene veintiocho años y el más joven diecinueve. Casi todos han cumplido los veinte.

OZAWA: Así es. Por eso queremos eliminar el requisito de la edad y permitir que vengan hasta los treinta o incluso los cuarenta. Al margen de eso, hay algunos alumnos a los que admitimos sin necesidad de superar el *casting*. Digamos que son sobresalientes, gente de matrícula de honor. En esta ocasión en concreto hay tres: Alena, Sasha y Agata. Violinistas las tres. Pueden venir cuando quieran, no hay condiciones previas para ellas. Puede que a partir del año que viene sumemos uno más.

MURAKAMI: Es decir, hay un núcleo sólido bien formado. ¿No tienen *numerus clausus*?

OZAWA: Seis cuartetos de cuerda suman un total de veinticuatro estudiantes. Ese debería ser el límite, pero según han ido las cosas, este año hemos formado un séptimo cuarteto. No podíamos programar más conciertos para los seis grupos y por eso añadimos al programa el octeto de Mendelssohn con la participación de los profesores. Era la forma de incorporar un séptimo grupo. También, en caso de no poder asistir yo, habíamos previsto eliminar el concierto dirigido por mí, pero al final aquí estoy y también el maestro Mann, que en un momento determinado dijo que no vendría.

MURAKAMI: Pues gracias a eso han elaborado un programa estupendo, muy interesante. La mujer del maestro Mann dice que a su marido lo que más le gusta es enseñar.

OZAWA: Sí, y además nos llevamos muy bien. No dejan de invitarlo a sitios famosos, la verdad. Viena, Berlín..., pero él lo rechaza todo para estar aquí conmigo y también para venir a Matsumoto. Todo el mundo me tiene envidia.

MURAKAMI: Sin embargo, ya ha cumplido noventa y dos años, una edad considerable. Dicho crudamente, no hay forma de saber hasta cuándo podrá participar. ¿Su eventual ausencia no creará un gran vacío? Quiero decir, su presencia en la Academia parece muy importante.

OZAWA: Sí, ya hemos hablado de eso y hemos decidido no buscarle un sustituto, sólo continuar con los demás profesores. Al fin y al cabo, no hay nadie capaz de sustituirlo. Hemos hablado mucho de ello, pero yo no veo a nadie hoy en día capaz de ocupar su puesto. Por cierto, si ha empezado a dirigir ha sido gracias a mi insistencia. Al principio decía que era imposible, se negaba en redondo, pero al final cedió y se estrenó en Japón. Ha ido ganando confianza en sí mismo.

MURAKAMI: ¿Aún toca el violín?

OZAWA: De vez en cuando. Muy poco. La próxima vez lo hará en Matsumoto, un cuarteto de cuerda de Bartók junto a Sadao Harada y otros dos. No lo dirigirá, tan sólo interpretará. En un principio estaba previsto que tocase también el octeto de Mendelssohn, pero al final sólo lo dirigirá. Tocar y dirigir le exige demasiado.

MURAKAMI: Es una lástima que no tocara a Mendelssohn. Me hubiera encantado oírle. Sigo al Juilliard String Quartet desde que era un adolescente. En cuanto a los jóvenes que participan en el seminario, me ha dado la impresión de que, quizá por sus distintas procedencias, desarrollan una personalidad propia muy marcada en su música.

OZAWA: Eso es muy cierto y quizá sea lo que hace que merezca la pena y resulte tan interesante enseñarles.

MURAKAMI: En especial en los cuartetos de cuerda hay voces muy individualizadas que interactúan unas con otras, se equilibran entre ellas. Imagino que debe de resultar muy emocionante armonizarlas cuando cada una tiene un carácter tan marcado. Todo eso puede dar resultados positivos y otras veces ocurrir todo lo contrario, imagino.

OZAWA: Es cierto.

MURAKAMI: Si hablamos de la orquesta, en esta ocasión ha dirigido usted el *Divertimento K.136* de Mozart y en el *encore* el primer movimiento de la *Serenata para cuerdas* de Chaikovski. Supongo que el programa cambia todos los años.

OZAWA: Sí, todos los años. Veamos... ¿Qué hemos interpretado hasta ahora? La *Serenata para cuerdas* al completo, por ejemplo, pero resulta demasiado larga. También la *Suite Holberg,* de Grieg, el *Divertimento para orquesta de cuerdas,* de Bartók. He dirigido aquí seis años, siempre algo diferente. Me gustaría interpretar la *Noche transfigurada* de Schönberg, pero también es muy larga. Este año ha sido imposible.

MURAKAMI: Al escuchar su selección de las obras tengo la impresión de que casi todas ellas coinciden con el repertorio que estudió con el maestro Saito, ¿no es cierto?

OZAWA: Sí, en efecto. Las aprendí hace tiempo con él. Incluso la *Noche transfigurada*. Me gustaría interpretarla el año que viene. Por desgracia no he estado muy bien de salud. El maestro Saito también me enseñó la *Serenata para cuerdas* de Dvořák. También me gustaría interpretarla. Y otra pieza de Hugo Wolf, la *Serenata italiana*.

MURAKAMI: Esa no la conozco.

OZAWA: La mayor parte de los músicos profesionales tampoco.

MURAKAMI: Me parece recordar que Rossini también tenía música sólo para cuerda.

OZAWA: Sí, el maestro Saito me enseñó algunas piezas, pero resultan un poco ligeras. Demasiado, a mi modo de ver.

MURAKAMI: Me da la impresión de que es como si usted entregase a la siguiente generación todo lo que aprendió con el maestro Saito.

OZAWA: Sí. El maestro Saito siempre puso mucho énfasis en Bartók y en la *Serenata para cuerdas* de Chaikovski.

MURAKAMI: Pero en la orquesta de la Toho Gakuen no sólo había cuerdas, también había instrumentos de viento, ¿verdad?

OZAWA: Sí, a veces, pero en general nos dedicábamos a la cuerda porque no había tantos músicos de viento. Me acuerdo de cuando interpretamos la obertura de *El barbero de Sevilla*, de Rossini, con un único oboe y una única flauta. Tuvimos que arreglar la partitura para poder interpretarla. Fue un trabajo inmenso. Una viola, por ejemplo, debía sacar el sonido de un instrumento de viento.

MURAKAMI: Es decir, hicieron lo que buenamente pudieron. Por cierto, el Chaikovski de ayer fue una interpretación estupenda, pero me pareció que debería haber contado con dos o tres contrabajos más. El sonido habría sido mucho más grave. Un único contrabajo da impresión de inseguridad, ¿no cree?

OZAWA: Puede ser, pero así está escrito en la partitura original.

MURAKAMI: No obstante, al escuchar el concierto me dio la impresión de que podían formar una orquesta permanente. Noté esa clase de tensión que uno no espera encontrar en una orquesta de músicos jóvenes.

OZAWA: Si son capaces de interpretar como anoche, se pueden ganar la vida de gira en gira por todo el mundo. Solo con incorporar unas cuantas obras más al repertorio y algunas partes solistas valdría. Un concierto de esas características encajaría en Viena, en Berlín o en Nueva York. No tendrían nada que temer, fuesen a donde fuesen.

MURAKAMI: El nivel es muy alto. No sé si conoce la expresión: «Ni un pelo fuera de su sitio». Pues en realidad no hubo ninguno.

OZAWA: En efecto. No sé si es muy adecuado decirlo así, pero entre todos los estudiantes no hay ni uno solo de segunda categoría. Este año todos ellos han brillado a una gran altura y no ha sido por casualidad. Es el resultado del proceso de ir ganando experiencia poco a poco. Los *castings* que hacemos son cada vez más duros y la enseñanza más exigente.

MURAKAMI: Si le digo la verdad, la primera vez que los oí tocar me pregunté qué iba a ser de ellos. Me parece que fue el segundo día de los ensayos. Ravel, por ejemplo, no sonaba a Ravel, Schubert tampoco a Schubert. Me preguntaba si serían capaces de lograrlo. No me imaginaba que pudieran conseguirlo en apenas una semana.

OZAWA: Bueno, es que acababan de conocerse.

MURAKAMI: Yo no dejaba de pensar que el sonido resultaba muy «joven». Los pasajes en *forte* sonaban sucios y los pasajes en *piano* inseguros. Pero día tras día, los *forte* fueron tomando cuerpo y los *piano* ganando en claridad y sutileza. Me impresionó mucho. Comprendí cómo es el proceso de creación para los músicos.

OZAWA: De vez en cuando aparece algún alumno virtuoso de su instrumento, capaz de lograr un sonido natural, bello. Sin embargo, no suelen ser capaces de entender aún el verdadero sentido de lo que es la música. Tienen talento, pero no profundidad. Solo piensan en sí mismos. Cuando se encuentran con una persona así, los profesores tienen muchas dudas en el *casting*. Dudan si romperán o no la armonía del grupo. Yo sí quiero a esa clase de personas en la Academia. Si su sonido es natural y sobresaliente, los podemos admitir entre nosotros y enseñarles qué es la música. Si todo evoluciona bien tendrán la oportunidad de convertirse en músicos sobresalientes. Después de todo, no hay tanta gente capaz de producir un sonido natural y hermoso gracias a su talento.

MURAKAMI: Quiere decir que no se puede enseñar algo innato, pero sí el pensamiento, la actitud hacia la música.

OZAWA: Eso es.

MURAKAMI: De todos los cuartetos que he escuchado, el mejor me ha parecido el de Janáček. Realmente espléndido. No lo había oído antes.

OZAWA: Sí, ha sido algo increíble. Sasha, el primer violín de su cuarteto, fue quien sugirió tocarlo. Normalmente es el profesor quien selecciona las obras, pero en ese caso la petición llegó de una alumna.

MURAKAMI: Con un poco más de trabajo podrán convertirse en profesionales.

OZAWA: Sí. Podrán ganarse la vida, pero todos los alumnos que vienen aquí quieren ser solistas.

MURAKAMI: Es decir, no quieren dedicarse a la música de cámara.

OZAWA: No. A lo mejor es por llegar hasta donde han llegado, pero si ya tienen este nivel y estudian un poco más de música de cámara, yo les auguro una larga vida profesional.

MURAKAMI: Robert Mann, por ejemplo, se ha dedicado toda su vida a la música de cámara. ¿Tiene que ver con el carácter de cada uno? ¿Hay músicos que sólo quieren dedicarse a la música de cámara, otros que sólo quieren ser solistas? ¿Es difícil ganarse la vida con la música de cámara?

OZAWA: Seguramente. Por eso todos aspiran a ser solistas, y si no lo consiguen entrarán entonces en una orquesta.

MURAKAMI: Pero existe una tradición de entrar en una orquesta y después formar un cuarteto entre compañeros para tener una actividad alternativa. Ocurre en la Filarmónica de Viena y también en la de Berlín...

OZAWA: Sí. Suelen tener un salario fijo en la orquesta y su tiempo libre lo dedican a la música de cámara. Lo hacen *motu proprio,* pero ganarse la vida sólo con un cuarteto de cuerda no resulta nada fácil.

MURAKAMI: ¿No hay público?

OZAWA: Tal vez. Aquellos a quienes les gusta la música de cámara realmente la adoran, pero en número total no son tantos, aunque últimamente la tendencia ha cambiado.

MURAKAMI: En Tokio ha habido un incremento gradual del número de salas dedicadas a la música de cámara, como la Kioi Hall o la Casals Hall, por ejemplo, aunque esta última ya ha desaparecido.

OZAWA: Es verdad. Antes no había muchas salas así. La música de cámara solía interpretarse en el viejo teatro Mitsukoshi. Allí tocaba el maestro Saito o la violinista Mari Iwamoto. También había otra sala... La Dai-ichi Seimei Hall.

MURAKAMI: ¿Por qué se concentra tanto la Academia Ozawa en la música de cámara?

OZAWA: Bueno, este año no ha habido ningún cuarteto de Mozart ni, de entre los compositores modernos, de Bartók o Shostakóvich. Todos los grandes, desde Haydn hasta hoy, han compuesto cuartetos de cuerda. Mozart, Beethoven, Schubert, Brahms, Chaikovski, Debussy... Todos les dedicaron mucha energía. Por tanto, al interpretarlos se adquiere un conocimiento muy profundo de ellos. En especial de Beethoven. No se le puede llegar a entender de verdad hasta que no se escuchan sus últimos cuartetos. Por eso le damos tanta importancia a esta música, porque es uno de los pilares de este arte.

MURAKAMI: Pero los últimos cuartetos de Beethoven me parecen difíciles para unos músicos que acaban de cumplir los veinte. El grupo más avanzado ha trabajado este año en el *Cuarteto de cuerda n.º 13, op. 130.*

OZAWA: Sí, muchos afirman que la última obra de Beethoven sólo pueden interpretarla quienes ya cuentan con una larga experiencia a sus espaldas, porque resulta muy compleja, pero han sido los alumnos los que han querido tocarla y eso me parece muy positivo.

MURAKAMI: En mi opinión con muy buen resultado. ¿No interpretan nada más al margen de cuartetos? Quiero decir, los quintetos de Mozart, por ejemplo.

OZAWA: Sí, por supuesto que los interpretamos. Para el año que viene, por ejemplo, estamos pensando en un sexteto de Brahms. Hace algún tiempo interpretamos un quinteto de Dvořák, con un contrabajo. Habíamos traído a uno para el *ensemble* y me daba pena que no tuviera nada más que hacer.

MURAKAMI: Imagino que debe de resultar triste para alguien quedarse de manos cruzadas. Al intérprete de contrabajo de este año le pregunté qué hacía mientras los demás ensayaban los cuartetos. «Pues tocar yo solo», me dijo. *(Risas.)* Por cierto, otra pieza adecuada sería ese quinteto de Schubert con dos chelos.

OZAWA: Por supuesto. Intentamos tener variedad, pero el grueso de las interpretaciones lo constituyen los cuartetos. Esa es la base.

MURAKAMI: ¿Inventó usted este sistema, un programa mitad cuartetos, mitad *ensemble*?

OZAWA: Sí, más o menos. Lo he inventado yo, pero por otra parte es lo que he hecho siempre en Okushiga, y lo he trasladado aquí tal cual. En Okushiga también nos planteamos al principio interpretar sólo cuartetos de cuerda, pero al final, con todos aquellos músicos reunidos en las montañas, nos pusimos un día a tocar después de la cena como si sólo fuera un juego, una diversión, y yo me encargué de dirigir. Si no me falla la memoria, lo primero que tocamos fue el *Divertimento* de Mozart. Fue así como se incorporó al programa, y a partir de ese momento sumamos año tras año piezas nuevas.

MURAKAMI: Es decir, el «sistema» nació de un modo espontáneo. ¿Cuánto tiempo ha dedicado a la Academia de Okushiga?

OZAWA: Veamos... En Suiza llevo siete años, de manera que en Okushiga deben de ser quince.

MURAKAMI: En tal caso se puede decir que la base la estableció en Okushiga y así la trasladó a Europa.

OZAWA: Eso es. Robert Mann vino a Okushiga y fue él quien dijo que quería hacer algo parecido en Europa. Así empezamos.

MURAKAMI: En cualquier caso, es usted director de orquesta y no deja de extrañarme que se centre en los cuartetos de cuerda. Me pregunto por qué.

OZAWA: Siempre me preguntan lo mismo. Con el maestro Saito estudié gran parte del repertorio de cuartetos de cuerda y eso me fue de gran ayuda. Sea como fuere, si se trata de músicas que no conozco, como la de Janáček o Smetana, debo estudiarlas con antelación. En realidad hay mucha música que no conozco, incluso la de Haydn, y toda debo estudiármela. Pero mi papel fundamental es elegir buenos profesores y traerlos. Si eso va bien, todo lo demás termina por funcionar. No importa si es en Europa o en Japón.

MURAKAMI: Su función entonces es ir de sala en sala y dar consejos complementarios a los de los profesores.

OZAWA: Sí. Cuando necesito decir algo, lo digo. Otras veces escucho en silencio y sólo participo si piden mi opinión. Quienes realmente enseñan son los profesores.

MURAKAMI: ¿Sólo instrumentos de cuerda?

OZAWA: Bueno, al fin y al cabo, la idea original era que el cuarteto de cuerda fuera la base de todo lo que hacemos. En algún momento he pensado añadir instrumentos de viento e incluso he hablado con algunos profesores de flauta y oboe, pero si amplío hasta ese punto la carga de trabajo, será excesiva, una escala demasiado grande.

MURAKAMI: ¿Tampoco hay piano?

OZAWA: No, nada de piano. Un piano cambiaría el ambiente por completo. Un trío de piano, por ejemplo, son prácticamente tres solistas que tocan juntos. Comparado con eso, el cuarteto de cuerda constituye la base del concierto.

MURAKAMI: Durante los ensayos me pareció interesante que el primer y segundo violín se alternasen en función del movimiento. Normalmente, el primer violín suele ser un músico experimentado y muy talentoso, pero no es el caso.

OZAWA: En efecto. Es un sistema muy bueno. Empezamos en Okushiga y lo trasladamos aquí. Todos los violinistas que pasan por aquí tienen que hacer de primero y de segundo al margen de su talento.

MURAKAMI: ¿Y a usted? ¿Le aporta algo dirigir cuartetos de cuerda?

OZAWA: Sí, más o menos. Leo las partituras con mucho detalle. Después de todo sólo hay cuatro voces. Eso no significa que la música sea simple. En un cuarteto están condensados muchos elementos musicales.

MURAKAMI: En las clases magistrales de Robert Mann comprobé que sus comentarios a los estudiantes eran muy consistentes. Después de escuchar a cada uno de los grupos se dirigía individualmente a sus miembros para abordar hasta los más pequeños detalles, si bien todo cuanto decía estaba dirigido en un mismo sentido. Por ejemplo, sacar con mayor claridad la voz interior. Parece que en los cuartetos de cuerda eso es muy importante, una forma de encontrar el equilibrio.

OZAWA: Sí, en la música occidental la voz interior es fundamental.

MURAKAMI: También las orquestas empiezan a darle importancia a eso últimamente. Es como si la música orquestal se hubiera transformado de alguna manera en música de cámara.

OZAWA: Eso es verdad. Todas las buenas orquestas lo hacen. Si no, el sabor de la música termina por perderse.

MURAKAMI: Pero los estudiantes acuden a las escuelas de música con la esperanza de convertirse en solistas, ¿verdad? Por eso se concentran en la melodía principal y pocas veces le dan demasiada importancia al proceso de sacar la voz interior, y por eso tocar como segundos violines cobra todo el sentido para ellos.

OZAWA: Sí, tiene razón. El hecho de sacar una voz interior permite ver el interior de la música y eso puede llegar a ser lo más importante. Al hacerlo, el oído se enriquece. Ocurre también en el caso de los violinistas y chelistas. Es obvio que los instrumentos están concebidos en origen para formar parte de un conjunto, no para actuar como solistas, a excepción del violín. Cuando los alumnos vienen aquí aprenden a mirar esa parte de la música con más atención.

MURAKAMI: Otra cosa en la que insistía Robert Mann a menudo es que la indicación de *piano* no significa tocar débil, sino la mitad de *forte*. Es decir, hay que tocar *forte* con un volumen más bajo.

OZAWA: Tiene razón. Cuando leemos *piano* en una partitura, tenemos la tendencia a tocar con más suavidad, pero el señor Mann dice que, aunque el volumen sea inferior, debe escucharse bien. Pueden ser sonidos débiles, pero deben conservar su ritmo, su fuerza emocional. Lo que quiere decir es que hay que encontrar el equilibrio entre tensión y relajación. Es su forma de verlo después de más de medio siglo dedicado a los cuartetos de cuerda.

MURAKAMI: El sonido del Juilliard String Quartet es exactamente eso, ¿no cree? Modulación clara, ejecución analítica, con un acento muy marcado entre tensión y relajación. Tal vez no sea muy del gusto de los europeos.

OZAWA: No. Los europeos prefieren una atmósfera más ambigua, más vaga, pero según Mann, hay que interpretar teniendo en cuenta la intención del compositor, llevar ese sonido tal cual a oídos del público. Esa es su aspiración. Digamos que se trata de interpretaciones fieles, sin ambigüedades.

MURAKAMI: También repetía a menudo: «*I can't hear you!*», al final de un *diminuendo*, por ejemplo, cuando las notas apenas resultan audibles. Debe de ser difícil tocar esos pasajes silenciosos con solidez.

OZAWA: Sí. A menudo dice a los estudiantes que para sacar un sonido débil como es debido hay que tocar una nota más fuerte que la anterior, porque de no hacerlo llega un momento en el que uno ya no tiene a donde ir. A él se le da bien calcular ese tipo de cosas.

MURAKAMI: También decía: «Eso lo oyes aquí, pero nunca lo oirías en una sala grande».

OZAWA: Es el resultado de años de experiencia. Uno puede tocar en una sala pequeña, pero debe anticiparse al sonido que haría falta en una grande.

MURAKAMI: Le pregunté a Sadao Harada sobre este asunto y me dijo que el verdadero sonido es aquel que se puede escuchar igual de bien tanto en una sala grande como en una pequeña. Hay gente que toca de distinta manera en función del tamaño de la sala, pero para él eso no es correcto.

OZAWA: Tiene razón. Es difícil de hacer, pero sin duda es lo más correcto.

MURAKAMI: El concierto de Ginebra fue en el Victoria Hall y el de París en la Sala Gaveau, dos salas con acústicas completamente distintas. ¿No confunde eso a los alumnos?

OZAWA: Sí. Si no ensayamos bien, puede ser difícil escuchar a los demás.

MURAKAMI: ¡Ah, otra cosa! Robert Mann también decía a menudo: «*Speak, speak!*». No «cantad», sino hablad, hablad los unos con los otros.

OZAWA: Lo que quiere decir es que hay que ir más allá del simple entonar. Entonar es sólo hacer esto: *ta-daaaa (extiende los brazos)*. Por supuesto que es importante para los músicos, pero no sólo eso. También hay que indicar claramente los principios y los finales, cuándo empieza un nuevo compás y cuándo termina, tomar una mayor conciencia de dónde están esos puntos.

MURAKAMI: Relacionado con eso, Robert Mann decía que cada compositor tiene su propio lenguaje, y los estudiantes deberían «hablar» entre sí usando ese lenguaje.

OZAWA: Se refiere al estilo de los compositores. Hay que interiorizar esas voces únicas.

MURAKAMI: También decía que Smetana tiene expresiones que «hablan» checo, y que Ravel tiene expresiones que «hablan» francés. Según él, incluso eso hay que tenerlo en cuenta. Me parece una aproximación muy interesante. De todos modos, Mann es un hombre que expresa sus opiniones con mucha claridad y no varía su forma de enseñar en función de quién tenga enfrente. Tiene una filosofía propia, original, y siempre se sirve de ella.

OZAWA: De nuevo, es algo que nace de su larga experiencia. Su pensamiento es muy original. Después de todo, se ha dedicado más que nadie a la música de cámara y cuenta con una experiencia inigualable.

MURAKAMI: Supongo que su forma de instruir puede llegar a entrar en contradicción con el método de Pamela, de Imai o de Harada.

OZAWA: Por supuesto que ocurre. Es lógico. Siempre les digo a los estudiantes que cada maestrillo tiene su librillo. Lo mismo les digo a los profesores, incluso a Mann. Las opiniones distintas son lógicas. De eso se trata en la música. Eso es lo que la hace tan interesante. Cada profesor tendrá algo distinto que decir, pero al final todos llegan al mismo punto. ¿O no?

MURAKAMI: ¿Puede darme algún ejemplo concreto?

OZAWA: El otro día, sin ir más lejos, ocurrió cuando Mann enseñaba el cuarteto de Ravel. La partitura indicaba un largo *legato*. Casi todos los violinistas y chelistas lo interpretan como si debieran tocar ligando notas sin girar el arco. Creen que se trata de una instrucción práctica relativa a cómo mover el arco. Sin embargo, dependiendo de los compositores, puede referirse a la frase musical, y Mann lo interpreta en ese sentido. Por eso les dijo a los estudiantes que dejasen de mover el arco.

MURAKAMI: Es decir, podían dejar de mover el arco y girarlo en mitad del *legato*.

OZAWA: Eso es. Pero justo antes Pamela les había dado la instrucción contraria. Como el compositor lo indica así, les dijo, podían probar a mover el arco. O sea, lo contrario de Mann. ¿Opiniones enfrentadas? Pamela, al escuchar a Mann, aceptó de inmediato sus indicaciones.

MURAKAMI: Ya entiendo. Se trata de una cuestión muy técnica y se me escapó.

OZAWA: En opinión de Pamela los estudiantes debían probar a tocar de ese modo a pesar de la dificultad. Después de todo, el compositor lo había escrito así.

MURAKAMI: Les pedía que respetasen el original, por imposible que pudiera parecer, que lo ejecutasen en un solo movimiento casi desde las clavijas hasta el puente, pero para Mann no había ninguna necesidad de esforzarse en algo tan difícil.

OZAWA: La verdad es que no. Basta con sacar el sonido que quería el compositor y no hay ningún problema por girar el arco. El arco tiene una longitud determinada y por eso carece de sentido forzarlo. Eso es lo que quería decir. Ambos estaban en lo cierto y, al final, los estudiantes tuvieron que probar las dos opciones y elegir cuál de ellas les parecía mejor.

MURAKAMI: Personas distintas llegan a conclusiones distintas, supongo.

OZAWA: Lo mismo ocurre con los cantantes cuando abordan determinada frase. Lo harán de un modo u otro en función de su capacidad pulmonar, de si deben respirar o no. Algunos violinistas pueden tocar una frase con un solo movimiento del arco y otros no.

MURAKAMI: Ahora que lo menciona, Mann habla mucho de la respiración. Cuando se canta, en algún momento hay que parar para respirar, pero «por desgracia» a los instrumentos de cuerda no les hace falta respirar y por eso deben interpretar esforzándose en no perder de vista la respiración. Ese «por desgracia» me hizo gracia. También hablaba mucho de silencio. El silencio, según él, no es sólo ausencia de sonido, sino que es un sonido que se llama silencio.

OZAWA: ¡Ah, sí! A eso se refiere el concepto japonés de *ma*. Está presente en el *gagaku*, en la música de la corte imperial, cuando se toca la *biwa* o el *shakuhachi*. En algunas partituras de música occidental esos silencios están escritos, pero otras veces no aparecen por ninguna parte. El señor Mann entiende bien ese tipo de cosas.

MURAKAMI: También me sorprendió que no ofreciera instrucciones detalladas sobre el uso del arco o digitación. Pensaba que como especialista hablaría mucho más de ello.

OZAWA: Los estudiantes que vienen aquí ya han pasado por todas esas cosas y el señor Mann se concentra en llevarlos a un nivel superior. El uso del arco y la digitación no representan ya ningún problema para los alumnos, diría yo.

MURAKAMI: Pero sí hacía referencia a cuestiones técnicas como, por ejemplo: «En esta parte de aquí deberían tocar más cerca del puente o más cerca del diapasón».

OZAWA: Bueno, eso es porque el sonido cambia. Se suaviza cuando uno se acerca al diapasón y se aclara cuando se toca cerca del puente. Es una cuestión sobre la que se puede hablar largo y tendido.

MURAKAMI: Yo no soy músico, pero he aprendido mucho sólo con escucharle.

OZAWA: Estoy seguro de ello. Tener la oportunidad de presenciar algo así es poco habitual y muy valioso. Un excelente aprendizaje. De hecho, lo grabamos todo en vídeo para que después la gente pueda verlo.

MURAKAMI: Robert Mann es muy claro sobre su método. Sabe exactamente qué quiere, pero me da la impresión de que en el caso de usted, como mentor, sucede algo muy distinto. Usted cambia de método en función de situaciones distintas.

OZAWA: Es cierto. El maestro Saito se parecía mucho a Mann. Siempre tuvo un método muy claro, pero yo siempre me he resistido a eso. Ellos saben exactamente lo que quieren decir y hacer. Todo es fijo. En mi caso, por el contrario, siempre me he acercado a la música con la idea de que no está determinada por una sola cosa. Mi intención al plantearlo así es que las cosas, precisamente, sean distintas.

MURAKAMI: Eso significa que hace casi lo contrario de lo que le enseñaron de joven.

OZAWA: Sí. En cuanto a la dirección musical y la enseñanza no me preparo de una manera determinada. Más bien no preparo nada y sólo decido cómo hacerlo cuando veo a quien tengo enfrente. Respondo después de observar lo que hace la otra persona. Por eso me resultaría imposible escribir libros de metodología. No tengo nada que decir si no hay alguien delante de mí.

MURAKAMI: Es decir, cambia en función de la persona. En ese caso, hay gente como usted y gente como el señor Mann con una filosofía más firme, por así decirlo. Tal vez sea una buena combinación.

OZAWA: Seguro.

MURAKAMI: ¿Cuándo empezó a interesarle enseñar a los jóvenes?

OZAWA: Después de irme a vivir a Tanglewood. Más o menos diez años después de que me nombrasen director en Boston. Antes también me habían hablado de la posibilidad de enseñar, pero no me interesaba mucho. En cuanto llegué a Boston, el maestro Saito insistió mucho en que enseñase en la Toho Gakuen, pero yo siempre lo rechacé. Le decía que no tenía ganas. Al final terminé por aceptar y al poco el maestro Saito murió. A partir de entonces sentí la responsabilidad de tomármelo en serio. Por eso empecé en Tanglewood.

MURAKAMI: ¿Enseñaba dirección?

OZAWA: No. Dirección no. Empecé con la orquesta y al final me decanté por los cuartetos. Fue entonces cuando me dio por pensar que sin cuartetos de cuerda no hay nada que hacer. No me lo tomaba tan en serio como aquí, pero más o menos se trataba de lo mismo.

MURAKAMI: Yo escribo novelas y sólo me dedico a eso. De momento, sólo he tenido la oportunidad de enseñar en la universidad en dos ocasiones. Dos cursos sobre literatura japonesa. Uno en la Universidad de Princeton y otro en

Tufts, ambos en Estados Unidos. Para preparar los cursos, las lecturas previas me robaron un montón de tiempo y energía. Pensé que no era para mí. Trabajar con jóvenes me resultó muy estimulante, pero como escritor veía que no podía hacer lo que realmente quería. ¿No le ocurre a usted algo parecido?

OZAWA: En Tanglewood sí, sin duda. Tenía un concierto todas las semanas y ponerme a enseñar después era un esfuerzo considerable. Lo mismo cuando empecé a enseñar en Matsumoto. Por eso me cambié a Okushiga. Separé por completo mi trabajo como músico del de la enseñanza, pero como resultado me quedé sin vacaciones.

MURAKAMI: El verano es el momento del descanso para los músicos, de manera que al dedicarse a enseñar se acabó el descanso.

OZAWA: Exacto. Cuando empecé con la Saito Kinen en Matsumoto me quedé prácticamente sin vacaciones de verano y, por si fuera poco, empecé a enseñar en Okushiga. En resumen, fin de las vacaciones. ¡Qué le vamos a hacer! ¡Todo sea por la enseñanza! Lo cierto es que resulta casi imposible dedicarse al mismo tiempo a trabajar como músico profesional y a la enseñanza.

MURAKAMI: ¿Hay más casos como el suyo?

OZAWA: No lo sé. Tal vez no muchos.

MURAKAMI: Disculpe si resulto descortés, pero ¿realmente compensa el esfuerzo?

OZAWA: No demasiado. Pagamos a los profesores, pero yo no gano nada, ni en Suiza ni en Okushiga. Este año me han pagado por primera vez a causa de mi enfermedad. Ha sido algo excepcional. Quizá porque no trabajo como director y he venido a Suiza sólo para esto. Aparte de eso, nunca me han pagado.

MURAKAMI: Eso significa que el hecho de enseñar ya es una recompensa para usted. No obstante, su método es muy distinto al de su propio maestro. Por otra parte, los demás profesores parecen llevarlo con mucha calma. Aquí nadie levanta la voz.

OZAWA: A veces sí, no se crea. Sadao Harada se enfadó muchísimo con un alumno en una ocasión. Se hizo el silencio total. Todo el mundo se quedó helado. A veces sucede, el maestro Saito sí se enfadaba de veras y nos chillaba. *(Risas.)*

MURAKAMI: Digamos que los alumnos forman parte de una especie de élite, siempre entre los más destacados. Supongo que a algunos de ellos les cuesta trabajo aceptar las indicaciones que les ofrecen, ¿verdad?

OZAWA: Por supuesto que sí. Pero los profesores tienen que estar por encima de eso. Al fin y al cabo, todos saben que enseñamos a personas con una gran confianza en sí mismas.

MURAKAMI: Visto de otro modo, si no fueran tan competitivos no podrían trabajar como músicos profesionales.

OZAWA: Exactamente.

MURAKAMI: Pero separar a los estudiantes en seis o siete grupos y dar un programa a cada uno de los grupos debe de representar un trabajo considerable, ¿no?

OZAWA: De todo eso se encarga Sadao. Es un trabajo duro, sin duda. Yo solía ayudarle, pero no es tarea para mí. Ahora lo dejo todo en sus manos. Al fin y al cabo él es especialista en música de cámara.

MURAKAMI: El año pasado no pudo participar usted en el seminario a causa de la operación. ¿Tuvo eso alguna influencia en el normal desarrollo de los cursos?

OZAWA: Para mí fue una verdadera lástima, pero me sustituyó Kazuki Yamada y, como ya le he dicho antes, el hecho de que yo no estuviera presente tuvo, paradójicamente, un efecto positivo. Puede que sólo sean imaginaciones mías, pero tanto los profesores como los estudiantes se sintieron más autónomos, más motivados, al sentirse en la obligación de sacar adelante el proyecto como fuera. Hasta entonces sólo se abordaba la música que se había programado, pero a partir de ese año hubo grupos que optaron por su propia selección musical. Beethoven, por ejemplo. También Janáček y Ravel. Me parece algo muy positivo. Mucho mejor que dejarlo todo en manos de los demás.

MURAKAMI: El cuarteto a cargo de Ravel estaba formado por dos polacos, un ruso y, a la viola, un francés. Le pregunté a Agata, la violinista, por qué precisamente ellos se dedicaban a Ravel teniendo a un solo francés en el grupo, y me dijo que era un desafío, que no quería tocar a Szymanowski sólo por el hecho de ser polaco, sino que prefería a alguien puramente francés como Ravel.

OZAWA: No lo sabía. Si le ha dicho eso es porque es usted. De habérselo preguntado cualquiera de nosotros en calidad de profesores, no creo que hubiera sido tan sincera. Si se sinceró con usted es porque no es profesor, seguro, porque es alguien ajeno a este ambiente.

MURAKAMI: La verdad es que se me escapó la pregunta porque me impresionó cómo lo interpretaban.

OZAWA: Yo no me atrevería a hacerlo, y aunque me atreviese, no creo que fueran tan sinceros conmigo.

MURAKAMI: No está mal esa clase de entusiasmo, ¿no le parece? Así el nivel sube un peldaño más.

OZAWA: La docencia no es mi verdadera profesión. Ni aquí ni en Okushiga, así que a pesar de llevar ya casi quince años en ello aún sigo a tientas. Ensayamos a diario, pero lo hacemos sin un método determinado. Abordamos cada situación en su momento, pensamos mucho en cómo transmitir a los jóvenes nuestra forma de ver las cosas. Es algo muy bueno para nosotros, nos permite volver al punto de partida.

MURAKAMI: ¿Son ustedes profesionales de primera línea y a pesar de todo aprenden enseñando?

OZAWA: Sí. ¿Qué opinión tiene usted después de haber vivido esta experiencia?

MURAKAMI: Me parece algo importante, con mucho sentido. Aquí se reúnen músicos jóvenes llegados de distintos países y de características muy diferentes. Aprenden cosas importantes de la mano de músicos veteranos, tocan frente al público y después regresan a sus lugares de origen. Me emociona pensar que entre los participantes de este año habrá músicos muy sobresalientes en el futuro. También he pensado, incluso soñado, que con el tiempo llegarán a formar algo así como una gran orquesta de antiguos alumnos al estilo de la Saito Kinen, un grupo de músicos reunidos sin la necesidad de compartir lazos de nacionalidad o facciones, ya sean políticas o de cualquier otro tipo.

OZAWA: Si le soy sincero, he recibido algunas propuestas para ir de gira con la orquesta. Mi mánager y otras personas quieren que toquemos en más ciudades una vez que hemos conseguido alcanzar este nivel. Es lógico. Ahora nos presentamos en Ginebra y en París, pero todo el mundo me dice que esas dos ciudades no bastan, me sugieren una gira por Viena, Berlín, Tokio y Nueva York. Hasta ahora siempre lo he rechazado, porque de momento no veo la necesidad de llevar las cosas a ese extremo. De todos modos, existe la posibilidad y tal vez más adelante lo tome en consideración, por supuesto.

MURAKAMI: Debe de ser una decisión difícil, porque, de formar una verdadera orquesta, es posible que el sentido de la enseñanza termine por diluirse. Imagino que hay una gran diferencia entre formar a una orquesta de estudiantes y dirigir una ya formada y de primer nivel como le sucedió a usted con la Sinfónica de Boston o la Filarmónica de Viena.

OZAWA: Sí. Es muy distinto. Tanto por la actitud como por la forma de hacerlo. En el caso de orquestas profesionales, como las de Boston o Viena, hay que llegar a dominar del todo la música que se va a interpretar al menos tres días antes del concierto, porque la agenda está fijada de antemano. Sin embargo, en el caso de los estudiantes, ellos pueden dedicar mucho más tiempo a ensayar. Por ejemplo, la pieza que ensayamos ahora la abordamos con mucha profundidad y cuanto más ensayamos, más se complica el proceso.

MURAKAMI: ¿Quiere decir que a más ensayos, más dificultades a superar?

OZAWA: Eso es. Por mucho que acompasemos nuestras respiraciones, la conexión entre nosotros, a veces las cosas no terminan de funcionar. Los matices del sonido, por ejemplo, pueden ser muy distintos, el ritmo puede que no coincida. Esa es la clase de detalles en los que pensamos, a los que dedicamos tanto tiempo, y gracias a eso el nivel de la interpretación subirá un peldaño más mañana. Después volvemos a buscar y el nivel sube de nuevo. Es un proceso que a mí me enseña mucho.

MURAKAMI: ¿Le enseña mucho? ¿En qué sentido?

OZAWA: Porque saca a la luz mis puntos débiles.

MURAKAMI: ¿Sus puntos débiles?

OZAWA: Sí, el resultado de todo ese proceso es que aparecen algo así como mis puntos débiles.

Ozawa se queda pensativo largo tiempo, pero al final no menciona nada en concreto.

MURAKAMI: No me imagino cuáles pueden ser esos puntos débiles, pero lo que sí puedo decir con toda certeza es que el sonido que produce la orquesta día tras día termina por convertirse en el suyo y eso me parece algo admirable. Ser capaz de lograrlo, quiero decir.

OZAWA: Eso significa que todos tienen un nivel muy alto.

MURAKAMI: Al observar el trabajo en la Academia, por primera vez me he dado cuenta del arduo trabajo que supone crear un sonido como orquesta que tenga simultáneamente individualidad, dirección y presencia. Eso me lleva de vuelta a lo que ha dicho usted antes de los cuartetos de cuerda, que elevan el nivel de la música. ¿En qué sentido?

OZAWA: Dicho de un modo sencillo, cuando uno toca en un *ensemble,* al contrario de lo que sucede cuando uno toca solo, sus oídos se abren en todas direcciones. Es algo muy importante para un músico. Para la orquesta también, por supuesto, en el sentido de que uno debe aguzar el oído a lo que tocan los demás. Pero en el cuarteto de cuerda la comunicación entre instrumentos puede llegar a ser aún más íntima. Mientras uno toca, aguza el oído a lo que toca otro instrumento. De ese modo se dan cuenta del momento en el que el chelo toca bien o cuando mi sonido no llega a coincidir con la viola. Algo así. Además, entre los músicos hay un intercambio de opiniones. En una orquesta, por el contrario, no se puede hacer algo así. Hay demasiada gente, pero cuatro opiniones fluyen con naturalidad. Existe cierta ligereza y, como es normal, se presta especial atención al sonido que producen los demás. Con ese método nunca se deja de mejorar, de profundizar.

MURAKAMI: Entiendo. Como observador me ha llamado la atención el gesto majestuoso en la cara de todos, como si dijeran: «¡Soy el mejor en lo mío!».

OZAWA: ¡Ja, ja, ja! Es verdad. Ocurre especialmente con los estudiantes europeos. En Japón las cosas son un poco distintas.

MURAKAMI: ¿Se refiere a que los músicos japoneses no muestran confianza en sí mismos de una manera tan evidente? En Okushiga y en Suiza tiene usted proyectos similares, pero imagino que los métodos serán distintos.

OZAWA: Pues... Podría ser. Los músicos japoneses tenemos nuestros puntos fuertes. Por ejemplo, estamos muy unidos y estudiamos con verdadero entusiasmo. En Okushiga eso se manifiesta en ocasiones en un sentido positivo y otras veces en un sentido negativo. Tenemos un dicho en Japón sobre algo que ocurre cuando uno destaca, aunque ahora no me acuerdo. Es un dicho muy común.

MURAKAMI: «El clavo que sobresale es el que se lleva el martillazo».

OZAWA: Eso es. Eso quiere decir que no es bueno destacar demasiado ni meterse en asuntos ajenos. Demuestra un gran respeto hacia el consenso, también evidencia una gran resistencia. Por ejemplo, en otro orden de cosas, los trenes de la línea Odakyu van increíblemente llenos por la mañana, pero nadie se queja. Todo el mundo aguanta en silencio. Ese carácter tiene sus cosas buenas y sus cosas malas. Si me llevo a los alumnos de Suiza a Japón y los meto en uno de esos trenes, no lo resistiría ni uno. *(Ri-*

sas.) No soportarían de ningún modo todos esos empujones, toda esa presión.

MURAKAMI: Me imagino.

OZAWA: De todos modos, aquí en Europa el afirmarse uno mismo es la única manera de sobrevivir. En Japón, por el contrario, la gente piensa y repiensa una y otra vez las cosas antes de tomar una decisión o, directamente, terminan por no hacer nada. Es una diferencia palpable, y si me pregunta cuál de las dos opciones es mejor, la verdad no sabría qué decir, pero para el caso concreto de los cuartetos de cuerda me parece mejor el sistema europeo. El resultado es mejor cuando las opiniones se expresan abiertamente. En Japón siempre les insisto a los alumnos para que opinen sin reservas.

MURAKAMI: Y a pesar de todo se reprimen, ¿verdad?

OZAWA: Usted ha tenido la oportunidad de asistir a todos los ensayos en Suiza. Si viene a Okushiga, enseguida se dará cuenta de la diferencia entre unos y otros. Un solo día le bastaría, pero por desgracia este año no hemos podido organizar la Academia allí a causa del terremoto. Me hubiera gustado que viniese.

MURAKAMI: La próxima vez, si es posible. Pero hablando de sus alumnos europeos, cuando reciben comentarios de los profesores con los que no están de acuerdo lo manifiestan, ¿verdad? Si no entienden algo se lo dicen abiertamente, ya se trate de Robert Mann o de quien sea, por mucho que lo tengan por las nubes. Para los japoneses eso es algo muy difícil. Si un alumno joven contradice a su profesor de más edad que él, se considera una falta de respeto. Se toma por una gran descortesía y todo el mundo se preguntará cómo se atreve a hacer algo así.

OZAWA: Sí, creo que tiene razón.

MURAKAMI: En Japón es una actitud normal en cualquier campo. Puede que suceda algo parecido en el mundo de los escritores. Existe la sensación de que no se puede hacer nada si no observo antes las expresiones a mi alrededor. Hay que «leer el aire» de las situaciones, como solemos decir, y después levantar la mano para ofrecer una opinión no demasiado comprometida. Lo malo es que de esa manera las cosas no avanzan como deberían y las situaciones terminan por volverse cada vez más espesas.

OZAWA: Me da la impresión de que en Japón, últimamente, empieza a haber una gran diferencia entre los músicos jóvenes que se marchan al extranjero en cuanto pueden y los que deciden quedarse. Antes lo habitual era salir, pero mucha gente no podía por falta de medios. En la actualidad hay muchas facilidades para marcharse, pero, paradójicamente, mucha gente no quiere hacerlo. No sé si es una tendencia o algo así.

MURAKAMI: En su caso, con dinero o sin él, usted se marchó en una época en la que hacerlo era realmente difícil, ¿verdad?

OZAWA: Sí, me lancé a lo loco. Existían esos programas llamados «Sinfonía del aire» hechos por los antiguos miembros de la Sinfónica de la NBC después de que esta se disolviera. Cuando los oía, pensaba que no tenía ningún sentido quedarme en Japón. Solo veía la opción de marcharme al extranjero. Por eso me fui, sin más.

MURAKAMI: Y es como si hubiese completado el círculo y ahora sintiera la necesidad de regresar a Japón para enseñar a los más jóvenes.

OZAWA: Sí, pero es algo que ha tomado forma muy tarde.

MURAKAMI: Y ahora que ha vuelto y enseña su propio método a los músicos jóvenes, ¿no se encuentra con centros de enseñanza que se oponen a su forma de hacer las cosas, que no admiten ese tipo de docencia?

OZAWA: Supongo que sí. Oigo ese tipo de cosas de vez en cuando.

MURAKAMI: ¿No reaccionan sus alumnos con perplejidad al enfrentarse a dos formas de enseñar tan distintas?

OZAWA: Después de comer y dormir todos juntos varios días se acostumbran sin problemas. Es natural. Al fin y al cabo, todos nos dedicamos a la música. Siempre pasa lo mismo. A medida que ensayamos, terminamos por entendernos mejor.

MURAKAMI: Me ha sorprendido mucho comprobar cómo progresan los estudiantes, cómo profundizan día a día. No he llegado a convivir con ellos, pero sólo por el hecho de verlos a diario, de aprenderme sus nombres y su forma de tocar, me ha dado la sensación de que los cambios en ellos se me hacían más evidentes. He entendido cómo se hace la «buena música», pero no sé si se trata más de admiración o de emoción.

OZAWA: Es algo realmente increíble, ¿verdad? Esa es la fuerza de la juventud. Hago esto todos los años y esos últimos tres días en los que progresan a esa velocidad nunca dejan de admirarme. Algo tan extraordinario sólo se entiende cuando uno lo ve con sus propios ojos, ¿no cree?

MURAKAMI: Sí. Ha sido una experiencia preciosa, de verdad. Soy escritor, una especie de artesano solitario en cierto sentido. Observar cómo nace el arte en el seno de un grupo de gente joven es algo que me ha conmovido profundamente. Ha sido una experiencia muy enriquecedora.

Epílogo de Seiji Ozawa

Tengo muchos amigos a los que les gusta la música, pero el caso de Haruki Murakami supera los límites de lo corriente. Ya se trate de música clásica o de jazz, no es sólo que le guste o no, es que la conoce de verdad. Sabe detalles asombrosos, antiguas historias de músicos... Siempre me sorprende. Asiste regularmente a conciertos de música clásica y de jazz y en casa escucha discos sin parar. Sabe cosas que yo ni siquiera imaginaba.

Mi hija Seira, la única en la familia que sabe escribir, es buena amiga de Yoko, la mujer de Murakami. Gracias a eso lo conocí yo a él.

Haruki vino a verme a la Academia de Música Seiji Ozawa, un proyecto muy querido por mí que celebramos todos los años en la ciudad de Kioto. Salimos juntos a disfrutar de la noche en la ciudad, y alumnos y profesores nos observaban con interés. Fue la primera vez que hacíamos algo así.

Nuestra primera charla tuvo lugar en una pequeña taberna de Ponto-chō, el barrio más animado de la ciudad. Conversamos sobre la academia y sobre música en general.

De regreso en casa, en Tokio, le hablé a Seira de nuestro encuentro. Entonces ella me dijo: «Si tan interesante ha sido vuestra charla sobre música, ¿por qué no tomáis notas para dejar constancia?». En ese momento no lo tomé en consideración. Después de someterme a una grave operación a causa de un cáncer de esófago, cuando no sabía qué hacer con todo el tiempo libre del que disponía, Murakami nos invitó a toda la familia a su casa de Kanagawa. Mientras los demás charlaban en la cocina, Haruki y yo nos encerramos aparte en una habitación para escuchar unos discos muy especiales. Eran de Glenn Gould y de Mitsuko Uchida. Me vinieron a la mente muchos recuerdos de Glenn Gould, aunque ya había transcurrido más de medio siglo desde que lo conocí.

Antes de someterme a la operación estaba ocupado a diario con la música y no pensaba en todo aquello, pero una vez que los recuerdos se despertaron en mí, ya no fui capaz de frenarlos. Sentí nostalgia, un sentimiento nuevo para mí. No todo lo relacionado con una operación tan delicada tiene que ser malo, después de todo. Gracias a Haruki me acordé del maestro Karajan, de Lenny, del Carnegie Hall y del Manhattan Center. Me pasé tres o cuatro días sumergido en recuerdos.

Tenía previsto dirigir la Saito Kinen Orchestra con Mitsuko Uchida en Nueva York para interpretar el *Concierto para piano y orquesta n.º 3* de Beethoven, pero mis dolores de espalda empeoraron y tuve que pedir a Tatsuya Shimono que me sustituyera. Una lástima. ¡La próxima vez, Mitsuko!

Si algo bueno tiene una enfermedad grave es que te regala una enorme cantidad de tiempo libre. ¡Gracias, Seira! Gracias a ti tuve la oportunidad de conocer a Haruki.

¡Gracias, Haruki! Gracias a ti me he acordado de muchas cosas y además, no sé bien por qué, he sido capaz de hablar con mucha sinceridad.

¡Gracias, Yoko, por prepararme siempre esos suculentos tentempiés!

Gracias a Haruki y a Yoko por haberse tomado la molestia de ir a Suiza. Siempre pensé que no llegarían a entender la verdadera belleza de la Academia si no lo veían con sus propios ojos.

Solo lamento que no hayan podido asistir este año a la de Okushiga. El próximo año les invitaremos, seguro.

Hablaremos largo y tendido sobre esas diferencias que Haruki aprecia entre los músicos occidentales y los orientales.

Noviembre de 2011

Otros títulos del autor en Maxi:

HARUKI MURAKAMI
Después del terremoto

HARUKI MURAKAMI
Los años de peregrinación del chico sin color

HARUKI MURAKAMI
De qué hablo cuando hablo de escribir